사실과 가치의 이분법을 넘어서

사실과 가치의 이분법을 넘어서

힐러리 퍼트남 지음 | 노양진 옮김

서광사

이 책은 Hilary Putnam의 *The Collapse of the Fact / Value Dichotomy and Other Essays* (Cambridge, Mass.: Harvard University Press, 2002)를 완역한 것이다.

사실과 가치의 이분법을 넘어서

힐러리 퍼트남 지음
노양진 옮김

펴낸이―이숙
펴낸곳―도서출판 서광사
출판등록일―1977. 6. 30.
출판등록번호―제 406-2006-000010호

(10881) 경기도 파주시 회동길 77-12 (문발동)
대표전화 · (031) 955-4331 / 팩시밀리 · (031) 955-4336
E-mail · phil6060@naver.com
http://www.seokwangsa.co.kr / http://www.seokwangsa.kr

제1판 제1쇄 펴낸날 · 2010년 5월 30일
제1판 제3쇄 펴낸날 · 2025년 3월 10일

ISBN 978-89-306-1214-2 93160

비비언 월쉬에게

반세기 동안의 제안과 비평, 격려,
그리고 값진 우정과 대화에 대한 감사와 함께

옮긴이의 말

퍼트남(H. Putnam)의 철학적 생명은 끊임없는 자기 변혁을 통해 드러난다. 그는 초창기에 '기능주의'(functionalism)와 '실재론'(realism)의 주도적 옹호자였지만, 후일 스스로 그것들을 적극적으로 비판하면서 '내재적 실재론'(internal realism)이라는 독창적인 입장으로 선회한다. 이 때문에 퍼트남에게서 실재론을 배웠던 데비트(M. Devitt)는 자신의 책의 한 장에 「배신자 퍼트남」(Renegade Putnam)이라는 제목을 달고 있다. 퍼트남은 자신의 이러한 입장 변화가 철학적 이론의 본성에 기인한다고 말한다. 철학적 문제는 본성적으로 상충하는 이론적 가능성을 안고 있다는 것이다.

이러한 주목할 만한 입장 변화에도 불구하고 1981년의 『이성·진리·역사』(*Reason, Truth and History*)에서 제시했던 내재적 실재론 이래로 퍼트남의 철학적 시각은 비교적 안정적인 일관성을 유지하고 있는 것으로 보인다. 이후의 글들은 내재적 실재론이라는 큰 틀에서 크게 벗어나지 않고 있으며, 그 과정에서 실용주의에로의 이행이 점차 선명하게 드러나고 있음을 알 수 있다. 사실상 퍼트남은 1995년에 『실용주의: 열린 물음』(*Pragmatism: An Open Question*)을 통해 자신의 실용주의적 이행을 명시적으로 드러내고 있다. 그러나 옮긴이는 퍼트남이 여전히 칸트(I. Kant)의 이성주의적 구도를 떨치지 못하고 있으며, 이 때문에 실용주의에로의 접근은 퍼트남 자신의 제안에도 불구하고 여전히 제한적인 것이 될 수밖에 없다고 본다. 퍼트남은 사실상 양립할 수 없는 두 갈래의 철학적 전통을 한데 묶으려고 시도한다. 이 때문에 패스모어(J. Passmore)는 퍼트남의 '내재적 실재론'을 실재론과 반실재론 사이의 줄타기 곡예에 비유하기도 했다. 우리는 이 책에서 또다시 칸트와 듀이(J. Dewey) 사이에서 줄타기 곡예를 벌이는 퍼트남의 모습을 발견할 수 있다. 우리는 퍼트남의 이러한 최근의 흐름을 칸트적 구도 안에서 듀이적 실용주의를 접맥하고 통합하려는 노력으로 특징지을 수 있을 것이다.

이 책은 퍼트남이 1999년 노스웨스턴대학교 법과대학에서 세 차례에 걸쳐 행했던 로센탈 강의에 그의 최근 논문 몇 편을 함께 묶은 것이다. 사실과 가치의 문제는 분석철학의 출발점에서부터 논란을 불러온 주제이며, 분석철학이 쇠퇴하는 과정에서 또다시 중요한 철학적 쟁점으로 되살아나고 있는 주제다. 분석철학의 엄격한 경험주의적 정신이 지적 세계를 지배하던 동안 사실과 가치의 구분 문제는 거의 자명한 것으로 간주되어 그 자체로는 그다지 큰 논쟁을 불러오지 않았다. '흄의 법칙'(Hume's Law)이라는 이름을 얻게 된 "사실에서 당위가 추론될 수 없다"는 경험주의적 태도는 논리실증주의자에게는 논의의 출발점을 이루고 있었던 가정이었기 때문이다. 따라서 분석철학적 기류 안에서는 이 구분 자체보다는 이 구분을 받아들임으로써 비롯되는 철학적 귀결들이 논의의 주종을 이루었다고 할 수 있다. 정서주의를 중심으로 이루어진 방대한 메타윤리학적 논의가 그 대표적 산물이다.

분석철학 안팎에서 제기된 비판 속에서 사실/가치 이분법이 더 이상 유지되기 힘든 가정이라는 인식이 폭넓게 확산되었으며, 이러한 기류 속에서 퍼트남의 논의는 중요한 자리를 차지하고 있다. 퍼트남의 핵심적 논점은 사실과 가치가 근원적으로 '얽힘'(entanglement)의 관계 속에 있으며, 따라서 그 이분법적 분리 자체가 부적절하다는 것이다. 특히 퍼트남은 이 책에서 경제학의 새로운 장을 연 것으로 평가되는 노벨경제학상 수상자인 센(A. Sen)의 '후생경제학'(welfare economics)에 대한 섬세한 분석을 통해 '사실과 가치의 얽힘'이라는 자신의 논제에 대한 구체적이고 현실적인 논의의 지반을 확장시키고 있다. 퍼트남의 주장을 받아들인다 하더라도 사실과 가치의 '실질적' 관계에 대한 더 구체적인 해명은 우리에게 여전히 열려 있는 숙제로 남아 있기는 하지만, 이러한 해명을 향한 몇 가지 중요한 실마리를 제공하고 있다는 점에서 이 책의 가치를 가늠해 볼 수 있을 것이다.

번역이 마무리되기까지 많은 분들의 도움을 받았다. 전남대학교 경제학부의 홍덕기 교수님은 경제학과 관련된 부분에서 용어 사용을 비롯한 크고 작은 문제들을 섬세하고 친절하게 바로잡아 주셨다. 전남대학교 철학과의 박구용 교수는 특히 하버마스와 관련된 부분을 독일어 번역판과 대조하여 읽고 크고 작은 잘못을 바로잡아 주었으며, 영문과의 나희경 교수는 까다로운 영어 표현을 우리말로 옮기는 데 섬세한 조언을 해 주었다. 전남대학교 과학교육학부의 고영구 교수는 자연과학과 관련된 용어와 내용에 관해 친절하게 설명해 주고 교정해 주었다. 이 모든 분들의 도움에 대해 이 지면을 통해 깊은 감사를 드린다. 그럼에도 여전히 발견될 크고 작은 잘못은 물론 모두 옮긴이의 책임이다.

한편 원문에는 없지만 독자들의 편의를 위해 책의 말미에 참고문헌 목록을 따로 정리해 제시했다. 원고 전체를 꼼꼼히 검토하고 찾아보기와 참고문헌 목록을 정리해 준 대학원 철학과의 곽현주 님과 주선희 님, 그리고 마무리 교정에 애써 준 전경진 님에게도 감사를 표한다.

퍼트남의 내재적 실재론에 관한 논의는 상대주의 문제를 다루었던 옮긴이의 박사학위 논문의 중요한 일부를 차지하고 있으며, 이 때문에 옮긴이는 여전히 퍼트남의 철학적 전개 과정에 지속적인 관심을 갖고 있다. 특히 사실과 가치의 문제에 깊은 관심을 갖고 있는 옮긴이에게 이 책의 번역은 한편으로는 부담스러우면서도 여전히 흥미로운 일이 아닐 수 없었다. 이 책의 번역이 처음 마무리되었던 것은 2004년이었지만 이런저런 사정으로 오랫동안 출간이 미루어졌다. 우여곡절 끝에 이 책의 출판을 결정해 주신 서광사의 김신혁 사장님, 그리고 섬세한 편집과 교열을 통해 이 책을 다듬어 주신 신미진 님에게도 깊이 감사드린다.

2010년 4월
옮긴이

서문

이 책의 제1부는 2000년 11월 로센탈 재단(Rosenthal Foun-
dation)과 노스웨스턴대학교 법과대학 초청으로 행했던 강의들로 이루
어져 있다. 이 강의들은 역사적으로 전개되고 옹호되어 왔던 사실/가치
이분법에 대해 대립적인 논의를 제시하고, 특히 경제학에서 그 문제의
중요성을 설명하고 있다. 매우 유사한 문제가 법학에서도 생긴다는 것
을 알고 있지만 내 스스로의 한계를 의식해서 그것을 다루려고 하지는
않았다.

아마티아 센(Amartya Sen)이 하버드대학교의 동료로 있었던 10년
동안, 나는 그의 재능(그가 하버드대학교를 떠나 케임브리지의 트리니
티대학으로 옮겨간 직후에 노벨 경제학상을 받게 해 주었던)과 관념론
의 중요성을 알게 되었다. 나아가 나는 우리 시대에 인도주의가 직면한
아마도 가장 큰 문제, 즉 지구상의 부유층과 빈곤층 사이의 심각한 불
균형 문제에 대한 그의 새로운 접근법의 중요성을 알게 되었다. 센은

그것을 후생경제학(welfare economics)에 대한 '능력'(capabilities) 접근법이라고 부른다. 이 접근법의 핵심에는 바로 개발경제학 문제와 윤리 이론 문제가 분리될 수 없다는 인식이 자리 잡고 있다. 센은 자신의 작업을 통해 인간적 번영 개념을 포함해서 수리경제학과 도덕철학이라는 원천에 의존했다.

그렇지만 분석적 언어철학, 그리고 분석적 형이상학과 인식론의 대부분은 인간적 번영에 관한 담론을 절망적으로 '주관적'(subjective)이라고 간주함으로써 (흔히 모든 윤리학을 사실상 그 휴지통 범주에 속하는 것으로 폄하하면서) 공공연하게 적대시했다.

덧붙여서 경제학은 논리실증주의적 형이상학에 적극적으로 의지하면서도 스스로는 '형이상학적 가정들'을 거부하고 있다는 점을 자랑스럽게 내세워 왔는데, 이러한 상황은 월쉬(V. Walsh)의 『합리성, 배분, 재생산』에서 탁월하게 분석되고 비판되었다.[1] 월쉬와 나는 50여 년 동안 가까운 친구였으며, 그는 경제학의 이러한 불운한 상태에 관해 나의 관심을 불러일으켜 주었다. 2000년 11월에 노스웨스턴대학교 법과대학이 나에게 로센탈 강의를 요청했을 때 월쉬는 나에게 그 강의를 강력하게 권고했으며, 그것은 "사실은 사실이고 가치는 가치이며, 이 둘은 결코 결합되지 않을 것이다"는 견해를 상세하게 반박할 수 있는 절호의 기회였다. 그 견해에 따르면 경제학을 윤리학에 근접시키려는 센의

---

1) Vivian Walsh, *Rationality, Allocation and Reproduction* (Oxford: Clarendon Press, 1996). 매우 전문적으로 들리는 책 제목 때문에 지레 물러설 필요는 없다. 만약 이 책의 제목이 그저 '합리성과 경제학' 이었다고 상상해 보라! 내 생각으로 이 책은 이 문제에 관심이 있는 모두에게 필독서다. 또한 나는 흥미로운 초기 저작인 *Scarcity and Evil* (Englewood Cliffs, N.J.: Prentice-Hall, 1961)도 읽기를 권하지 않을 수 없다.

작업은 논리적으로 불가능한 것이다. 그 강의는 또한 센의 작업을 불가
능한 것으로 보이게 만드는 논리실증주의의 언어철학과는 매우 다른
언어철학을 제시할 수 있는 기회였다. 물론 합리성에 대한 덜 과학주의
적인 해명, 즉 우리로 하여금 이성적 사유가 규범적 영역에서 불가능한
것이 아니라 사실상 그 영역에 필수 불가결하다는 것을 해명하는 일,
그리고 역으로 어떻게 규범적 판단이 모든 이성적 사유에 전제되어 있
는지를 이해하는 것이 경제학에서뿐만 아니라 아리스토텔레스가 지적
했듯이 모든 삶에서 중요하다는 것은 분명하다.

「서론」에서 설명하고 있는 것처럼 약간 수정된 로센탈 강의(특히 그
것이 이제 '강의'가 아니라 '장'으로 불리기는 하지만, 나는 독자들이
그것을 읽으면서 강의를 듣는 것처럼 느끼기를 바란다) 이외에도 나는
여기에 로센탈 강의의 주장들과 관련될 뿐만 아니라 그것을 풍부하게
해 주는 데 도움이 되는 최근의 글들을 추가했다.

항상 그렇듯이 코넌트(J. Conant)와 루스 퍼트남(Ruth A. Putnam)
은 이 책을 꼼꼼히 읽어 주었다. 이들의 날카로운 질문과 고무적 제안
은 로센탈 강의를 수정하는 데 많은 도움이 되었다. 그래서 이 책에는
코넌트, 센, 월쉬, 그리고 루스 등 네 명의 대부모(godparents)가 있다.

2002년
매사추세츠 주 케임브리지
하버드대학교에서

차례

서론

'가치판단은 주관적'이라는 생각은 마치 상식처럼 점차 많은 사람들이 받아들이게 된 철학적 파편이다. 이 생각은 정교한 철학자들을 통해 다양한 방식으로 전개될 수 있으며, 또 전개되어 왔다. 내가 다루게 될 방식들은 '사실 진술'이 '객관적으로 참'일 수 있으며, 나아가 '객관적으로 보증'되는 반면, 가치판단에는 객관적 진리나 객관적 보증이 가능하지 않다고 주장한다. 사실/가치 이분법의 극단적인 지지자들에 따르면 가치판단은 이성의 영역에서 완전히 벗어나 있다. 이 책의 의도는 처음부터 이 견해들이 부당한 논변과 과도하게 확장된 이분법에 의존하고 있음을 드러내려는 것이다. 나아가 앞으로 보게 될 것처럼 이 부당한 논변들은 20세기에 중요한 '실제적' 귀결을 불러왔다.

나는 이미 출간된 책들에서 부분적으로 사실/가치 이분법을 비판해 왔지만 이 책에서는 처음으로 흄(D. Hume)으로부터 현재에 이르기까지 이분법의 역사를 검토하고, 특히 과학과 경제학에서 그 구체적인 영

향을 검토하려고 했다.[1] 내가 경제학을 선택한 것은 경제학이 일종의
정책 과학(policy science)—경제학자들은 직접적으로 정부나 비정부
기구들에 조언한다—이라는 점 때문이었다. 또한 이 책이 다루고 있는
물음, 즉 '목표들', 말하자면 가치들이 과연 합리적으로 논의될 수 있
는지, 또는 바꾸어 말하면 과연 규범적 문제들에 적용할 수 있는 합리
성 개념이 존재하는지의 문제는 수십 년 동안 경제학에서 지속적이고
가열된 논쟁의 주제였기 때문이기도 하다.

경제학을 선택한 데에는 또 다른 이유가 있다. 한때는 경제학에서 주
류였던 견해가 바로 이 책이 표적으로 삼고 있는 견해인데, 그것은 로
빈스(L. Robbins)의 표현처럼 가치들이 관련되는 한 "논쟁의 여지가
없다"는 견해다. 그러나 지난 수년 동안 새로운 강력한 견해, 즉 후생경
제학(welfare economics) 안에서의 윤리적 문제에 관한 합리적 논쟁의
필요성과 가능성을 강조하는 견해가 세계적으로 주목받는 경제학자인
센(A. Sen)에 의해 정립되고 옹호되어 왔다.[2] 그렇다면 우리 시대에
'사실' 판단과 '가치' 판단의 차이가 무엇인지에 관한 물음은 더 이상
상아탑의 문제가 아니다. 거기에서는 말 그대로 삶과 죽음의 문제가 제
기될 수 있다.

이 책의 첫 세 장은 내가 2000년에 노스웨스턴대학교 법과대학에서
행했던 로센탈 강의로 구성되어 있는데, 그 강의에서 나는 역사적으로
전개되고 옹호되어 온 사실/가치 이분법에 대한 반론을 상술하고 경제
학에서 그 중요성을 설명했다. 그렇지만 그 첫 강의(1장)에서 나는 무

---

1) 독자들은 이 책에 각 장별로 주어진 각주들 안에서 인용 문헌들을 찾아볼 수 있
    을 것이다.
2) 3장의 인용문 참조.

해한 구분들로 보이는 것이 좀 더 일반적인 배경에서 철학자들에 의해 절대적인 이분법으로 상승되는 현상을 다루었다. 특히 나는 '사실'과 '가치' 사이의 절대적 이분법이라는 관념이 어떻게 애당초 두 번째의 이분법, 즉 대부분의 비철학자들에게는 낯선, 분석판단/종합판단 이분법에 의존하고 있는지를 보였다.

칸트(I. Kant)가 도입했던 '분석적'(analytic)이라는 용어는 "모든 총각은 미혼이다"처럼 대부분의 사람들이 '정의적'(definitional) 진리라고 부르는 것을 가리킨다. 논리실증주의자들은 수학이 분석적 진리들로 구성되어 있다고 주장했다. '종합적'(synthetic)이라는 말은 비-분석적 진리를 가리키는 칸트의 용어이며, 그는 종합적 진리가 당연히 '사실'을 기술한다고 보았다. 칸트의 놀라운 주장은 수학이 종합적인 동시에 선험적(*a priori*)이라는 것이다. 이 책은 '사실판단 대 가치판단', 그리고 '사실적 진리 대 분석적 진리'라는 두 개의 이분법이 평가와 기술이 어떻게 서로 맞물려 있으며 또 상호 의존적인지에 대한 우리의 이해를 가로막음으로써 윤리적 추론과 세계의 기술에 관한 사고에 혼란을 불러왔다는 사실을 드러내려고 했다.

2부는 로센탈 강의의 후기로 잘 어울리는 장에서 시작하고 있는데, 그것은 사실/가치 문제에 관한 센의 초기 논의를 서술하고 있다. 2부의 나머지는 다른 방향에서 1부의 논의를 보완해 주는 나의 최근 논문과 강의들을 담고 있다. 5장은 20세기 경제학의 대부분이 근거로 삼고 있는 '합리적 선택 이론'(rational choice theory)의 가정들 중의 하나('완결성')에 대한 비판을 담고 있다. 각주를 통해서 알 수 있겠지만 완결성 가정은 (수많은 경제학자와 철학자를 포함해서) 센 또한 논쟁의 주제로 삼았던 문제다. 그렇지만 5장의 후반부에서 나는 순수 경제학에서 벗어나 윌리엄스(B. Williams)가 도입했으며, 또 오늘날 폭넓게 논의되고 있는, 선택에 대한 '외재적 이유'와 '내재적 이유'의 구분이 내가 1장에서 형이상학적 '이분법'이라고 불렀던 것의 또 다른 예라는 것을 보이려고 했다. 나아가 나는 그것 또한 좀 더 섬세한 방식이기는 하지만 내가 2장에서 논의했던 사실과 가치의 얽힘의 문제에 와서 무너지게 된다는 것을 보이려고 했다.

6장과 7장에서 나는 윤리학의 토대와 관련된 문제들을 다루었다. 6장은 우리가 만약 '윤리적 속성'이라는 특수한 '플라톤적' 영역을 거부하면 어떻게 윤리적 판단의 객관성이 옹호될 수 있는지의 문제를 다루었다. 나는 철저하게 비플라톤적인 해명의 근거를 듀이(J. Dewey)의 저작에서 찾을 수 있다고 주장했다. 7장에서는 하버마스(J. Habermas)의 입장을 검토했는데, 그는 보편적인 윤리적 '규범'(norms)과 비-보편적인 가치를 엄격하게 구분하고, 오직 전자, 즉 '규범'만이 객관적이라고 주장한다. 그러나 센을 따르는 경제학자와 철학자들이 생각할 때 아무리 잠정적이거나 오류주의적이라 하더라도 순서를 매겨야만 하는 좋음들(예를 들면 장수, 건강, 다양한 수준의 교육 혜택, 예술작품의 창조나 감상 등)이 있으며, 그것들은 '규범'이 아니라 '가치'다. 이 때문에 이것은 센이 우리에게 그저 주관적인 것, 또는 최소한 완전히 문화 상대적인 것에 관해 추론해야 하는 불가능한 일을 요구하고 있다는 것을 의미한다. 나는 다시 여기에 옹호 불가능한 이분법이 존재한다고 주장했으며, 나아가 하버마스가 설정하는 규범의 객관성이 사실상 최소한 일부 가치들의 객관성을 전제한다고 주장했다.

2장의 첫머리에서 나는 퍼스(C. S. Peirce) 등 고전적인 실용주의자들을 따라 과학 자체가 가치를 전제한다고 주장했다. 즉 정합성, 단순성 등 인식적 가치들도 여전히 가치들이며, 객관성 문제와 관련해서 윤리적 가치들과 같은 운명에 처해 있다는 것이다. 결론적 장인 8장은 20

세기 과학철학, 특히 사실/가치 문제를 회피하려는 유감스러운 역사를
살펴봄으로써 이 주장을 뒷받침했다.

1

사실과 가치의
이분법을 넘어서

1 | 경험주의적 배경

우리가 **범죄**라고 부르는 사실은 어디에 존재하는가? 그것을 가리키고, 그것
이 성립하는 시간을 결정하고, 그것의 본질 또는 본성을 서술하고, 그것을 드
러내는 감각 또는 기능을 설명해 보라. 그것은 은혜를 모르는 사람의 마음속
에 존재한다. 따라서 그는 그것을 느끼고 그것을 의식하고 있음에 틀림없다.
그러나 거기에는 악한 의지의 정념과 절대적 무관심의 정념 이외에 아무것도
없다. 우리는 이것들이 그 자체로 항상 모든 상황에서 범죄라고 말할 수 없
다. 아니다. 그것들은 전에 우리에게 선한 의지를 표현하고 드러냈던 사람들
을 향했을 때에만 범죄가 된다. 결과적으로 우리는 배은망덕이라는 범죄가
특정한 사실이 아니라고 추론할 수 있다. 대신에 그것은 사람들 앞에 드러남
으로써 그의 마음의 특별한 구조와 기질에 의해 비난의 정서를 불러일으키는
상황들의 얽힘에서 생겨난다.

— 데이비드 **흄**

우리는 모두 "그것은 사실판단인가, 가치판단인가?"라는 물음
에 관해 들어 보았을 것이다. 이 '난문'의 전제는 만약 그것이 '가치판
단'이라면 그것은 '사실'(의 진술)일 수 없다는 것이다. 나아가 그 주
장의 또 다른 전제는 가치판단은 '주관적'(subjective)이라는 것이다.
가치판단이 사실적 주장이 아니라는 견해, 그리고 만약 그것이 사실적
판단이 아니라면 주관적이어야 한다는 추론에는 오랜 역사가 있다. 금
세기의 많은 사회과학자들은 그 둘을 모두 받아들이며, 3장에서 (특히
경제학의 경우와 관련해서) 상세하게 살펴보게 될 것처럼 그것은 매우
중요한 귀결을 불러온다.

우리가 사실/가치 이분법을 좀 더 상세하게 탐색하기에 앞서 또 다른
구분 하나를 살펴보는 것이 도움이 될 것이다. 그것은 하나의 이분법으
로 확장되었으며, 마치 가능한 판단의 모든 분류를 포괄하는 것처럼 사
용되었는데, 그것은 분석판단과 종합판단의 구분이다. '분석적'은 초

기 분석철학사의 전개라는 압력 속에서 '항진'(tautologies) 또는 '단
순히 그것들의 의미에 의해 참'인 진리의 부류를 가리키는 이름으로
간주된, 철학자들의 기술적 용어다. 분석적 진리로 주장되는 낯익은 예
는 "모든 총각은 미혼이다"라는 문장이다. [실증주의자들은 '분석적'
또는 '종합적'이라는 용어를 사용하면서 그 어휘를 칸트에게서 빌려
왔으며, 그것은 전승되어 오는 과정에서 프레게(G. Frege)에 의해 변형
되었다.]¹⁾ 논리실증주의자들은 수학이 분석적 진리들로 구성된다고 주
장했다. '종합적'은 비-분석적 진리를 가리키는 칸트의 용어다. 칸트의
주장에서 놀라운 점은 수학적 진리가 종합적이면서도 필연적(선험적)

---

1) 칸트에게 분석판단의 세 가지 기준은 다음과 같다. (1) 그 부정은 모순을 낳는
   다. (따라서 논리의 기본 법칙, 즉 모순율과 충돌한다.) (2) 주어가 술어를 포함
   한다. (3) 확장적이 아니라 설명적이다. (바꾸어 말하면 분석판단은 우리의 지
   식을 확장하는 것이 아니라 다만 암시적인 지식을 명시적으로 만들어 줄 뿐이
   다.) 칸트는 이들 중 하나를 보유하는 모든 판단은 다른 두 가지를 보유하게 된
   다는 것을 당연하게 받아들였다. 그러나 프레게가 논리학에 대한 자신의 기여의
   관점에서 분석판단과 종합판단의 구분을 재구성한 이래로 이 세 가지 특성은 더
   이상 합치하지 않는 것으로 간주되게 되었다. 특히 (2)는 모든 판단의 위상을
   판정할 수 없는 기준이라는 점 때문에 제외되었다. 프레게는 모든 판단이 주어/
   술어 구조를 갖지 않는다는 것을 보였기 때문이다. (3)은 더 이상 타당하지 않
   다. 왜냐하면 프레게는 산수의 진리들이 그의 시각에서 분석적이기는 하지만 우
   리의 지식을 확장하지 않는다고 주장함으로써 칸트와의 차이를 드러내는 데 면
   밀한 관심을 가졌기 때문이다. 프레게에게 진리를 분석적으로 만들어 주는 것은
   (1)의 후속적 버전이다. 즉 그것은 그가 '논리학의 기초 법칙'이라고 부르는 것
   에서 논리적으로 연역될 수 있다. 이 점에서 프레게와 칸트의 차이에 관해서는
   James Conant, "The Search for Logically Alien Thought," in *The Philosophy of
   Hilary Putnam, Philosophical Topics*, 20, no. 1 (Spring 1992), p. 172, 미주 61
   참조. 논리실증주의자들은 비트겐슈타인의 『논리-철학 논고』를 따라 수학적 진
   리가 분석적이라는 프레게의 주장(칸트에 반대하여)과 모든 분석판단은 확장적
   이 아니라 설명적이라는 칸트의 주장(프레게에 반대하여)을 결합하려고 했다.

이라는 것이다. 20세기에 칸트에 대한 실증주의적 비판자들은 '분석적'이라는 개념을 확장함으로써 모든 수학(그들의 주장에 따르면 수학은 사실상 **사실**에 대비되는 것으로서 언어적 규약의 문제였다)을 포괄하려고 했다. 따라서 실증주의자들에게 사실/가치 구분과 분석/종합 구분은 모두 '사실'을 다른 어떤 것과 대비시키는 것이다. 전자는 '사실'을 '가치'에 대비시키고 있으며, 후자는 '사실'을 '항진'(또는 '분석적 진리')에 대비시키고 있다.

분석/종합 이분법의 과장된 형태는 1951년 콰인(W. V. O. Quine)의 공격에 의해 무너진 것으로 널리 인식되었다. (사실상 콰인은 과학적 진술들이 '규약'과 '사실'로 명료하게 구분될 수 없다고 주장했다.) 2장에서 나는 내가 '사실과 가치의 얽힘'이라고 부르는 현상(더 정확하게는 '현상들')에 관해 서술하고, 그러한 얽힘이 존재한다는 것이 왜 가치판단과 소위 사실 진술 사이의 괴리라는, 편재적이면서도 매우 중요한 관념 자체를 붕괴시키는지를 설명할 것이다.[2] 나는 이 현상에 근거해서 이 이분법이 분석/종합 이분법의 붕괴와 매우 유사한 방식으로 붕괴된다고 주장할 것이다. (사실상 그 구분 또한 일종의 얽힘, 즉 규약과 사실의 얽힘 때문에 무너졌다.)[3] 3장(이 세 장을 로센탈 강의에서 발표했을 때 마지막 강의였던)에서 나는 경제학자 겸 철학자인 센(A.

---

[2]   Putnam, "Objectivity and the Science/Ethics Distinction," in *Realism with a Human Face* (Cambridge, Mass.: Harvard University Press, 1990), pp. 163-78.

[3]   나는 이 주장을 "The Refutation of Conventionalism," in *Mind, Language and Reality: Philosophical Papers 2* (Cambridge: Cambridge University Press, 1975), pp. 153-91에서 처음 제기했다. 또한 Putnam, "Convention: A Theme in Philosophy," in *Realism and Reason: Philosophical Papers 3* (Cambridge: Cambridge University Press, 1983), pp. 170-83 참조.

Sen)의 저작을 검토할 것이다. 그 목적은 경제학의 '고전적 이론'의 본성 자체가 그의 저작에서 어떻게 변형되는지를 살펴보고, 그러한 변형이 어떻게 사실/가치 이분법의 붕괴에 직접적으로 기여하는지를 설명하려는 것이다.

사실/가치 이분법('is' 대 'ought')과 분석/종합 이분법('사실의 문제' 대 '관념들의 관계')의 해석은 고전적 경험주의는 물론 20세기의 후계자인 논리실증주의의 이론적 토대를 이루고 있다. 따라서 이 독단들을 벗어나 사유하는 것은 진정한 '포스트모더니즘'에 접어드는 것, 즉 문화의 모든 중요한 영역에서 전적으로 새로운 지적 가능성에 접어드는 것이다.

나는 이분법과 구분에 대한 일반적인 언급에서 시작해서 구체적으로 분석/종합 이분법과 사실/가치 이분법을 다룰 것이다.

1. 구분은 이분법이 아니다: 분석적인 것과 종합적인 것

'사실'과 '가치'의 관계에 관해서 내가 이 책에서 옹호하려는 관점은 듀이(J. Dewey)가 실질적으로 길고도 선도적인 학문적 생애 전반을 통해 옹호했던 것이다. 듀이는 구분을 하는 것(예를 들면 '사실'과 '가치') 자체가 특정한 목적에 도움이 된다는 사실을 부인했던 것이 아니었다. 대신에 그의 표적은 그가 사실/가치 '이원론'(dualism)이라고 불렀던 것이었다. 그것은 듀이가 식별하고, 진단하고, 우리의 사유로부터 추방하려고 했던 수많은 철학적 이원론들 중의 하나였다. 듀이의 저작이 항상 자극적인 경향(나는 그것을 가르치면서 깨닫게 되었다)을 보인다는 오해는 듀이가 사실상 '이원론'이라고 부르는 것을 공격할 때,

그것과 관련된 모든 철학적 **구분들**을 공격하고 있다고 잘못 받아들여
지는 데에서 비롯된다. 그것은 전혀 사실이 아니다. 듀이가 악성적인
철학적 이원론의 하나로 지목했던 사례는 아니지만 분석/종합 이분법
은 철학적 이원론과 철학적 구분 사이의 차이에 유념하는 것이 얼마나
중요한지를 예증해 준다.

잘 알려진 것처럼 논리실증주의자들은 모든 추정된 판단에 대해 삼
분법적 구분을 도입했다. 이 분류에 따르면 판단은 먼저 '종합적' 판단
(논리실증주의자들에 따르면 경험적으로 검증 가능하거나 반증 가능
한), '분석적' 판단(논리실증주의자들에 따르면 논리적 규칙에만 근거
해서 참 또는 거짓인), 그리고 잘 알려진 것처럼 윤리적, 형이상학적,
미학적 판단을 포함한 '인지적으로 무의미한'(cognitively meaning-
less) 판단(비록 위장된 명령으로서 실제적인 기능을 가지거나 서로의
태도에 영향을 미칠 수도 있지만)으로 구분된다.[4] 일상언어가 혼란스
럽고 모호해서 일상언어 문장이 분석적이거나 종합적인 것으로(또는
심지어 인지적으로 유의미하거나 무의미한 것으로) 명료하게 분류되
지 않을 수도 있다. 하지만 아마도 화자에게 인공적으로 구성된 언어로
이루어진 정확한 대안적 정식화를 제시하는 방식으로 일단 화자가 말
하려고 하는 것이 분명해지면 그가 말하려고 하는 것에 대해 어떤 **명료**
한 정식화(또는 '합리적 재구성')를 선택하든, 그것은 (1) 인공적으로
건설된 언어 규칙(또는 규약) 자체에 의해 참(또는 거짓)이거나, (2)
'관찰 문장'에 대비시킴으로서 검증 가능하거나, (3) '인지적으로 말해

---

4) 'L-규칙에만 근거한 참'은 분석적 문장에 대한 카르납의 규정이다. Rudolf
    Carnap, "Testability and Meaning," *Philosophy of Science*, 3, no. 4 (1936),
    pp. 419-71. 또 *Philosophy of Science*, 4, no. 1 (1937), pp. 1-40 참조.

서' 무의미일 것이다.

사실/가치 이분법에 관해 앞서 이야기했던 것, 즉 그것이 '편재적이 면서도 매우 중요한 괴리'로 인식되었다는 사실은 실증주의자들이 분석/종합 이분법을 이해했던 방식에 관해서도 동일하게 말해질 수 있을 것이다. 그것이 '편재적'이라고 말하는 것은 이 구분이 무조건적으로 모든 분야에서 무조건적으로 **모든** 유의미한 판단에 적용될 수 있다는 것을 의미한다. 사실상 한 판단이 그렇게 분류될 수 없다면 그것은 기껏해야 그 가정된 '판단'이 애매하며, 그 화자가 상이한 판단들 중 어떤 판단을 하고 있는지에 관해 혼동하고 있으며, 최악의 경우에는 참된 판단 자체가 존재하지 않는다는 것이 분명하게 드러날 것이다. 그러한 '분석/종합 구분'(또는 듀이의 용어를 사용하자면 그러한 분석/종합 '이원론')은 형이상학적 유령이다. 분석/종합 구분이 '매우 중요해' 보인다고 말하는 것은 만약 우리가 그 구분(또는 이원론)을 받아들이면 모든 철학적 문제가 그것에 의해 완전히 해결될 수 있을 것이라고 말하는 것이다! 유일하게 남게 될 문제들은 논리실증주의자들이 스스로 인정했던 것과 같은 기술적(technical) 문제들뿐이다.

무해한 구분에서 형이상학적 이원론으로의 결정적 전환─듀이가 우리에게 경고하는─은 분석판단/종합판단 구분을 고안했던 칸트를 통해 이미 드러나고 있다. 왜냐하면 칸트는 "수학의 진리는 분석적인가, 종합적인가?"라는 물음을 강요(예를 들어 인과성의 원리에 관한 물음처럼 다른 많은 난해한 경우들에 관해 제기된 유사한 물음과 마찬가지로)하고 있기 때문이다. 칸트는 수학의 원리들이 종합적인 **동시에** 선험적이라는 것을 발견했지만, 그것은 경험주의자들에게 하나의 저주라는 사실이 드러나게 되었다. 논리실증주의자들의 답변은 수학의 원리들이 사실상 칸트가 생각했던 것처럼 필연적이지만 종합적이지는 않다는 것이었다. 즉 그것들은 분석적이라는 것이다.[5] 그러나 이러한 답변을 위해서 논리실증주의자들은 분석성 개념을 그 극한까지 확장했다.

　일단 칸트의 '선험적 종합'(the synthetic *a priori*)이라는 범주가 주어지지 않는다면 수학의 원리들이 분석적 진리의 범형적 사례들(예를 들어 "모든 총각은 미혼이다")과도, 순수하게 기술적인 진리들(예를 들어 "로빈은 깃털이 있다")과도 다르다는 가능성을 고려하는 것—많은 형이상학자들은 여전히 주저하지만—이 중요한 과제가 된다. 이것은 일상적 구분과 형이상학적 이분법 사이의 차이를 예증해 준다. 일상적 구분은 적용 범위를 가지며, 그것이 항상 적용되지 않는다고 해도 놀라운 일이 아니다.

　논리실증주의자들은 '분석적인가, 종합적인가'라는 강요된 물음이 수학에 의미 있게 적용되어야 한다는 칸트의 가정에 동의했을 뿐만 아니라 이론 물리학에도 의미 있게 적용되어야 한다고 생각했다. 따라서 우아함에 대한 고려들(논리실증주의자들이 '규약'의 요소를 도입하는 것으로 분류했을)은 물리적 이론들을 총체적으로 실험(논리실증주의적 언어로 '사실')에 부합하도록 구성해야 한다는 필요성과 마찬가지로 물리학에서 우리가 개념들을 고안하고 사용하는 방식을 결정하게 된다. 이러한 사실에도 불구하고 그들은 에너지 보존 법칙이 '분석적인가, 종합적인가'라고 묻는 것은 유의미한 물음을 묻는 것일 뿐만 아니라 물리학을 (완전히) '합리적'인 것으로 만들기 위해서는 반드시 물어야 할 물음이라는 생각을 받아들여야만 했다.

---

5)　나는 이 대목에서 논리실증주의자들이 자신들의 작업의 토대로 삼았던 프레게의 역할은 생략한 반면, 한 명제가 분석적이라는 것이 무엇인지에 관한 그의 생각에 초점을 맞추었다.

콰인은 다음과 같은 두 가지 측면에서 논리실증주의자들을 비판했
다. 먼저, 논리실증주의자들은 "이러한 입법적 특성, 바꾸어 말하면 규
약적 요소들이 매우 일반적으로 (특정한 개별적인 과학적 명제가 보유
하는 특성이 아니라) 과학적 가설의 특성이라는 사실을 깨닫지 못했
다." 둘째, "그들은 그것이 그렇게 해서 성립된 진리의 특성이 아니라
일과적 사건의 특성이라는 사실, 바꾸어 말하면 한 문장이 최초에 하나
의 규약으로 받아들여졌다는 사실이, 그 문장이 그 이론의 모든 다른
문장과 대등하게 실험의 법정에 서지 않는다는 것을 의미하지는 않는
다는 점을 깨닫지 못했다."[6] 콰인은 이 모든 것을 하나의 탁월한 은유
로 요약하면서 이렇게 말한다.

> 우리에게 전승된 지식이 바로 문장들의 구조다. 그것은 우리 손에서
> 다소간 자의적이고 의도적인, 감각기관의 지속적 자극에 의해 다소간 직
> 접적으로 발생하는, 우리만의 수정과 부가를 통해 발전하고 변화한다. 그
> 것은 사실이라는 검은색과 규약이라는 흰색이 뒤섞인 옅은 회색 지식이
> 다. 그러나 완전히 검은 실 또는 완전히 흰 실이 존재한다고 결론지을 수
> 있는 핵심적인 근거를 찾지는 못했다.[7]

그렇지만 콰인은 잘 알려진 「경험주의의 두 가지 독단」(Two Dog-
mas of Empiricism)에서 그 구분에 대해 처음 공격하면서, 분석적 진
리(예를 들면 "모든 총각은 미혼이다")와 관찰 검증이 가능한 진리[예

---

6) W. V. O. Quine, "Carnap and Logical Truth," in P. A. Schilpp, ed., *The
   Philosophy of Rudolf Carnap* (La Salle, Ill.: Open Court, 1963), p. 405.

7) 같은 책, p. 406.

를 들면 "모든 주계열성(main sequence stars)은 붉은 색이다" 등]를 구분하는 데 어떤 의미가 있다는 사실도 부인함으로써 목욕물과 함께 아이도 버리는 과도한 지점까지 나아갔다.[8] 또한 콰인의 수리철학의 대부분은 사실상 수학적 진리를 물리학적 진리에 흡수시키려는 시도(그것은 '분석적인가, 종합적인가' 라는 물음이 근원적으로 불명료하다는 것을 함축하기보다는 수학적 문장이 칸트적 의미에서 '종합적' 이라는 것을 함축하는 것으로 보인다)로 보인다.

그렇지만 나와 함께 출발했던 사람들은 단순히 분석적 진리 또는 관찰 가능한 사실 진술로 분류될 수 없는 광범위한 폭의 진술들이 있다는 콰인의 통찰을 받아들일 수 있는 반면, 다음과 같이 명시할 수 있는 구분, 즉 단어의 의미에 의해 사소하게 참인 언어적 진술과 그렇지 않은 진술 사이의 구분 어느 한쪽에 속하는 사례들이 존재한다는 소극적인 생각을 유지할 수 있다고 주장했다.[9] 콰인은 후에 내가 옳았다는 것을 인정했으며, 그 차이를 엄격하게 제시하려고 시도했다.[10] 나는 우리가 그것을 언어적으로 어떻게 특징짓든, 그처럼 사소하게 참인 진술과 다른 종류의 진술 사이의 차이를 인정하는 것이 그 모든 다른 종류의 진술이 '사실에 관한 진술' (흄)이라는 단일한 부류 또는 '종합적 진술' (칸트)이라는 단일한 부류에 귀속된다는 것을 함의하지 않는다는 사실

---

8) Quine, "Two Dogmas of Empiricism," in his *From a Logical Point of View* (Cambridge, Mass.: Harvard University Press, 1953), pp. 20-46. 초기 버전은 *Philosophical Review* (January 1951)에서 찾아볼 수 있다.

9) Putnam, "The Analytic and the Synthetic," in *Mind, Language and Reality*, pp. 33-69.

10) 콰인은 그가 '자극 동의어에 대한 사회화된 개념' 이라고 부르는 것의 도움으로 이렇게 시도한다. Quine, *Word and Object* (Cambridge, Mass.: MIT Press, 1960), pp. 55-57.

을 덧붙이고 싶다. 요컨대 분석적 진술이라는 개념은 온당하며, 때로는 유용한 개념이다. 그러나 그것은 지나치게 다듬어짐으로써 강력한 철학적 무기로서의 역할—왜 수학적 진리가 경험주의에 아무런 문제도 제기하지 않는지를 설명하는 것 같은 탁월한 기능을 수행하는— 을 수행할 수는 없는 것으로 판명되었다.[11]

  분석/종합 이분법에 관한 또 다른 논점, 즉 내가 앞서 잠시 언급했지만 다시 반복할 필요가 있는 논점은, 그 이분법이 철학적으로 강요되는 한, 그 구분의 양편은 모두 공통적인 '본질적' 속성을 갖는 구성원들로 구성된 범주인 자연 종으로 간주되었다는 점이다. 이것은 실증주의자들에게 '분석적인 것'이라는 범주의 모든 구성원(그렇게 확장된)이 '언어의 규칙들에만 근거해서 참'이라는 속성을 보유하는 것으로 가정되었다는 것을 의미할 뿐만 아니라 보완적 부류의 구성원들, 즉 비-분석적 진술들 또한 모두 '사실의 기술'이라는 속성을 보유하는 것으로 가정되었음을 의미한다. 여기에서 사실의 본래적 모형은 우리가 그릴 수 있는 일종의 경험적 사실이다.[12] '분석적이 아닌' 다양한 종류의 진

---

11) 이것이 바로 카르납이 분석적인 것이라는 개념에 부과하는 기능이다. "수학은 논리학의 분과로서 …… 동어반복적이다. 칸트적 용어로는 수학의 명제들은 분석적이다. 그것들은 선험적 종합 명제가 아니다. 선험성은 따라서 가장 강력한 논증력이 박탈된다. 선험적 종합적 지식의 존재를 부정하는 견해인 경험주의는 수학을 해석하는 데 가장 큰 어려움을 겪어 왔으며, 밀은 그 어려움을 극복하는 데 성공하지 못했다. 이 어려움은 수학적 명제들이 경험적인 것도 선험적으로 종합적인 것도 아니며 분석적이라는 사실에 의해 제거된다." Carnap, "The Old and the New Logic," originally published in German, in volume 1 of *Erkenntnis* (1930-1931). 영어 번역은 A. J. Ayer, ed., *Logical Positivism* (New York: Free Press, 1959), pp. 60-81에 수록되어 있다.

12) 내가 분석적인 것(카르납과 그 후계자들이 생각했던)이 '확장된' 것으로 말하는 이유는 그것이 모든 수학과 함께 (다양한 저자들에 의해) 시간의 위상학 등

술이 존재할 가능성, 그리고 하나의 진술을 '분석적'이 아닌 것으로 확인하는 것이 (아직) 철학적으로 흥미로운 진술을 확인하는 일이 아닐 수 있다는 가능성은 처음부터 사라지고 없다.

2. 사실/가치 이분법의 역사

사실/가치 이분법의 역사는 어떤 측면에서 분석/종합 이분법의 역사와 병행한다. 분석/종합 이분법과 마찬가지로 사실/가치 이분법은 우리가 '사실'(is)에서 '당위'(ought)를 추론할 수 없다는 흄의 유명한 원리에 암시되어 있는, 흄적 이분법에 의해 예고되어 있다.[13] 우리가 '사실'에서 '당위'를 추론할 수 없다는 흄의 주장(이것은 때로 '흄의 법칙'이라고 불린다)은 널리 받아들여지고 있지만 흄이 그것을 뒷받침하기 위해 제시했던 이유들을 흄을 긍정적으로 인용하는 사람들이 그만

과 관련된 원리들을 포함하는 방식으로 연장되었기 때문이다.

13) 흄은 어디에서도 정확히 이렇게 말한 적이 없지만 "사실에서 당위를 추론할 수 없다"라는 원리는 그의 *Treatise*, Book III, Part 1, section 1에서 흄의 결론을 뒷받침하는(또한 그는 "그것을 덧붙이지 않을 수 없으며 …… 철학적으로 어떤 중요성을 찾을 수 있다"라고 말한다) '관찰'의 귀결인 것으로 거의 보편적으로 받아들여지고 있다. 흄은 그가 접했던 모든 '도덕의 체계'에서 저자는 '일상적인 추론 방식'으로 출발해서 예를 들면 신의 존재를 증명하거나 인간 사회를 기술하는 과정에서 갑자기 '사실'에서 '당위'로 전환한다고 말한다. 예를 들면 "신은 우리의 창조자이다"에서 "우리는 그에게 복종해야 한다" 등과 같은 전환이 그것이다. 이 '새로운 관계'에 대해 어떤 해명도 주어진 적이 없으며, 흄은 이 전환이 정당화될 수 있다고 보지 않는다. David Hume, *A Treatise of Human Nature*, ed. L. A. Selby-Bigge and P. H. Nidditch (Oxford: Oxford University Press, 1978), pp. 469-70.

큰 긍정적으로 받아들이고 있는 것은 결코 아니다.[14]

그 주장이 중요한 형이상학(단순한 논리적 관점에 대비되는 것으로서)을 전제하고 있다는 추정의 실마리는 흄 자신을 비롯한 누구도 그것을 "우리는 'p 또는 q'에서 'p이며 q다'를 추론할 수 없다"라는 주장과 유사한, 추론의 특정한 형식의 타당성에 관한 주장으로 받아들이지 않는다는 데 있다. 실제로 그 주장이 단순히 특정한 추론의 형식에 관한 것이었다면 그것은 "이러저러한 상황에서 x를 하는 것은 좋으며, 그러한 상황에서 x를 하지 않는 것은 나쁘다"에서 "우리는 이러저러한 상황에서 x를 해야 한다"라고 추론하는 것을 금지하게 될 것이다. 물론 많은 철학자들은 그것이 '당위'에서 '당위'를 추론하는 것이기 때문에 흄의 금언에 반하는 것이 아니라고 말함으로써 이 사례에 대응할 것이다. 그러나 그것이 나의 논점이다. "이러저러한 상황에서 x를 하는 것은 좋으며, 그러한 상황에서 x를 하지 않는 것은 나쁘다"와 같은 진술을 '당위'로 인식할 수 있는 그들의 능력은 그 진술의 어떤 형식적 특성에 의존하고 있는 것이 아니라, 오히려 그 내용에 대한 이해에 의존하고 있다.

흄 자신(또는 흄의 어떤 독자도) 또한 그 주장을 형식적 추론의 원리에 관한 것으로 이해하지 않았다. 오히려 흄은 '사실의 문제'와 '관념들의 관계' 사이의 형이상학적 이분법(그의 '분석/종합 구분'에 대한 오래된 예고였던 이분법)을 가정했다. 흄이 생각했던 것은 하나의 '사실'

14) 이 점은 밀그램(E. Milgram)에 의해 지적되었다. Elijah Milgram, "Hume on Practical Reasoning," (*Treatise* 463-69), *Iyyun : The Jerusalem Philosophical Quarterly*, 46 (July 1997), pp. 235-65; 또 "Was Hume a Humean?" *Hume Studies*, 21, no. 1 (April 1995), pp. 75-93.

판단이 '사실의 문제'를 기술할 때, 어떤 '당위' 판단도 그것에서 추론
될 수 없다는 것이었다. '사실의 문제'라는 흄의 형이상학은 '사실'에서
'당위'를 추론할 수 없다는 주장에 대한 총체적 근거를 형성하고 있다.

  그렇지만 '사실의 문제'에 대한 흄의 기준은 '그림 의미론'(pictorial
semantics)이라고 부를 수 있는 것을 전제하고 있다.[15] 흄의 심리철학
에서 개념은 일종의 '관념'이며, '관념'은 그 자체로 회화적이다. 즉 관
념이 '사실의 문제'를 표상할 수 있는 유일한 방법은 그것을 닮는 것이
다. (그렇지만 그것이 반드시 시각적이어야 할 필요는 없다. 그것은 촉
각적이거나 후각적일 수도 있다.) 그렇지만 관념은 비회화적인 속성도
지니고 있다. 관념은 정서(sentiments), 달리 말하면 감정(emotions)을
포함하거나 그것과 연합되어 있다. 흄은 단순히 사실에서 당위를 추론
할 수 없다고만 말하고 있는 것이 아니다. 그는 좀 더 넓게 옳음
(right)에 관해 '사실의 문제'가 존재하지 않으며, 덕(virtue)에 관해
사실의 문제가 존재하지 않는다고 주장하고 있다.[16] 그 이유는 만약 덕

---

15) 여기에서 나는 앞의 각주에 언급된 밀그램의 분석을 따른다.

16) 스티븐슨은 흄이 가치판단은 사실판단이라고 주장했다고 해석했던 대표적인
  사람이지만 나는 그것이 잘못된 것이라고 생각한다. C. L. Stevenson, *Facts and
  Values* (New Haven, Conn.: Yale University Press, 1963), p. 11에 따르면 흄
  은 '결과적으로' 좋음을 '많은 사람들에 의해 승인된 것'으로 정의한다. 그에
  앞서 *Ethics and Language* (New Haven, Conn.: Yale University Press, 1944),
  p. 276에서 스티븐슨의 정식화는 "도덕적 용어들에 대한 흄의 정의 방법은 '그
  사안에 관해 충분하고 명료하게 알고 있는 대다수가 그것을 승인하게 될 때, 오
  직 그 때에만 어떤 것은 좋은 것이다'와 같은 진술을 분석적 진술로 만든다"는
  것이다. 그렇지만 흄은 '사실의 잘못과 옳음의 잘못'을 *Enquiry Concerning the
  Principles of Morals* (셸비 비기 판의 241절), Appendix I에서 엄격하게 구분하
  고 있다. David Hume, *Enquiries Concerning the Human Understanding and
  the Principles of Morals*, ed. L. A. Selby-Bigge (Oxford: Clarendon Press,

과 악덕에 관한 사실의 문제가 존재한다면, 덕의 속성은 사과라는 존재
의 속성이 그려질 수 있는 것처럼 그려질 수 있어야(우리가 '그림 의미
론'을 가정한다면) 할 것이기 때문이다. 흄의 의미론적 견해를 전제한다
면 그런 성격의 사실 문제가 존재하지 않는다는 흄의 결론은 전적으로
옳은 것이다. 더욱이 '정념' 또는 '정서'가 '관념'에 유일하게 남아 있는
속성이라는 점에 근거해서, 그러한 사실 문제들이 우리에게 왜 그런 방식
으로 나타나는지에 대해 흄이 자기 방식대로 설명할 수 있다고 믿었다는
점을 받아들이면, 그가 다음과 같은 결론에 이르는 것은 매우 온당한 일

1975), p. 290.

　이 부분에 앞선 절(셀비 비기 판의 237절)에서 흄은 다음과 같이 묻는다. "우
리가 범죄라고 부르는 사실은 어디에 존재하는가? 그것을 가리키고, 그것이 성
립하는 시간을 결정하고, 그것의 본질 또는 본성을 서술하고, 그것을 드러내는
감각 또는 기능을 설명해 보라. 그것은 은혜를 모르는 사람의 마음속에 존재한
다. 따라서 그는 그것을 느끼고 그것을 의식하고 있음에 틀림없다. 그러나 거기
에는 악한 의지의 정념과 절대적 무관심의 정념 이외에 아무것도 없다. 우리는
이것들이 그 자체로 항상 모든 상황에서 범죄라고 말할 수 없다. 아니다. 그것
들은 전에 우리에게 선한 의지를 표현하고 드러냈던 사람들을 향했을 때에만
범죄가 된다. 결과적으로 우리는 배은망덕이라는 범죄가 특정한 사실이 아니라
고 추론할 수 있다. 대신에 그것은 사람들 앞에 드러남으로써 그의 마음의 특별
한 구조와 기질에 의해 비난의 정서를 불러일으키는 상황들의 얽힘에서 생겨난
다"(같은 책, pp. 287-88, 고딕은 원문의 강조).

　여기에서 맥락을 통해 분명히 드러나는 것처럼 '범죄'라고 말하는 것은 '덕'
과 '악덕'을 의미하는 것으로 추정된다. 한 행위가 덕이 있거나 악의 있는 특성
을 지니는가라는 사실의 문제는 존재하지 않는다. 스티븐슨을 오해로 이끌었던
것은 흄 또한 사실상 대다수의 사람들이 만약 상황에 관해 충분히 알 수 있다면
(또한 그들이 그 상황을 공정하게 바라보려고 충분히 노력한다면) '인간성의
정서'(sentiment of humanity)의 영향을 받아 동일한 행위를 승인하거나 부인
할 것이라고 주장했다는 점이다. 그러나 이것은 좋은 행위라는 관념이 대다수
의 사람들이 승인하게 될 행위의 관념이라고 말하는 것이 아니다. 만약 그렇다
면 흄은 여기에서 '사실의 문제'가 존재하지 않는다고 말할 수 없을 것이다.

이다. 즉 덕과 악덕의 판단에 대응하는 '관념'의 구성요소들은 (관련된 행위에 대한 '숙고'를 통해 우리 마음의 '특정한 구조와 조직'을 따라) 우리 안에서 일어나는 '정서들'일 뿐이다.[17]

"사실에서 가치를 추론할 수 없다"는 원리는 내가 분석/종합 이분법과 관련해서 언급했던 특성을 지니고 있다. 즉 그 구분의 한쪽은 다소간 독특한 특성을 가리키고 있다. 흄의 도덕철학에 따르면, 그 부류란 당위라는 '관념'을 포함하는 판단의 부류다. 그렇게 기술된 판단은 이제는 불신의 대상이 된 17~18세기의 '관념' 이야기를 전제하고 있다. 그렇지만 (만약 흄의 논증에 함축되어 있는 그 이분법을 완화시키려고 한다면) 우리는 윤리적 사용의 경우에 '해야 한다'(ought)라는 단어를 포함하고 있는 판단들에 관해 다시 논의함으로써 이러한 결함을 수정할 수 있다.

물론 그렇게 기술된 부류의 구획은 (언제 '해야 한다'의 사용이 '윤리적' 사용이 될 것인지가 불투명하기 때문에) 다소는 모호할 것이다. 그러나 '분석적 진리' 개념의 경우처럼 경계선이 모호하다는 점을 들어 그러한 부류의 존재를 아예 부정하는 것은 성급한 일이 될 것이다. 더욱이 『도덕 원리에 관한 탐구』(*Enquiry Concerning the Principles of Morals*)에서 나타나는 흄 자신의 언급을 따라 우리는 '해야 한다' 뿐만 아니라 '옳은' '그른' '덕' '악덕' 등은 물론 그 파생어인 '유덕한' '사악한' 또는 '좋은' '나쁜' 등을 포함하는 판단들도 고려함으로써 그 부류를 확장할 수 있다.[18]

그렇게 주어지는 판단 부류―이것을 범형적(paradigmatic) 가치판

---

17) 이미 지적했던 것처럼 흄에 대한 이러한 해석은 밀그램에 의존한 것이다.
18) 각주 16의 인용 참조.

단이라고 부르기로 하자—는 소위 사실/가치 '이분법' 옹호자들의 저술에 나타나는 대부분의 사례를 포괄하게 될 것이다. 그 자체로 '분석적'이라고 불릴 수 있는 진리들의 부류(다소간 불분명한 경계를 지닌)가 존재한다는 것을 인정하는 것은, (1) 어떤 철학적 문제도 해결할 수 없는 것으로 보이며, (2) 그 부류의 구성원들이 공통적으로 보유하는 것이 정확히 무엇인지를 말해 주지도 않으며, (3) 그 부류의 보완물(비-분석적 진리들과 거짓들)이 그 구성원들이 모종의 공통적 본질을 보유하는 자연종이라는 사실을 인정하도록 요구하지도 않는다. 마찬가지로 10여 개의 익숙한 윤리적 단어를 포함하는, 범형적인 윤리적 판단의 부류가 존재한다는 사실을 인정하는 것은 어떤 철학적 문제들도 해결해 주지 못하며, 정확히 무엇이 한 단어를 윤리적 단어로 만들어 주는지도 말해 주지 않으며, 모든 비-윤리적 판단이 서너 개의 자연종에 귀속된다는 것을 받아들이도록 요구하지도 않는다.

현대에 들어 사실/가치 이분법으로 변형되었던 것이 정교하게 전개되는 과정에서 칸트가 했던 역할은 여기에서 자세히 다루기에는 너무나 복잡하다. 왜냐하면 그의 철학 자체가 간략히 논의하기에는 너무나 복잡하기 때문이다. 여기에서는 우선 다음과 같은 사실을 지적하는 것으로 만족하기로 하자. 수많은 칸트적 도덕철학자들은 칸트가 가치판단이 명령(칸트 자신은 '규칙' '준칙'과 함께 '정언명령'을 이야기한다)이라는 특성을 갖는다고 말한 것으로 받아들이고 있으며, 나아가 그렇게 해석된 칸트에 동의하고 있다.

이들에 따르면 "살인은 잘못이다"는 "살인하지 말라"라고 말하는 한 방식이며, 이것은 어떤 사실을 기술(만약 그렇다면 이것은 그렇게 해석된 칸트가 흄에 동의하는 논점이 된다)하고 있는 것이 아니다. 그러나 칸트의 견해에 대한 정상적인 해석에 따르면 그러한 발화는 단순히

'정서' 표현일 수 없으며, 또한 단순히 판단(특정한 상황들이 존립한다는)과 '정서'(그 상황들과 관련된) 표현과의 혼합물일 수도 없다. 여기에서 칸트는 분명히 흄과 견해를 달리한다. 모든 칸트 주석가들은 칸트가 도덕적 진술이 **합리적으로 정당화될** 수 있다고 주장하는 것으로 받아들이는데, 사실상 칸트의 전 도덕철학은 이것이 어떻게 가능한지에 대한 해명이다.

칸트의 해명 — 적어도 롤스(J. Rawls)가 재구성한 것으로서 — 이 기본적으로 옳다고 생각하는 뛰어난 도덕철학자들[예를 들면 허먼(B. Herman)이나 코스가드(C. Korsgaard) 등]이 있는 반면, 오늘날 대부분의 철학자들은 칸트의 도덕철학이 지나치게 형이상학이라는 안식처에 의지하고 있다고 보며, 전무한 것은 아니지만 오늘날 여전히 그것을 받아들일 수 있는 철학자는 거의 없다.[19] 나아가 칸트의 '선험적인 종합적 진리'(synthetic *a priori* truth) 개념에 대한 철학적 신뢰가 붕괴되면서 논리실증주의자들은 판단이 분석적('관념들의 관계'를 다루는)이거나 후험적으로 종합적('사실 문제'를 다루는)이라는 흄의 생각을 폭넓게 확장하는 방향으로 나아갔다. 나아가 이들은 또한 (고전적 경험주의가 수학이 후험적 종합이라는 것을 보이는 데 성공하지 못했기 때문에) 분석적인 것을 확장하는 방향으로 나아갔다.

유사한 방식으로 칸트의 '순수 실천이성'(동시에 그 개념에 토대를 둔 칸트적 선험 윤리학의 변형들) 개념에 대한 철학적 신뢰가 붕괴되

---

19) John Rawls, "Kantian Constructivism in Moral Theory," in his *Collected Papers*, ed., Samuel Freeman (Cambridge, Mass.: Harvard University Press, 1999), pp. 303–58. 또 Rawls, *Lectures on the History of Moral Philosophy*, ed., Barbara Herman (Cambridge, Mass.: Harvard University Press, 2000) 참조.

면서 논리실증주의자들은 윤리적 판단이 사실의 진술이 아니라 정서 표현이거나 위장된 명령이라는 흄의 생각을 폭넓게 확장하는 방향으로 나아갔다.[20] 이러한 시각 안에 칸트적 흔적이 남아 있다는 것이 분명하지만, 거기에는 흄적인 뒤틀림이 있다. 즉 실증주의자의 시각에서 이 명령들은 합리적으로 정당화될 수 없으며, 본성상 단순히 화자의 '의지적'(volitional) 상태를 반영하고 있다.

합리적 담론 영역으로부터 윤리적 진술의 축출은 카르납(R. Carnap)의 작은 책인 『과학의 통일』(*The Unity of Science*)에서 극적으로 표현되고 있다.[21] 모든 비과학적 문제들은 '사이비 문제들의 …… 혼동'이라는 설명에 이어 그는 이렇게 쓰고 있다.

형이상학, 규제적 윤리학, 그리고 (형이상학적) 인식론에 속하는, 이러한 결함을 지닌 모든 진술은 사실상 검증 불가능하며, 따라서 비과학적이다. 비엔나 학단 안에서 우리는 그러한 진술을 (비트겐슈타인을 따라) 무의미로 판정하는 데 익숙해 있다.[22] 이 용어는 심리학적 구분이 아니라 논리적 구분을 의미하는 것으로 이해되어야 한다. 즉 그 용어를 사용하는 것은 문제시된 진술이 모든 정당한 과학적 진술에 공통적인 특정한 논리적 특성[즉 검증 가능성 — 퍼트남의 주석]을 결여하고 있다고 주장하려

20) 윤리학에 대한 논리실증주의적 해석의 이러한 버전의 표준적 전서로는 Hans Reichenbach, *The Rise of Scientific Philosophy* (Berkeley, Cal.: University of California Press, 1951), 17장 참조.
21) Carnap, *The Unity of Science* (London: Kegan Paul, Trench, Hubner, 1934), pp. 26-27.
22) 여기에서 카르납은 『논리-철학 논고』(*Tractatus Logico-Philosophicus*)에서 드러나는 소위 '전기' 비트겐슈타인을 가리키고 있다.

는 것이다. 우리의 의도는 이처럼 논리적으로 부당한 진술에 어떤 개념이
나 영상을 결합하는 것이 불가능하다고 주장하려는 것이 아니다. 개념은
자의적으로 합성된 모든 단어들의 연쇄와 결합될 수 있다. 또한 형이상학
적 진술은 저자나 독자에게 연합이나 느낌을 풍부하게 환기시킬 수 있
다.[23]

분석/종합 구분과 마찬가지로 사실/가치 구분에서, 이 구분(형이상
학적 이분법으로 확장된)의 한편이 다소간 특이한 성질을 가리키고 있
다는 것을 알 수 있다. 칸트의 분석/종합 구분에서 분석 쪽을 구성하는
진리의 범형은 "모든 A는 B다"라는 형식의 진리인데, 여기에서 주어 A
는 술어 B가 가리키는 속성을 '포함'하고 있다. 예를 들면 "모든 총각
은 미혼이다"와 같은 문장, 그리고 그것의 논리적 귀결인 "결혼한 총각
은 없다" 등이 그것이다.[24]

사실/가치 구분과 사실/가치 이분법 사이의 구분은 우리가 오늘날
'가치판단'이라고 부르는 것에 대해 흄이 단일한 용어를 도입하지 않
았다는 점(그가 '도덕적'이라는 용어를 갖고 있기는 하지만)에서 다소
다르게 형성되었다. 대신에 그는 '범죄' '당위' '덕'과 같은 개별적인
가치 용어들을 다루었다. 그러나 그 맥락은 항상 윤리학의 맥락이었다.
따라서 오늘날 논의되고 있는 가치 용어는 거의 예외 없이 철학자들의
저술에서 윤리적 판단의 사례에 등장하는 용어를 말한다.

---

23) Carnap, *The Unity of Science*, p. 22.

24) 그렇지만 만약 우리가 칸트의 구분을 해석할 때 '논리적 귀결'이 정확히 무엇
    을 의미하는지는 다소 불투명한 문제다. 이와 관련한 제안은 Putnam, *Realism
    and Reason*, chapter 5, pp. 94-95 참조.

흄 이래로 그 자체로 윤리적(또는 '도덕적') 판단이 아닌, 다양한 종류의 가치판단이 존재한다는 사실은 (소위) 가치와 (소위) 사실 사이의 관계에 관한 철학적 논의에서 배제되는 경향이 있다. 이러한 현상은 특히 실증주의자들에게서 두드러지게 나타난다. 카르납은 통상 '가치판단'에 관해서 이야기하는 것이 아니라 '규제적 윤리학'(또는 규범윤리학)의 진술에 관해서만 이야기한다. 라이헨바흐(H. Reichenbach)는 사실/가치 이분법의 '가치' 쪽에 눈을 돌리면서 '윤리학의 본성'에 관해 쓰고 있다.[25] 또한 스티븐슨(C. L. Stevenson)의 『사실과 가치』(*Facts and Values*)에는 윤리학 영역 밖에 있는 가치판단에 관한 언급은 단 한 차례도 나타나지 않는다! 그것은 이 철학자들이 미적 판단이 가치판단의 일부라는 사실을 부인한다는 것을 말해 주는 것이 아니라, 대부분 그들의 실제 표적이 윤리학의 가정된 객관성 또는 합리성이라는 것을 말해 준다. 이들은 이 주제 자체를 폐기함으로써 다른 종류의 가치판단까지도 포괄하는 해명을 제시한 것으로 간주한다.[26]

사실/가치 이분법을 완화한다면 우리는 다음과 같은 귀결에 이르게 될 것이다. 윤리적 판단과 다른 종류의 판단 사이에 그어져야 할 하나의 구분(모종의 맥락 안에서 유용한)이 있다. 화학적 판단과 화학 영역

---

25) 이것은 앞서 인용되었던 Reichenbach, *The Rise of Scientific Philosophy*의 한 장의 제목이다.

26) 이것은 가치 진술들이 얼마나 '공허'한가라는 문제에 관한 논리실증주의자들 사이의 중요한 차이들을 부인하는 것이 아니다. 라이헨바흐는 윤리적 '판단들'이 명령이며 또한 그 명령은 다른 명령을 '수반'할 수 있으며, 따라서 (단어들의 자의적 연쇄와는 달리) 상호간에 논리적 관계를 유지할 수 있다고 주장한다는 점에서 카르납과 다르다. 스티븐슨은 정서적 진술들이 '인지적 내용'을 결여하고 있다고 주장하지만 정서적 담론의 '논리'라고 부르는 것을 제시하는 데 관심을 갖고 있었다.

밖의 판단 사이에 하나의 구분(모종의 맥락 안에서는 유용한)이 있어야 한다는 것이 명백한 사실인 것처럼 이것 또한 명백한 사실이다. 그러나 이러한 (진지한) 의미의 사실/가치 구분으로부터 어떤 형이상학적인 것도 따라 나오지 않는다.

3. 이분법의 '사실' 쪽

앞의 결론은 이렇게 요약해 볼 수 있다. 즉 사실/가치 이분법은 그 바탕에서 하나의 구분이 아니라 하나의 논제, 말하자면 '윤리학'은 '사실 문제'에 관한 것이 아니라는 논제다. 흄의 경우 그 논제는 철학자들이 도덕에 관한 책을 쓰는 것을 막으려는 의도가 아니었던 반면, 카르납의 경우에는 명백히 그런 의도를 갖고 있었다. (앞서 『과학의 통일』의 인용에서처럼 윤리적 발화에는 '자의적으로 합성된 단어들의 연쇄' 이상의 의미가 주어지지 않는다!) 흄은 윤리학에서 자신의 비인지주의(noncognitivism)와 윤리적 지혜의 존재에 대한 믿음을 결합할 수 있었다. 왜냐하면 흄은 인간의 행위나 문제에 관해 사유하는 기술을 익힌 모든 지적이고 학식 있는 사람들은 개인적 기질에 문제가 있지 않는 한 동일한 상황에서 공정하게 승인과 부인에 관한 적절한 '정서'를 갖게 될 것이라는 18세기의 편리한 가정을 공유하고 있었기 때문이다.

이 때문에 많은 주석가들은 흄이 '좋음'의 의미는 "대부분의 공정하고 학식 있는 사람들의 승인을 이끌어 내는 것"이라고 주장하는 것으로 오해하게 되었다. 그것은 해석상의 오류다. 흄은 대부분 공정하고 학식 있는 사람들이 모든 좋은 것에 동의할 것이라고 생각하지만, 결코 이것이 '좋음'이라는 개념의 내용이라고 주장하지는 않는다. 만약 그가 그렇게 생각하고 있었다면 어떤 것이 덕이나 악덕이라는 사실에 해당되는 '사실'이 존재하지 않는다고 주장하지 않았을 것이다.

그러나 흄은 매우 명확하게 그러한 주장을 하고 있다. 예를 들면 '심각한 도덕적 잘못'(단순히 현대적인 법적 의미가 아니라)이라는 18세기적 의미의 범죄라는 개념과 관련해서 흄은 이렇게 쓰고 있다. "배은망덕이라는 범죄는 구체적인 사실이 아니다. 대신에 그것은 사람들 앞에 드러날 때 그의 마음의 특별한 구조나 기질 때문에 비난의 정서를 불러일으키는 상황들의 복잡성에서 생겨난다"(고딕은 원문의 강조). 그렇지만 윤리적 개념의 비인지적 특성에 대한 흄의 관심은 윤리학 자체에 대한 더 넓은 관심의 일부다.[27] 윤리적 판단의 본성에 대한 흄의 분석은 완전히 자립적인 철학 분과인 도덕학의 일반적 논의를 위한 예비 작업이며, 그 재구성은 광범위한 사회적·정치적 함축을 갖는다고 생각했다.

스티븐슨 같은 철학자에 와서 이처럼 폭넓은 관심은 상당히 위축되어 있으며, 카르납과 그의 지지자들에게 그러한 관심은 눈에 띄게 사라지고 없다.[28] 카르납의 의도는 윤리학을 재구성하는 것이 아니라 지식의 영역에서 그것을 축출하는 것이었다. 그러나 윤리학을 합리적 논의의 영역에서 축출할 수 있다는 논리실증주의자들의 믿음은 부분적으로 분석/종합 이원론과 사실/가치 이원론이 그들의 방법론 안에서 상호 보완하는 방식에서 비롯된다. 논리실증주의에 따르면 윤리적 '문장'이

---

27) Hume, *Enquiry Concerning the Principles of Morals*, p. 290.

28) 스티븐슨에 관한 카벨의 논의는 스티븐슨이 실제적인 윤리적 논증이 어떤 모습을 갖는지에 대해 아무런 관심도 갖지 않는다고 폭로한다는 점에서 파괴적이다. Stanley Cavell, *The Claim of Reason* (Oxford: Clarendon Press, 1979), pp. 259-73 참조.

지식이 되기 위해서는 분석적―그것이 분석적이 아니라는 것은 명백하다―이거나 '사실적'이어야 한다. 또한 그것이 사실적이 아니라는 믿음은 마치 '배은망덕의 범죄가 어떤 구체적 사실도 아니라는' 흄의 믿음이 그렇듯이, 그들이 **사실**이 무엇인지를 정확히 알고 있다는 믿음에서 비롯된다. 실증주의자들의 저작에서 분석적 진술/사실적 진술 이원론과 윤리적 판단/사실적 판단 이원론의 두 경우 모두에서 모든 철학적 논의의 축이 되는 것은 '사실적'이라는 개념이다.

그러나 과학은 흄의 시대 이래로 급속히 변화했으며, 실증주의자들은 20세기 전반의 혁명적 과학을 적절히 받아들이기 위해서 점차로 사실이라는 최초의 개념―흄의 개념과 어느 정도 유사한―을 포기해야 한다는 압력을 받게 되었다. 내가 주장하려는 것은 사실이라는 개념을 수정하는 과정에서 그들이 사실/가치 이분법을 건설했던 지반 자체를 스스로 무너뜨렸다는 것이다!

흄의 시대에는 인간의 감각으로 관찰할 수 없는 실재들을 가리키면서도 과학적으로 불가결한 술어들은 존재하지 않는다는 주장이 불합리하지 않았다.[29] 물론 '원자'는 그 시대의 (일차적으로 영국의) 과학적 사변에 등장했지만 로크는 그것에 관해 우리가 어떤 것도 알 수 없다고 주장했으며, 버클리와 흄은 마치 기하학에서 점에 관한 이야기나 미적분학에서 무한소를 (철학적으로 말해서) 불합리한 것으로 간주했던 것처럼 주저 없이 그러한 사변을 불합리한 것으로 거부했다.[30]

---

29) 엄밀하게 말해서 이것은 우리가 망원경을 통해서만 볼 수 있는 천체들(예를 들면 목성의 달들)을 무시할 때에만 사실이다. 내가 아는 한 흄은 그러한 대상들의 위상에 대해 논의하지 않는다.

30) 물론 우리는 뉴턴적 **중력** 개념이 관찰 불가능한 것을 가리킨다고 생각할 수도 있지만 뉴턴 자신은 다음과 같이 쓰면서 이러한 생각을 거부하고 있다. "내가

사실상 흄적인 '사실' 개념은 단적으로 지각 가능한 '인상'이 존재한다는 말과 다르지 않다. 예를 들어 흄이 인과관계 개념 안에 있는 사실적 구성 요소는 무엇인지, 그리고 일종의 투사를 통해 그 사실에 무엇이 부가되는지를 묻고, 투사를 통해 부가되는 것이 필연성(달리 말하면 초래함의 필연성)이라는 관념이라고 단정할 때, 흄은 과연 그 필연성의 '인상'이 존재하는가라고 물어야 한다. (흄이 윤리적 사실이 존재하지 않는다는 것을 '보여 주었다고' 여전히 생각하고 있는 수많은 철학자들이 오늘날 인과관계와 관련해서 흄이 제시했던 것과 동일한 논증을 거부한다는 것은 정말 흥미로운 일이다!)

그렇지만 비엔나 학단이 형성될 때 상황은 매우 달라져 있었다. 논리실증주의적 의미에서 관찰 불가능했던 박테리아가 현미경의 도움으로 관찰됨으로써 실제로 존재한다는 것이 알려졌다. 또한 '원자'의 실재성은 1909년 브라운 운동에 대한 페랭(J. Perrin)의 실험 이전까지는 몇몇 세계적인 물리학자들에 의해 부정되었지만, 그 실험 이후로 대부분의 현장적인 물리학자들(물리학자 겸 철학자인 마하나 브리지만은 아니지만)은 원자를 완전히 실제적인 대상으로 간주하는 입장을 갖게

여기에서 고찰하고 있는 것은 어떻게 이 인력들이 나타날 수 있는가의 문제가 아니다. 내가 인력이라고 부르는 것은 충동에 따라 나타날 수도 있으며, 또는 내가 알 수 없는 또 다른 방법을 통해 나타날 수도 있다." 나아가 (사람들이 뉴턴의 '대변인'이라고 부르기도 하는) 뉴턴의 계승자인 클라크(S. Clarke)는 이러한 반형이상학적 관점을 라이프니츠와의 논쟁에서 다음과 같이 한층 더 강력하게 표현했다. "인력이 하나의 기적이며 비철학적 용어라고 말하는 것은 매우 불합리한 일이다. 그 용어로 서로를 향하는 물체의 원인을 표현하려는 것이 아니라 단지 경험을 통해 발견된 효과 또는 현상 자체, 그리고 그 경향성의 법칙 또는 비율을 표현하려고 했다는 것 …… 은 너무나 자주 분명하게 천명되었다." Alexandre Koyre, *From the Closed World to the Infinite Universe* (Baltimore, Md.: Johns Hopkins University Press, 1957), p. 271에서 재인용.

되었다. 더욱이 원자의 내적 구조가 급속히 밝혀지고 있었다. 양전자, 중간자에 이어 전자, 양자, 중성자 등 수많은 입자들이 물리학자의 일상적 존재론의 일부가 되었다. 논리실증주의자들 자신은 '공간-시간의 휨'에 관해 이야기하는 상대성 이론의 성공과 양자역학에 강한 영향을 받았다. '사실'이 단순히 감각적 '인상'이라는 생각은 더 이상 유지되기 힘든 것이 되고 있었다.

그렇지만 논리실증주의자들은 20여 년이 넘도록 이것을 인정하지 않았다.[31] 1928년에 출간된 카르납의 유명한『세계의 논리적 구조』(*Der logische Aufbau der Welt*)는 모든 사실적 진술이 주체의 감각 경험 또는 기초 경험(Elementarerlebnisse)에 관한 진술로 변환될 수 있다고 주장했다. 사실상 비엔나 학단의 일부 구성원들은 심지어 유의미한 명제는 직접적 경험에 의해 **최종적으로 검증 가능해야만** 한다고 고집했다.[32] 근본적으로 논리실증주의의 처음 견해는 '사실'이 순수한 관찰 또는 심지어 감각 경험의 순수한 관찰을 통해 입증될 수 있어야 한다는 것이었다. 만약 이것이 사실 개념이라면 윤리적 판단이 '사실적'이 아니라고 판명된 것은 결코 놀라운 일이 아니다!

그렇지만 카르납은 **최종적 검증 가능성**이라는 요구에 반대했다. 나아가 그는 1936년에 모든 사실적 술어가 관찰 용어에 의해 정의될 수

31) 라이헨바흐는 여기에서 예외라고 할 수 있다. Putnam, "Reichenbach's Meta-physical Picture," in *Words and Life* (Cambridge, Mass.: Harvard University Press, 1994), pp. 99–114 참조. 또한 Putnam, "Hans Reichenbach: Realist and Verificationist," in Juliet Floyd and Sanford Shieh, eds., *Future Pasts* (Oxford: Oxford University Press, 2001), pp. 277–87 참조.
32) 논리실증주의의 전개에 대한 카르납의 해명은 Carnap, "Testability and Meaning" 참조.

있어야 한다는 요구를 다소 완화했다. 그러나 (1) '인지적으로 유의미
한' 것으로 간주되기 위해서 한 진술이 충족해야 할 필요조건은 그것
이 '과학 언어' (논리실증주의자들이 형식화했던)로 표현될 수 있어야
하며, (2) 과학 언어의 '사실' 부분으로 인정되는 술어들은 '관찰 용
어' 이거나 관찰 용어로 환원될(구체적이고 제한적인 방법으로) 수 있
는 것이어야 한다는 주장은 여전히 유지되었다.[33] (수학적 · 논리적 술
어는 '분석적' 영역으로 인정될 수 있다.)

그 주장의 당혹스러운 귀결은 박테리아, 전자, 또는 중력장에 관한
진술들이 ('형이상학' 이나 '규범윤리학' 과 함께) '무의미' (nonsense)
로 간주되거나, 아니면 관찰 용어로 '환원' 되어야만 한다는 것이다. 우
리는 사실상 원자에 관해 아무런 이야기도 하지 않은 것이거나(수많은
물리학자들이 페랭의 실험 이전에 생각했던 것처럼, 그런 이야기는 상
투어일 뿐이다), 만약 이야기하고, 또 그 이야기가 사실상 '인지적으로
유의미' 하다면 논리실증주의의 '의미 기준' 은 근원적으로 수정되어야
만 할 것이다. 1938년에 이르러서 카르납은 후자가 유일한 선택이라는
결론에 이르게 되었다.

그 수정에는 유의미한 사실적 술어가 관찰 술어이거나 관찰 술어로

---

33) 카르납은 '환원' (매우 제한된 의미에서) 개념을 소개했으며, 모든 사실적 술어
들이 관찰 용어를 통해 정의 가능(definable)해야 한다는 논리실증주의적 요구
를 그것들이 그러한 용어들로 환원 가능(reducible)해야 한다는 좀 더 개방적인
요구로 대체했다. 이 개방화의 주된, 사실상 유일하게 중요한 효과는 그렇게 되
면 용해 가능한 등과 같은 성향적 술어들이 인지적으로 유의미한 것으로 간주될
수 있다는 점이다. 문제시되는 성향적 술어들은 다음과 같은 형식의 일상언어
적 술어에 대응한다. C와 P가 그 자체로 관찰 용어들일 때 "만약 x가 C라는 검
증 조건(예를 들면 물에 넣는 것 등)에 주어지면 그것은 P라는 속성을 갖게 될
것이다(예를 들면 용해되는 것 등). 같은 논문, pp. 431-53.

'환원 가능한' 것이어야만 한다는 요구를 전적으로 폐기하는 것이 포함되어 있었다. 1938년 논문인 「논리학과 수학의 기초」[34]에서 카르납은 [영국의 물리학자이자 철학자인 캠벨(N. Campbell)이 오랫동안 주장해 왔던 것처럼][35] '전자'나 '전하' 등과 같은 골치 아픈 용어들은 정의(또는 심지어 '환원')를 통해서 물리학에 도입되는 것이 아니라 단순히 "기초어(primitive)로 간주된다고 인정했다."[36] 전체로서의 체계가 그것이 주어지지 않은 경우보다 더 성공적으로 우리의 경험을 예측할수 있게 해 준다면, 그러한 '추상적 용어들'은 '경험적으로 유의미'한것으로 받아들여져야 한다. 그러나 이것은 수많은 문제를 불러오는 것으로 판명되었다![37]

명백한 문제의 하나는 현재 우리의 관심사가 되어 있는 물음과 관련

34) Carnap, "The Foundations of Logic and Mathematics," in *International Encyclopedia of Unified Science*, vol. 1, part 1 (Chicago: University of Chicago Press, 1938), pp. 139-214. 특히 §24, "Elementary and Abstract Terms," pp. 203-209 참조.

35) Norman Campbell, *Physics, the Elements* (Cambridge: Cambridge University Press, 1920), p. 122. '캠벨적' 개념에 대한 상세하고 (매우 우호적인) 논의는 R. B. Braithwaite, *Scientific Explanation* (Cambridge: Cambridge University Press, 1946) 참조.

36) Carnap, "The Foundations of Logic and Mathematics," §24, p. 207.

37) 실증주의자들 자신이 인식했던 문제들에 대한 고전적 해명은 C. G. Hempel, "Implications of Carnap's Work for the Philosophy of Science," in P. A. Schilpp, ed., *The Philosophy of Rudolf Carnap* (La Salle, Ill.: Open Court, 1963), pp. 685-710 참조. 카르납의 1939년 이후의 입장에 대한 비판에 관해서는 Putnam, "What Theories Are Not," in E. Nagel, P. Suppes, and A. Tarski, eds., *Logic, Methodology and Philosophy of Science* (Stanford, Calif.: Stanford University Press, 1962), pp. 240-52. Putnam, *Mathematics, Matter and Method: Philosophical Papers 1* (Cambridge: Cambridge University Press, 1975), pp. 215-27에 재수록.

되어 있다. 즉 사실/가치 이분법의 가장 영향력 있는 전파자인 논리실
증주의자들이 이해하고 있는 사실이란 정확히 무엇인가? 인지적 유의
미성에 대한 논리실증주의의 수정된 기준에 따르면 '사실적 내용'을
담고 있는 것은 하나의 전체로서 과학적 진술들의 체계다. 그렇지만 개
별적 진술은 어떻게 되는가?

　여기에서 카르납의 견해에는 고전적 경험주의의 영향이 여전히 강하
게 살아 있다.[38] 후속적 저작들에서 카르납은 한편으로 '관찰 용어', 다
시 말해서 '관찰 가능한 속성'을 가리키는 어휘, 그가 이제 '전적으로
해석된'[39] 것이라고 부르는, 독립적인 의미를 갖는 어휘, 그리고 다른
한편으로 '박테리아' '전자' '중력장' 등 그가 '부분적으로만 해석된'
것이라고 부르는 것을 여전히 엄격하게 구분하고 있다. 결국 그런 용어
들이 과학 언어로 인정되었지만 그것들은 다만 실제로 경험적 사실을
진술하는 문장들, 즉 관찰 문장들을 도출하는 장치로 간주되었다.

[38]　여기에서 나는 카르납의 이론들이 형이상학적 개입으로부터 자유롭다고 보는
　　리케츠의 생각에 강력하게 반대한다. Thomas Ricketts, "Carnap's Principle of
　　Tolerance, Empiricism, and Conventionalism," in Peter Clark and Bob Hale,
　　eds., *Reading Putnam* (Oxford: Blackwell, 1994), pp. 176-200, 그리고 같은
　　책, pp. 280-81에서 나의 응답 참조.
[39]　앞에서 인용된 헴펠의 논문에 대한 응답(Schilpp, ed., *The Philosophy of Rudolf
　　Carnap*, pp. 958-66)에서 카르납은 "완전히 해석된 용어 Vo[관찰 어휘]"(p.
　　960)에 관해 이야기하며, '이론 용어의 부분적 해석'은 이론적 가정들과 대응
　　가정들[이론 용어와 관찰 용어를 모두 포함하고 있는 가정들]에 의해 제공된다
　　고 말한다(p. 959).

4. 논리실증주의적 언어 개념의 빈곤

앞서 살펴보았던 것처럼 카르납은 윤리적 개념에 대한 상세한 검토
도 없이 단적으로 윤리학을 '무의미'(nonsense)로 배척했다. 그렇지만
카르납은 일상언어 안에서 단순히 '기술적 또는 규범적'인 것으로 분류
하기 어려운 개념—다음 장에서 상세하게 다루게 될 잔인성 등의 개
념—의 존재(나아가 심지어 그 중요성)를 흔쾌히 인정했을 것이라는
제안에 관해서 들은 적이 있다.[40] 그 제안이란 카르납이 '다만' 우리의
언어를 합리적으로 재구성할 때, 가치 용어와 기술적 용어를 '엄격하고
명료하게' 구분해야 한다고 주장했을 뿐이라는 것이다.

자, 역사가가 어떤 로마 황제를 '잔인하다'고 기술하고, 카르납이 그
에게 "당신의 의도에 따르면 그것은 가치판단입니까, 기술입니까?"라
고 묻는다고 가정해 보자. 그 역사가가 "기술입니다"라고 답한다고 가
정해 보자. 카르납은 어떻게 말할까?

카르납이 어떻게 말할 것인지는 매우 분명하다. 그는 먼저 "만약 '잔
인한'이 당신의 역사에서 기술적 술어로 사용되고 있다면 그것은 관찰
용어인가, 이론 용어인가?"라고 물을 것이다. (1960년대에 이르러 관찰
/이론 이분법은 그 자체로 강력한 비판에 직면하게 되었지만 그 이분법
은 유의미한 담론 영역의 '합리적 재구성'이라는 카르납의 후기 기획
에 절대적으로 필수적이었다.)[41]

---

40) 월쉬(V. Walsh)는 나에게 이것이 디모폴리스(W. Demopolis)가 개인적 대화
에서 그에게 제안했던 것이라고 말해 주었다.

41) 초기 비판으로는 Thomas Kuhn, *The Structure of Scientific Revolutions*, in *The
Encyclopedia of Unified Science*, combined edition, vol. 2 (Chicago:
University of Chicago Press, 1955)를 들 수 있다. 이 책은 다시 같은 제목으로

카르납은 또한 '관찰 용어'의 목록이 "검증 절차가 극단적으로 단순한(방금 언급한 사례들에서처럼)" 속성들을 가리키는 용어만을 포함해야 한다고 요구했다. 방금 언급한 사례들(이 문제에 관한 그의 최종적인 방대한 논문에서)은 파란, 뜨거운, 큰, ~보다 더 따뜻한, ~에 인접한 등이었다.[42] 잔인성이 "검증 절차가 극단적으로 단순하지(방금 언급한 사례들에서처럼)" 않다는 것은 명백하다. (그것은 또한 카르납 식의 전문적 의미에서 '관찰 가능한 성향'도 아니다.)[43] 이제 남은 유일한 가

Chicago: University of Chicago Press, 1962에서 단행본으로 발간되었다. 또 Norwood R. Hanson, *Patterns of Discovery* (Cambridge: Cambridge University Press, 1958); Putnam, "What Theories Are Not," in his *Mathematics, Matter, and Method* (Cambridge: Cambridge University Press, 1975) 등이 있다.

42) "Vo(관찰 어휘)의 용어들은 사건 또는 사물들의 관찰 가능한 속성들(예를 들면 '파란' '뜨거운' '큰' 등)이거나 그것들 사이의 관찰 가능한 관계들(예를 들면 'x는 y보다 더 따뜻하다' 'x는 y에 인접해 있다' 등)이다." Rudolf Carnap, "The Methodological Character of Theoretical Terms," in Herbert Feigl and Michael Scriven, eds., *Minnesota Studies in the Philosophy of Science*, vol. 1, *The Foundations of Science and the Concepts of Psychology and Psychoanalysis* (Minneapolis, Minn.: University of Minnesota Press, 1956, 1976), p. 41.

"관찰 가능한 속성은 검증 가능한 성향의 단순한 특수 사례로 간주될 수도 있을 것이다. 예를 들면 어떤 사물이 파란색인지 쉿소리가 나는지, 또는 차가운지를 밝히는 작업은 바로 그 사물을 각각 보거나 들어보거나 만져보는 것이다. 그렇다 하더라도 언어의 재구성에서는 검증 절차가 매우 단순한 몇 가지 속성(방금 언급했던 세 가지 사례들처럼)을 직접적으로 관찰 가능한 것으로 간주하며, 그것들을 Lo 안에서 기초어로 사용하는 것이 편리해 보인다." 같은 논문, p. 65.

43) '잔인한'은 카르납이 생각하는 관찰 성향이 아니다. 왜냐하면 우리는 잔인성 자체가 어떤 관찰 가능한 상황에서 어떤 관찰 가능한 행동으로 드러나는지를 정확히 말할 수 없기 때문이다. 바꾸어 말하면 우리는 '환원 문장들'의 유한한 집합에 의해 그 개념을 포착할 수 없다.

능성은 그것이 '이론적 용어'라는 것이다. 따라서 카르납은 그 역사가에게 "만약 '잔인한'이 이론적 용어로 간주된다면 그것을 도입하는 근거가 되는 가정들(postulates)은 정확히 무엇인가?"라고 물을 것이다. 만약 그 역사가가 '잔인한'은 전하처럼 특정한 현상을 과학적으로 설명하고 예측하기 위해 설정하는 가설적인 물리적 속성의 이름이라기보다는 행위의 이유에 대한 특정한 종류의 반성적 이해에서, 즉 그 행위자가 어떻게 느끼고 행동하며, 다른 사람들이 그 행위자의 느낌과 행위를 이해하는 데에서 나타나는 용어라고 대답한다면 카르납은 틀림없이 다음과 같이 답할 것이다. "당신은 베버(M. Weber)의 신비로운 이해(Verstehen) 또는 그와 유사한 과정을 요구하는 어떤 것에 관해서 이야기하고 있습니다. 그것은 바로 형이상학적 무의미입니다."

따라서 카르납은 물리학적 언어와 유사한 것으로서 인지적으로 유의미한 언어를 요구했다. 이제 유의미성에 대해 카르납이 제안했던 유형의 검증주의적 기준에 동의하는 철학자가 드물기는 하지만, 영어권의 많은 분석철학자들은 여전히 유의미한 언어는 물리학의 언어 모형에 근거해서 이해되어야 한다고 생각한다. [물론 모두는 아니다. 데이빗슨(D. Davidson)이나 나 같은 사람은 예를 들면 일상적인 심리학적 술어들—심지어 '잔인한'과는 달리 악덕이나 덕을 가리키지 않는 술어들—은 대체로 이 모형을 통해 이해될 수 없다고 주장한다.][44] 언어를 이해하는 이런 방식에 동의하는 철학자는 더 이상 논리실증주의자가 아니다. 그러나 예를 들어 일상언어의 심리학적 용어에 대한 이들의 견

---

44) Donald Davidson, *Essays on Actions and Events* (Oxford: Clarendon Press, 1960) 참조. 또 Putnam, *The Threefold Cord: Mind, Body and World* (New York: Columbia University Press, 1999), 2부 참조.

해(만약 그들이 '통속심리학'을 천문학이나 연금술과 동등한 것으로 배척하지 않는다면)[45]는 심리학적 기술이 가리키고 있는 것이 두뇌 상태(brain states)—신경학적 상태[46] 또는 두뇌 '소프트웨어'의 관점에서 기술될 수 있는 소위 계산적(또는 기능적) 상태[47]—가 틀림없다는 것이다. 카르납 자신은 그러한 용어들이 신경학적 상태를 가리키고 있다고 생각했다.[48]

---

45) 예를 들면 처칠랜드는 이렇게 말하고 있다. "제거적 유물론(처칠랜드의 프로그램)의 실질적 동기는 '명제적' 운동학과 통속심리학의 '논리적' 역학이 인간 등 고등동물 일반의 인지 활동에 대해 근본적으로 그릇된 해명을 구성하고 있다는 우려다. …… 명제적 태도들에 대한 우려는 요컨대 …… 그것들이 (존재하지 않는 것으로 주장되는) 플로지스톤(phlogiston), 칼로릭(caloric), 또는 중세 연금술의 네 가지 원리 등과 너무나 유사하다는 것이다." Paul Churchland, "Activation Vectors versus Propositional Attitudes: How the Brain Represents Reality," *Philosophy and Phenomenological Research*, 52, no. 2 (1992), p. 420.

46) 오늘날 이러한 신경학적 상태들은 보통 '기능적 상태들'의 '실현자'(realizer)로서 간접적으로 특징지어지는 것으로 가정된다. 이것은 루이스의 견해다. David Lewis, "An Argument for the Identity Theory," in his *Philosophical Papers 1* (Oxford: Oxford University Press, 1983), pp. 99-107.

47) 이것은 내가 1960년과 1975년 사이에 발표했던 일련의 논문들을 통해 '기능주의'(functionalism)라는 이름으로 제안했던 것이다. 이 논문들에 대한 해명과 내가 그 견해를 포기하게 된 이유들에 관해서는 "Putnam, Hilary," in Samuel Guttenplan, ed., *A Companion to the Philosophy of Mind* (Oxford: Blackwell, 1994), pp. 507-13 참조. 이 논문들은 Putnam, *Mind, Language and Reality: Philosophical Papers 2* (Cambridge: Cambridge University Press, 1975)에 재수록되어 있다. 유사한 견해는 Jaegwon Kim, "Psychological Supervenience," in his *Supervenience and Mind* (Cambridge: Cambridge University Press, 1993)에서 옹호되고 있다. (현재의 입장에서) 김재권의 견해에 대한 나의 비판은 Putnam, *The Threefold Cord*, pp. 93-134 참조.

48) 이것은 카르납이 1953~1954년에 펠로우로 있었던 프린스턴대학교의 고등연구소(Institute for Advanced Studies)에 있는 그의 집에서 나누었던 대화를 회상

그러나 언뜻 보기에도 내가 누군가를 잔인하다거나 신경질적이라거나 기뻐한다고 기술할 때마다 내가 하나의 '이론'─그 성격이 물리적이든 계산적이든 일종의 두뇌 상태가 존재하며, 따라서 모든 잔인하거나 신경질적이거나 기뻐하는 사람들은 그 두뇌 상태에 있으며, 잔인하거나 신경질적이거나 기뻐하지 않는 누구도 그 두뇌 상태에 있지 않다는─에 동의하는 것이라는 생각은 과학적 발견이 아니라 단순한 과학적 허구일 뿐이다.[49] 우리가 일상적 담론에서 사용하는 모든 기술적 용어들을 '관찰 용어/이론 용어 이분법의 어느 한쪽으로 밀어붙이는 것은 그것들을 프로크루스테스의 침대로 밀어붙이는 것이다.

논리실증주의적 사실/가치 이분법은 '사실'이 무엇일 수 있는지에 대한 편협한 과학주의적 구도에 근거한 것이며, 그것은 그 구분의 흄적 연원이 '관념'과 '인상'이라는 편협한 경험주의적 심리학이 옹호했던 것과 다르지 않다. 기술적 언어의 많은 부분이 '사실'이라는 영역에 대한 고전적 경험주의와 논리실증주의라는 두 가지 구도 모두에 대한 생생한 반증이라는 깨달음은 명료하면서도 절대적으로 '가치' 개념─모든 '가치판단'의 본성에 관해 이야기하면서 가정적으로 의지하는─과 대비되는 사실 개념이 존재한다고 가정하는 모든 사람의 믿음을 뒤흔들게 될 것이다.

한 것이다. 그는 적어도 당시로는 이러한 상태들이 오직 그 효과에 의해서만 특징지어질 수 있다고 생각했다. 예를 들면 '이러저러한 행동의 원인이 되는 신경학적 상태' 등을 말하는데, 여기에서 '원인이 되는'은 '반드시 ~의 원인임'을 의미하는 것이 아니라 '일상적으로 ~의 원인임'을 의미한다. 이것은 각주 46에 서술된 루이스(D. Lewis)의 견해에 대한 흥미로운 예고다.

49) Putnam, "Functionalism: Cognitive Science or Science Fiction?" in David Martel Johnson and Christina E. Erneling, eds., *The Future of the Cognitive Revolution* (New York: Oxford University Press, 1987), pp. 32-44.

또한 '잔인한' 이라는 술어의 사례를 보면 문제가 단순히 경험주의적인 (또 이후의 논리실증주의적인) '사실' 개념이 애당초 지나치게 편협한 것이라는 데 국한되어 있지 않다는 것을 암시한다. 더 심각한 문제는 흄 이래로 경험주의자들 — 경험주의자들뿐만 아니라 철학 안팎의 다른 많은 사람들 — 이 사실적 진술과 평가가 얽힐 수 있으며, 얽혀 있어야만 하는 방식들을 인식하지 못했다는 데 있다. 그것이 무엇을 의미하는지, 또 사실과 가치의 얽힘이 어떤 차이를 불러오는지는 다음 장의 주제가 될 것이다.

2 | 사실과 가치의 얽힘

앞 장에서 나는 "사실에서 당위가 추론될 수 없다"(No ought from an is)는 '흄의 법칙'(Hume's Law)[1]에서 출발해서 경험주의자들의 사실/가치 이분법을 설명했다.

나는 '사실 문제'와 '관념들의 관계'라는 흄의 구분(후일 분석/종합 이분법으로 발전한)의 배후에 있는 '사실' 관념, 그리고 '당위'가 '사실'에서 결코 추론될 수 없다(후일 사실/가치 이분법으로 발전한)는 주장이 어떻게 사실이 감각 인상에 대응하는 어떤 것이라는 좁은 의미로 국한되어 있는지에 대한 기술에서 출발했다. 이어서 나는 처음에는 사회과학 영역에서, 그리고 후일에는 (아마도 사회학과 경제학의 영향을 통해서) 식자층 전반, 또한 그다지 식자층이라고 할 수 없는 사람들에

---

1) 예를 들면 이러한 명명은 R. M. Hare, *Moral Thinking* (Oxford: Clarendon Press, 1981), p. 16에서 찾아볼 수 있다.

게까지도 '사실'과 '가치'의 엄격한 구분의 타당성과 불가결성을 인식
시키는 데 큰 영향을 미쳤던 논리실증주의자들의 견해에 눈을 돌렸다.
나아가 나는 사실이 무엇인지에 관한 이들의 초기 견해가 근본적으로
흄의 생각과 매우 유사하다는 점을 밝혔다. 나는 또한 흄 자신은 중요
한 윤리 사상가였지만 논리실증주의자들은 윤리학을 합리적 논의의 주
제로 간주하지 않았다는 점을 강조했다. 사실상 그들의 사실/가치 이분
법은 가치나 가치 평가에 대한 진지한 검토에 근거하고 있는 것이 아니
었다. 그들이 검토했던 것, 그것도 좁은 경험주의적 정신으로 검토했던
것은 '사실'의 본성이었다.

그렇지만 1939년을 기점으로 논리실증주의자들은 인지적으로 유의
미한 언어는 관찰 용어만을 포함하는 것이 아니며, 소위 '이론 용어',
즉 관찰 불가능한 것을 가리키거나 다양한 과학이론의 가설들의 체계
를 통해 도입된 용어들도 포함할 수 있다고 주장함으로써 잘 알려진
'인지적 의미 기준'(criterion of cognitive significance)을 완화했다.[2]
나는 그 결과로 제시된 완화된 인지적 의미 기준을 다음과 같이 요약했
다. "전체로서의 체계가 그것이 주어지지 않은 경우보다 더 성공적으
로 우리의 경험을 예측할 수 있게 해 준다면, 그런 술어[이론적 술어]는
'경험적으로 유의미한' 것으로 받아들여야 한다."

그러나 어떤 것을 예측한다는 것은 (논리실증주의자에게는) 이론에
서 관찰 문장을 추론한다는 것을 의미한다. 또한 일련의 경험적 가설들
에서 무엇인가를 추론하기 위해서 우리는 그 가설들뿐만 아니라 수학
과 논리학의 공리들을 필요로 한다. 논리실증주의에 따르면 이 공리

---

2) 여기에서 나는 앞 장에서 언급되었던 미세한 부류의 '관찰 가능한 성향 용어'
    (observable disposition terms)는 나의 주제와 관련되지 않은 것으로 무시한다.

들 ― 또한 그 귀결들의 대부분은 물론 우리의 오랜 친구인 "모든 총각
은 미혼이다"와 같은 언어적 진리 ― 은 '사실'을 진술하고 있지 않다.
그것들은 분석적이며, 따라서 '사실적 내용을 담고 있지 않다'. 요컨대,
'과학 언어에 속한다는 것'이 (논리실증주의자의 시각에서는) 과학적
의미의 기준이기는 하지만 과학적으로 유의미한 모든 것이 사실에 관한
진술은 아니라는 것이다. 즉 과학적으로 유의미한 것들 중에는, 논리실
증주의에 따르면, 분석적인 동시에 종합적인(말하자면 사실적) 진술들
이 존재한다. 따라서 '사실' 개념의 만족스러운 구획에 대한 탐색은
'분석/종합 구분'을 세우려는 만족스러운 방법에 대한 탐색이 된다.

아무튼 1950년에 콰인(W. V. O. Quine)은 대부분의 철학자들이 만
족할 만한 방식으로 (형이상학적으로 확장된) '분석적'이라는 개념을
폐기했다.[3] 그렇지만 콰인은 과학의 모든 언어가 '사실' 진술로 (즉
'종합적'인 것으로) 간주되어야 한다고 제안하지는 않았다. 오히려 콰
인은 수학적 진술을 '사실적' 또는 '규약적'(conventional)인 것(논리
실증주의가 분석적인 것과 동일시했던)으로 분류하는 것을 포함해서
모든 진술을 분류한다는 생각 자체가 절망적인 혼란의 산물일 뿐이라
고 제안했다.[4] 그러나 만약 사실이라는 명료한 개념이 그것을 만들어
냈던 엄격한 경험주의적 구도와 함께 붕괴된다면 사실/가치 이분법은

---

3) 「경험주의의 두 가지 독단」(Two Dogmas of Empiricism)은 1950년 12월 토론
    토에서 열렸던 미국철학회 동부지회에서 발표되었다. 이 논문은 W. V. O.
    Quine, *From a Logical Point of View* (Cambridge, Mass.: Harvard University
    Press, 1961), pp. 20-46에 수록되어 있다.
4) 나는 "Rethinking Mathematical Necessity"와 "Philosophy of Mathematics:
    Why Nothing Works," in *Words and Life* (Cambridge, Mass.: Harvard
    University Press, 1994)에서 자신의 이러한 주장에도 불구하고 수학을 분석적
    인 것으로 간주하려는 콰인의 태도를 비판했다.

어떻게 될까? 경제학자이자 철학자인 월쉬(V. Walsh)가 말했듯이 "콰인의 생생한 이미지를 차용하고 응용해서 만약 이론이 사실에 의해 검고 규약에 의해 흴 수 있다면, 그것은 가치에 의해서는 (논리경험주의가 말할 수 있는 한) 빨간 것이 될 수도 있을 것이다. 그들에게 확증(confirmation) 또는 반증(falsification)은 전체로서 한 이론의 속성이어야만 했기 때문에 그들에게는 이 옷감 전체를 풀어헤칠 방법이 없었다."[5]

따라서 월쉬[그리고 그에 앞서 콰인의 친구였던 화이트(M. White)][6]는 다음과 같은 논점을 세웠다. '사실' 문장이 개별적으로 감각적 경험에 대응할 수 있다는 구도— 앞서 살펴보았던 것처럼 바로 전통적인 경험주의적 구도— 에 대한 카르납(R. Carnap)의 거부(1936년과 1939년 사이에), 그리고 과학 언어라고 부르는 것이 '사실적' 부분과 '분석적' 부분으로 명확하게 구분될 수 있다는 논리실증주의자의 구도에 대한 콰인의 비판 이후에 고전적인 사실/가치 이분법을 옹호하는 논증은 완전히 붕괴되었다. 나아가 '논리경험주의가 아는 한' 과학은 가치와 마찬가지로 경험과 규약도 전제할 수 있다. 사실상 우리가 일단 '가치'를 '윤리학'과 동의어로 간주하려는 생각을 포기하면 그것이 실제로 가치, 즉 인식적 가치를 전제한다는 것은 매우 분명하다.

---

5) Vivian Walsh, "Philosophy and Economics," in J. Eatwell, M. Milgate, and P. Newman, eds., *The New Palgrave: A Dictionary of Economics*, vol. 3 (London: Macmillan, 1987), pp. 861–69.

6) Morton White, *Toward Reunion in Philosophy* (Cambridge, Mass.: Harvard University Press, 1956).

1. 인식적 가치 또한 가치다

고전적 실용주의자인 퍼스(C. S. Peirce), 제임스(W. James), 듀이(J. Dewey), 그리고 미드(G. H. Mead)는 모두 가치와 규범이 모든 경험에 침투해 있다고 주장했다. 과학철학에서 이러한 관점이 함축하는 것은 규범적 판단이 과학 자체의 실천에 본질적이라는 것이다. 이 실용주의 철학자들은 '도덕적' 또는 '윤리적'이라고 불리는 판단만을 이야기하는 것이 아니다. 이들에 따르면 '정합성'(coherence) '그럴듯함'(plausibility) '합당함'(reasonableness) '단순성'(simplicity), 그리고 잘 알려진 것처럼 디랙(P. Dirac)이 가설의 아름다움이라고 불렀던 것 등도 퍼스적 의미에서 모두 규범적 판단, 추론의 경우에 '그래야 하는 것'(what ought to be)의 판단에 속한다.[7]

카르납은 가설 선택을 하나의 알고리즘으로 환원하려는 시도─1950년대 초반에 시작해서 대부분의 노력을 바쳤지만 결국 실패하고 말았던 기획인─를 통해 이러한 귀결을 피하려고 했다. 7장에서 나는 카르납의 이러한 시도, 그리고 포퍼(K. R. Popper)와 마찬가지로 다양한 논리실증주의자들이 이론 선택은 항상 가치를 전제한다는 사실을 거부하는 데 실패했던 시도들을 상세히 살펴볼 것이다. 우리는 그들이 하나같

---

7) Charles S. Peirce, *The Collected Papers of Charles Sanders Peirce*, vol. 1: *Principles of Philosophy*, ed. Charles Hartshorne and Paul Weiss (Cambridge, Mass.: Harvard University Press, 1931), §§176–283, 또 vol. 5: *Pragmatism and Pragmaticism* (1934), §§120–50 참조. 더 상세한 논의는 Christopher Hookway, *Peirce* (London: Routledge, 1992) 참조. 이 주제에 관한 퍼스의 탁월한 논의는 선별되고 한데 묶여서 "Philosophy and the Sciences: A Classification," in Justus Buchler, ed., *The Philosophical Writings of Peirce* (New York: Dover, 1955), pp. 60–73으로 출간되었다.

이 모두 실패했다는 것을 알게 될 것이다. 그러나 이 경험주의 철학자들이 정합성, 단순성(그 자체로 단순히 하나의 매개변수가 아니라 상이한 가치의 다발인), 아름다움, 자연스러움 등의 판단이 물리학에 전제되어 있다는 사실에 대해 완강하게 외면하고 있는 것처럼, 오늘날에도 마찬가지로 가치는 순수하게 '주관적'이며, 과학은 순수하게 '객관적'이라고 생각하는 많은 사람들은 여전히 바로 이 동일한 사실에 대해 눈감고 있다. 그렇지만 '정합성'이나 '단순성' 등은 여전히 가치들이다.

2. 인식적 가치와 윤리적 가치의 차이
(그리고 그 의미가 잘못 해석되지 않아야 하는 이유)

내가 방금 그랬던 것처럼 인식적 가치 또한 가치라고 말하는 것은 인식적 가치와 윤리적 가치 사이에 차이가 있다는 사실을 부정하는 것이 아니다. 사실상 다양한 윤리적 가치들 사이에도 차이가 있다. 예를 들어 탈무드에서 신의 딘(*din*, 정의)과 신의 헤세드(*hesed*, 동정심) 사이의 차이는 종종 신의 존재 자체 안에서의 갈등으로 묘사된다. 이러한 영상은 현실적인 어떤 것을 표현한다. 즉 정의와 동정심은 모두 윤리적 삶에 본질적인 것이기는 하지만 매우 다른 관심사들이다. 가설을 선택하는 과정에서 우리를 이끌어 가는 가치들(정합성, 단순성, 과거 이론의 보존 등)과 명백하게 연결되어 있는 관심사는 '세계에 대한 올바른 기술'에 대한 관심사이며, 많은 사람들은 이것을 '객관성'(objectivity)과 동일한 것으로 간주했다. 만약 이것이 사실이라면 윤리적 가치는 단순히 인식적 가치가 아닌 다른 관심사들과 관련되어 있는 것이 아니라, 아예 객관성과 관련되어 있지도 않을 것이다. 그러나 이것은 잘못이다.

이 잘못의 본성을 살펴보기 위해 인식적 가치가 우리를 세계의 정확한 기술에 대한 탐색으로 이끌어 간다는 말이 무엇을 의미하며, 무엇을 의미하지 않는지 명료하게 밝힐 필요가 있다. 20년 전에 퍼드(R. Firth)가 지적했던 것처럼, 그것은 다음과 같은 뜻이 아니다. 우리는 인식적 가치와 상관없이 진리에 도달했다는 것을 알 수 있는 방식을 갖고 있어서, 좀 더 정합적이거나 단순한 이론의 선택이 얼마나 흔히 이처럼 정당화된 경험적 믿음이라는 기준을 전제하지 않고서도 참인 것으로 드러나는지를 밝히기 위한 검증을 할 수 있다.[8]

우리가 단순성, 정합성, 과거의 예측 성공 등을 보여 주는 이론을 선택함으로써 총체적으로 세계에 관한 진리에 근접한다는 주장, 나아가 우리가 폴웰(J. Falwell), 회교 지도자들, 초정통주의적 랍비들에 의존함으로써, 또는 단순히 전통의 권위, 모종의 마르크스 레닌당의 권위에 의존해서 가능했던 것보다도 더 성공적인 예측을 해 왔다는 주장은 그 자체로 복합적인 경험적 가설들이다. 그 가설들은 우리가 과거의 탐구와 관련된 기록이나 증언—물론 과거에 관해 세계 안에 존재하는 모든 이야기나 신화가 아니라 바로 이 '타당한 이유'(good reason)라는 기준에 따라 믿을 만한 타당한 이유가 있는—에 대한 반성 과정에서 문제시되는 바로 그 가치들에 의해 인도되었기 때문에 우리가 선택한 것(또는 우리 중 그것을 실제로 선택한 사람들이 선택한 것)이다.

이렇게 말하는 것은 퍼스가 말하는 '권위의 방법'이나 '이성에 부합하는 방법'이 제시하는 기준에 비해 이러한 기준들이 가질 수 있는 우

---

8) Roderick Firth, "Epistemic Merit, Intrinsic and Instrumental," in *Proceedings and Addresses of the American Philosophical Association*, 55, no. 1 (September 1981), pp. 5-23.

월성에 대한 회의를 드러내려는 것이 아니다. 순환적 정당화라 하더라도 그것은 여전히 우리 대부분에게 충분한 정당화다. 대신에 그것은 만약 이 인식적 가치들이 실제로 세계를 정확하게 기술할 수 있도록(다른 어떤 대안적인 인식적 가치들이 해 주는 것보다도 더 정확하게 기술할 수 있도록) 해 준다면, 그것이 바로 그 가치의 렌즈를 통해 우리가 이해하게 되는 것임을 말해 준다. 이것은 그 가치들이 '외재적' 정당화를 인정한다는 것을 의미하는 것은 아니다.

세계의 정확한 기술이 '객관성'과 동일한 것이라는 생각은 어떤가? 분명히 이 생각은 '객관성'이 대상과의 대응(물론 그 말의 어원에 부합하는 생각인)을 의미한다는 가정에 근거하고 있다. 그러나 이 생각에 대해 반례가 되는 것은 "살인은 나쁘다"와 같은 규범적 진리들만이 아니다. 내가 다른 곳에서 주장했던 것처럼 수학적·논리적 진리도 마찬가지로 '대상 없는 객관성'(objectivity without objects)의 사례다.[9] 물론 많은 철학자들은 수학적 진리를 해명하기 위해 우리가 특정한 대상(소위 추상적 실재)을 가정해야 한다고 말한다. 그러나 그것은 "이 우스운 대상이 더 이상 존재하지 않는다면 수학이 조금이라도 덜 성공적으로 작동할 것인가?"라는 물음이 보여 주는 것처럼 아무 소용이 없다. 수학의 성공을 해명하기 위해 '추상적 실재'를 상정하는 사람들은 우리가(또는 경험 세계의 어떤 것도) 그 추상적 실재와 상호작용한다고 주장하지 않는다. 그러나 만약 어떤 실재도 우리 또는 경험 세계와 전

---

9) Putnam, "Was Wittgenstein *Really* an Antirealist about Mathematics?" in Timothy G. McCarthy and Sean C. Stidd, eds., *Wittgenstein in America* (Oxford: Clarendon Press, 2001), pp. 140-94. 또 Putnam, "Objectivity without Objects," in *Ethics without Ontology* (Cambridge, Mass.: Harvard University Press, 2004) 참조.

혀 상호작용하지 않는다면 그것이 존재하지 않는다 하더라도 모든 것이 있는 그대로일 것이라는 결론이 따라 나오지 않겠는가? 논리적 진리의 경우에도 마찬가지로 존재론적 해명은 잘 알려진 난점, 즉 '타당성'이라는 핵심적인 논리적 개념과 연관된 난점에 직면하게 된다.[10]

내 말은 객관성과 기술을 동등시하려는 생각을 버려야 한다는 것이다. 기술은 아니지만 그 특정한 기능과 맥락에 적합한 기준들이 지배하는, 합리적 통제가 가능한 수많은 진술—선의의(bona fide) 진술, 즉 '정확한' '부정확한' '참' '거짓' '보증된' '보증되지 않은'과 같은 개념이 주어지는 진술—이 존재한다. 우리로 하여금 세계를 기술할 수 있게 해 주는 것은 매우 중요한 언어적 기능이다. 그러나 그것은 유일한 기능도 아니며, 나아가 "이것이 이 기능을 이처럼 수행하는 것이 온당한가 부당한가, 합리적인가 비합리적인가, 보증되는가 보증되지 않는가?" 등의 물음이 적용되는 유일한 기능도 아니다.

3. '두터운' 윤리적 개념들

사실과 가치의 얽힘은 논리실증주의자들이 인정했던 종류의 '사실', 그리고 '인식적 가치'에 국한되지 않는다. 논리실증주의자들은 과학 언어라고 불리는 것이 '인지적으로 유의미한'(cognitively meaningful) 언어의 총체라고 생각했지만, 그것은 내가 앞 장에서 주장했던 것처럼 심각하게 잘못된 견해다. 사실상 그것은 자기 반박적이기도 하다. 그들

---

10) 그 난점에 관한 탁월한 해명은 John Etchemendy, *The Concept of Logical Consequence* (Cambridge, Mass.: Harvard University Press, 1990).

의 핵심적인 철학적 용어인 '인지적 유의미' 와 '무의미' 가 관찰 용어도
아니며, 물리 이론의 '이론적 용어' 도 아니며, 논리적 · 수학적 용어도
아니며, 그들의 과학 언어만이 포괄할 수 있는 용어들이기 때문이다.[11]
우리 언어의 어휘를 논리실증주의가 '사실' 을 기술하는 데 적절한 것
으로 가정했던 정도의 작은 일부가 아니라 하나의 전체로 본다면 우리
는 사실과 가치(윤리적, 미학적 가치는 물론 다른 모든 가치들)의 더
심층적인 얽힘을 개별적인 술어 층위에서도 볼 수 있을 것이다.

　내가 생각하고 있는 얽힘은 '잔인한' 과 같은 단어를 검토해 보면 분
명해진다. '잔인한' 이라는 단어에는 명백히—또는 일부 사실/가치 이
분법의 옹호자들은 부인하고는 있지만 적어도 대부분의 사람들에게는
명백히—규범적인, 그리고 사실상 윤리적인 용법이 있다. 만약 누군가
나에게 내 아이의 선생님이 어떤 사람인가를 물었을 때, "그는 매우 잔
인하다"라고 말했다면 나는 그를 교사로서 비판하는 동시에 인간으로
서 비판하는 것이다. 나는 거기에 "그는 좋은 교사가 아니다" 또는 "그
는 좋은 사람이 아니다"라고 덧붙일 필요가 없다. 물론 "그가 잔인성을
드러내지 않을 때는 매우 좋은 교사다"라고 말할 수도 있을 것이다. 그
러나 나는 그가 좋은 교사라는 측면, 또는 그가 매우 잔인하다는 측면
이나 상황을 구분하지 않고서 "그는 매우 잔인한 사람이면서 좋은 교
사다"라고 말할 수는 없다.

　마찬가지로 내가 그저 "그는 매우 잔인한 사람이면서 좋은 사람이
다"라고 말한다면 사람들은 나를 이해할 수 없을 것이다. 그렇지만 '잔

---

11)　논리실증주의의 자가당착적 성격에 관한 더 상세한 논의는 Putnam, "Philoso-
　　phers and Human Understanding," in *Realism and Reason: Philosophical
　　Papers* 3 (Cambridge: Cambridge University Press, 1983), pp. 184-204 참조.

인한' 이라는 어휘는 역사가가 어떤 군주에 대해 이례적으로 잔인했다고 서술하거나 그 체제의 잔인성이 수많은 폭동을 일으켰다고 서술할 때처럼 순수하게 기술적으로 사용될 수도 있다. '잔인한' 은 단적으로 가정된 사실/가치 이분법을 거부하면서 때로는 규범적 목적으로, 때로는 기술적 개념으로 자유롭게 사용될 수 있다. (사실상 '범죄' 라는 단어도 마찬가지다.) 그러한 개념들은 문헌 안에서 흔히 '두터운(thick) 윤리적 개념' 이라고 불린다.

두터운 윤리적 개념이 절대적인 사실/가치 **이분법**의 존재에 대한 반례가 된다는 사실은 오래전부터 지적되어 왔으며, 그 이분법의 옹호자들은 세 가지 주된 대응책을 제시해 왔다. (그 후속적 논의의 결과로 내가 가장 탁월하다고 생각하는 지난 세기의 윤리적 또는 메타윤리적 논의들이 나타났다. 여기에는 그 이분법을 비판하는 푸트(P. Foot), 머독(I. Murdoch), 맥도웰(J. McDowell), 위긴스(D. Wiggins)의 논문과 책들, 그리고 헤어(R. M. Hare)와 맥키(J. L. Mackie) 등의 응답이 포함된다.)[12]

그 대응의 하나는 "우리가 범죄─흄은 여기에서 범죄라는 말로 '중대한 잘못' 을 의미한다─라고 부르는 사실은 어디에 존재하는가?"라는 흄의 수사적 물음, 그리고 우리가 그러한 '사실' 을 직접 가리킬 수 없다는 그의 주장에 담겨 있다. 이러한 응답을 받아들이는 것은 모든

---

[12] 이 중 일부인 머독, 맥도웰, 헤어, 그리고 맥키의 저작들은 후속적인 각주들에 나타난다. 덧붙여서 나는 David Wiggins, "Truth, Invention, and the Meaning of Life," in his *Needs, Values, Truth* (Oxford: Clarendon Press, 1998), pp. 87-138, 그리고 특히 Philippa Foot, "Morality as a System of Hypothetical Imperatives," in her *Virtues and Vices* (Berkeley, Cal.: University of California Press, 1978), pp. 157-73을 염두에 두고 있다.

두터운 윤리적 개념을 '정서적'(emotive) 또는 '비인지적'(noncogni-tive)으로 판정된 변방으로 추방하는 일이 될 것이다. 그곳은 흄과 그의 후계자들이 '엷은'(thin) 윤리적 개념('좋음' '의무' '옳음', 그리고 그것들의 대립자들인 '나쁨' '금지' '덕' '악덕' '의무' '책무' 등)을 추방했던 곳이기도 하다. 그러나 그러한 단어들이 너무나 많기 때문에 일부 비인지주의자들(또는 그 동조자인 소위 '오류 이론가들')조차도 명시적으로 흄의 길을 거부한다.[13] 흄조차도 '관대한' '우아한' '솜씨 있는' '강한' '서투른' '약한' '야비한' 등의 개념을 어떤 '사실'에도 대응하지 않는 개념으로 분류하지는 않을 것이다.[14]

오늘날 비인지주의자들의 응답은 크게 다음과 같은 두 가지로 나누어진다.

(1) 두터운 윤리적 개념은 명백한 사실적 개념이며, 결코 윤리적이거나 규범적인 개념이 아니다. 이것은 헤어('무례한'의 경우)와 맥키('잔인한'의 경우)의 응답이다.

(2) 두터운 윤리적 개념은 순수하게 기술적 요소와 태도적(attitudi-nal) 요소로 '분해될 수 있다'. 그렇다면 기술적 요소는 그 술어가 대응하는 사실의 문제를 진술하며, 태도적 요소는 '좋음' '의무' 등의 기능에 대한 비인지주의적 해명에서와 마찬가지로 '태

13) 대표적인 '오류 이론가'는 맥키다. J. L. Mackie, *Ethics: Inventing Right and Wrong* (Harmondsworth: Penguin, 1978) 참조. 그의 '오류 이론'에 관해서는 아래에서 곧 설명할 것이다.

14) 이 문장에서 인용된 단어들은 가세트가 사례들로 열거했던 것인데, 그는 얽힘이라는 현상을 일찍이 파악하고 있었다. José Ortega y Gassett, *Obras Completas*, vol. 6 (Madrid: Revista de Occidente, 1923), pp. 317, 320-21 참조.

도'(정서 또는 의지)를 표현한다.

'무례한'이 결코 규범적이 아니라는 주장에 대한 헤어의 논증은 다음과 같다. 헤어는 먼저 콜버그(L. Kohlberg)가 제시했던 사례로 교실에 앉아 다른 아이의 얼굴에 침을 뱉는 아이의 경우를 든다.[15] 피해자는 "자리를 옮기지 않고 조용히 침을 뱉은 아이를 때렸다." 선생이 주의를 주자, 그 아이는 "선생님, 그 애가 내 얼굴에 침을 뱉었기 때문에 때렸어요"라고 말했다. 교사는 "그것은 공손치 못하고 무례한 일이다"라고 말했다. 아이들이 다시 공부를 시작하자 때린 아이는 침을 뱉은 아이에게 미소를 지으며, "내가 무례했다는 것을 인정한다"라고 말했다.

헤어는 이 사례에 관해 다음과 같이 말한다. "'무례한'은 보통 부정적 평가를 받는 술어다. 그렇지만 어떤 행위는 부정적 평가에 얽매이지 않고서도 '무례한'이라고 말해지는 기술적 조건을 충족시킨다는 사실을 받아들일 수 있다. 나는 이 점을 푸트에게 납득시킬 수 있을 것으로 기대한다."

헤어는 순수한 '평가적 술어', 즉 어떤 것이 본유적 가치(또는 비가치)를 갖는다는 의미론적 내용을 갖는 술어는 다음과 같은 성격을 갖는다고 주장한다. 즉 위선이나 불성실 없이 그런 술어를 사용하는 모든 사람은 그것을 승인(또는 불승인)하도록 **동기화되어** 있음에 틀림없다.[16] 그러나 앤더슨(E. Anderson)은 다음과 같이 말한다.

헤어의 동기화 조건은 합당치 않다. 왜냐하면 어떤 것이 진정한 가치

---

15) Hare, *Moral Thinking*, p. 74.
16) 같은 책, pp. 21–22, 72–75.

판단 또는 진정한 이유로 간주되기 위해서는 그것이 반성적으로 보증 가
능한 것이어야만 한다. 그러나 실제적인 동기화 상태가 항상 반성적으로
보증 가능한 것은 아니다. 가치판단의 기능 중의 하나는, 그것이 언제 어
떤 사람의 동기화 상태가 자신이 좋다고 판단하는 것을 따르지 못함으로
써 결함을 갖게 되는지에 관해 주목하는 것이다. 권태, 나약함, 냉담, 자
기모멸, 좌절, 그리고 다른 동기적 상태들 때문에 그가 스스로 좋다고 판
단하는 것을 욕구하지 못하거나 나쁘다고 판단한 것을 욕구하게 될 수도
있다. 이것은 헤어가 주장하듯이, 가치판단과 실제적 욕구나 선호 표현의
일치를 가로막는다.[17]

    덧붙여서, 헤어는 어떤 것은 (긍정적이든 부정적이든) 가치가 있지
만 다른 가치가 그것보다 더 중요하다고 말할 수 있는 가능성을 무시하
고 있다. 따라서 앞의 사례의 아이가 만약 자라서 도덕철학자가 된다면
다음과 같이 말함으로써 자신의 말을 방어할 수도 있을 것이다. "물론
나는 무례함에 문제가 있다는 것을 부인하지는 않았다. 내 말은, 상대
방이 그럴 만한 행위를 했기 때문에 그에 대한 나의 무례함이 때로는
옳다는 것이었다." 이것이 가능한 이유는 ("식당에 가는 것이 때로는
옳은 일이다"라는 말은 그렇지 않지만) 무례한 행위가 때로는 옳다고
언급해야 할 이유가 있다는 점에서 '무례한'이 평가적 힘을 갖고 있기
때문이다.
    그렇지만 헤어는 '잔인한' (cruel)이라는 말에 관해서는 '두 요소' 분
석을 선호하는 것으로 보인다. 그는 실제로 이 개념이 내가 '얽힘'이라

---

17) Elizabeth Anderson, *Value in Ethics and Economics* (Cambridge, Mass.:
    Harvard University Press, 1993), p. 102.

고 부르는 것의 사례로 간주되어 왔다는 점을 인정한다. 그러나 얽힘의
옹호자들이 믿고 있는 것에 대한 그의 서술은 그의 적대자들에게 자신
의 견해를 특이하게 투사하는 방식으로 왜곡되어 있다. 그는 다음과 같
이 말한다.

> 이러한 종류의 행위는 아무튼 본유적으로 동기적(motivational)이라는
> 제안이 있다. 만약 그것이 이러한 방식으로 우리를 동기화하지 않는다면,
> 또는 우리의 감정을 다른 방식으로 자극하지 않는다면 그것은 그런 종류
> 의 행위(예를 들면, 잔인한 것)가 되지 못할 것이다. 따라서 그 자체로 사
> 악한 속성들이 존재하며, 분리 불가능하게 기술적이면서 규정적인(pre-
> scriptive) 도덕적 어휘들이 존재한다.[18]

그러나 내가 방금 언급했던 것처럼 얽힘의 옹호자들은 두터운 어휘
든 엷은 어휘든 평가적 어휘들이 헤어의 동기적 요건(문제시되는 어휘
들이 기본적으로 정서주의자가 주장하는 것처럼 작용한다는 것)을 충
족시킨다고 주장하지는 않는다.[19] 그들이 주장하는 것은 만약 우리가
어떤 시점에서 적절한 윤리적 관점을 공유하지 않으면 결코 두터운 윤
리적 개념을 가질 수 없으리라는 것이며, 그러한 개념을 정교하게 사용

---

18) Hare, *Moral Thinking*, p. 72.
19) 그런 옹호자들이 처음 나타난 것은 상당히 오래된 일이다. 윌리엄스는 다음과
같이 쓰고 있다. "그것의 평가적 관심을 공유하지 않고서 평가적 개념을 선택하
는 것이 불가능할 수도 있다는 생각은 기본적으로 비트겐슈타인적이다. 나는
1950년대에 한 세미나에서 푸트와 머독이 그것에 관해 언급하는 것을 처음 들
었다." Bernard Williams, *Ethics and the Limits of Philosophy* (Cambridge,
Mass.: Harvard University Press, 1985).

하기 위해서는 그 관점을 (최소한 상상을 통해서라도) 지속적으로 식별할 수 있어야 한다는 것이다. 이것은 누군가 어떤 것이 잔인하다는 것을 알면서도 그것을 자제하도록 동기화되지 않을 수도 있다는 사실을 부인하는 것이 아니다. 실제로 사람들은 어떤 것이 사악하다는 것을 알면서도 그것을 자제하도록 동기화되지 않을 수도 있다!

그렇지만 앞에서 인용된 언급에 이어서 헤어는 계속해서 이렇게 주장한다.

만약 우리가 이 단어를 사용하게 되면 그 평가에 거의 대부분 의지하게 될 것이라는 사실이 그 행위를 완전하게 기술하기 위해서 그 단어를 사용해야만 한다는 것을 함축하지는 않는다. 우리는 '그는 큰 고통을 받았다' 라고 말할 수 있지만 '마찬가지로 거기에는 아무런 잘못도 없었다' 라고 덧붙일 수도 있다.

여기에서 헤어는 '잔인한' 의 기술적 요소는 '큰 고통을 줌' 이며, 평가적인 용어인 '거의' 의 함의는 '잘못된 행위' 라고 제안하는 것으로 보인다.

헤어가 이 '두 요소' 접근법을 받아들이려고 했든 그렇지 않든 내 생각으로 분해 가능성(factorability)이라는 생각 자체는 나 자신,[20] 맥도웰(J. McDowell),[21] 그리고 그에 앞서 머독(I. Murdoch)에 의해 강력

---

20) Putnam, *Reason, Truth and History* (Cambridge: Cambridge University Press, 1981), 9장 참조.

21) John McDowell, *Mind, Value, and Reality* (Cambridge, Mass.: Harvard University Press, 1998)의 제2부 "Reason, Value and Reality"에 수록된 논문들 참조.

하게 비판되었다고 본다.[22] 두터운 윤리적 개념을 '기술적 의미 요소'
와 '규정적 의미 요소' 로 나누려는 비인지주의자들의 시도는 '잔인한'
또는 그 동의어를 사용하지 않고서는 '잔인한' 의 '기술적 의미' 가 무엇
인지를 말하는 것이 불가능하다는 문제에 직면해서 어려움에 빠진다.
예를 들어, '잔인한' 의 외연(항상 그렇듯이 평가는 제쳐 두고서라도)이
단순히 '큰 고통을 줌' 이 아니라는 것은 분명하며, 헤어 스스로 주목했
던 것처럼 '큰 고통을 줌' 자체가 평가적 영향에서 벗어난 것도 아니
다. '시달림' (suffering)은 단순히 '고통' (pain)을 의미하는 것도 아니
며, '큰' (deep)이 단순히 '많은' (a lot of)을 의미하는 것도 아니다. 19
세기 말에 마취술이 발견되기 전까지 모든 수술은 커다란 고통을 불러
왔지만 의사들은 일반적으로 잔인하지는 않았을 것이며, 외견적 고통
을 전혀 불러오지 않는 행위가 극도로 잔인한 것일 수도 있다. 뛰어난
재능의 발휘를 가로막을 목적으로 젊은이들을 타락시키는 사람이 있다
고 상상해 보라! 비록 그 피해자가 외견상 고통을 전혀 못 느낀다 하더
라도 이것은 극도로 잔인한 일이다. 맥도웰은 다음과 같이 말한다.

　　여기에서 그려진 것처럼 풀어내는 작업[기술적 요소와 규정적 요소로
　　분해하는 것]이 항상 적용될 수 있는지에 대해서, 특히 모든 가치 개념에
　　대응하도록 항상 세계의 순수한 특성을 분리―순수성의 적절한 기준[비
　　인지주의자의 기준]에 따라―해낼 수 있는지에 대해 의구심을 갖는 것은
　　온당해 보인다. 즉 그런 순수한 특성이란 그 자체로 누군가의 가치 경험
　　에 독립적으로 항상 존재하는 그런 특성―그 개념의 숙달된 사용자들이
　　그것을 사용할 때 반응하는 특성으로서―을 말한다. 즉 적절한 태도의

---

22)　Iris Murdoch, *The Sovereignty of Good* (New York : Schocken Books, 1971).

투영을 모두 제거했을 때, 세계 안에 남게 되는 그런 특성을 말한다.[23)]

앞서 언급했던 것처럼 맥키 또한 '잔인한'이라는 단어를 다루었다. 그는 그러한 속성들이 드러내는 '기이성'(queerness)을 근거로 가치 속성이라는 개념 자체가 잘못된 것이라고 주장했다.[24)] 그는 다음과 같이 말한다.

> 이 기이성을 드러내는 또 다른 방법은 객관적인 도덕적 성질을 갖는다고 가정되는 모든 것에 대해 이것이 어떻게 자연적 특성들과 연결되는지를 묻는 것이다. 한 행위가 의도적 잔인성 — 이를테면 단순히 재미 삼아 고통을 주는 것 등 — 이라는 자연적 사실과 그것이 잘못된 것이라는 도덕적 사실 사이의 연관성은 무엇인가? ······ 그 잘못을 '보는' 능력을 가정하는 것으로는 충분치 않다. 그 잔인성을 구성하는 자연적 특성, 그 잘못, 그리고 그 둘 사이의 신비한 결과론적 연결을 동시에 볼 수 있는 능력이 가정되어야 한다.[25)] (고딕은 퍼트남의 강조.)

헤어는 두터운 윤리적 개념들이 문제를 불러온다는 것을 알았으며, 그 문제에 대응하려고 했다. 맥키에게 '잔인한'(또한 아마도 흄의 사례인 '범죄')은 '자연적 사실'을 기술하는 단어다. 그렇지만 그것은 어떤 종류의 '자연적 사실'인가?

---

23) McDowell, "Non-Cognitivism and Rule-Following," in his *Mind, Value, and Reality*, chapter 10, p. 201.

24) 나는 맥키의 '기이성' 논증을 Putnam, "Pragmatism and Moral Objectivity," in *Words and Life*, pp. 151-81에서 상세히 다루었다.

25) Mackie, *Ethics*, p. 41.

'용감한' '절제하는' '정의로운' 등(이것은 소크라테스가 반복적으
로 사람들과의 대화에 끌어들였던 용어들이라는 점에 주목하라)과 같
은 '긍정적' 기술도 그렇지만 '잔인한'과 같은 '부정적' 기술의 특징은
그것을 구별하여 사용하기 위해서 하나의 평가적 관점을 상상적으로 식
별할 수 있어야 한다는 점이다. 이 때문에 '용감한'이 단순히 '생명과
몸의 위험을 두려워하지 않는'을 의미한다고 받아들이면, 소크라테스
가 단순한 무모함(또는 만용)과 진정한 용기 사이에 그으려고 했던 중
요한 구분을 이해할 수 없게 된다. 그것이 동시에 [머독이『좋음의 주
권』(*The Sovereignty of Good*)이라는 뛰어난 책에서 강조했듯이] '무례
함'이나 '잔인성'과 같은 개념에 대한 이해를 증진하는 것이 항상 가능
한 이유이기도 하다. 누군가 잔인하다는 것이 단순히 (형이상학적으로
문제가 없는) '자연적 사실'일 뿐이라고 말함으로써 맥키가 거부했던
것은 바로 '잔인한'의 '기술적' 사용조차도 이처럼 평가에 의존하고 있
다는 생각이다.

앞 장에서 설명했듯이 경험주의자에게 '사실'이란 본질적으로 우리
가 그것에 대해 '감각 인상'을 가질 수 있는 어떤 것이다. (또는 버클리
가 옹호했으며, 흄이 경시했던 주관주의적인 관념론적 버전 안에서
'사실'은 단순히 감각질의 복합물일 뿐이다.) 이처럼 엉성한 경험주의
적 기준은 20세기에 들어 논리실증주의자들이 발전시켰던 의미론적 검
증 이론의 다양한 버전들로 대체되었다. 그러나 검증 이론을 포함해서
사실/가치 이분법을 지탱해 주었던 다양한 근거들의 붕괴는 전문적인
철학자들 사이에서조차도 이분법의 사멸로 이어지지는 않았다. 대신에
그것은 그 이분법을 옹호하기 위한 **논증**들의 성격 변화를 불러왔다. 오
늘날 그것은 점차 더 형이상학적인 근거에 의해 옹호되고 있다. 동시에
그 이분법의 옹호자들조차도 그것을 옹호하는 과거의 논증들이 나쁜

논증들이었다는 점을 인정한다.[26]

가장 흔히 제시되는 형이상학적 근거는 바로 물리주의(physicalism)다. 윌리엄스(B. Williams)의 것처럼 매우 정교한 버전들은 우리 자신이 실제적으로 가장 기본적인 과학(이 버전의 옹호자들이 물리학이라고 생각하는)에서 나타나는 용어들로 구성된 어휘와 잘 융화할 수 있다고 주장하지는 않는다.[27] 그렇지만 윌리엄스에 따르면 세계 자체는 모든 관찰과 독립해서 그러한 과학적 용어만을 사용해서 기술될 수 있다. 윌리엄스가 말하는 '절대적' 의미의 관점에서 사실이란 무한히 지속되는 탐구 안에서 과학이 숙명적으로 '수렴되는' 어휘를 통해 기술될 수 있는 어떤 것이다. 우리는 그런 어휘가 어떤 것인지 알고 있다. 그것은 (개선되고 완성된) 물리학, 세계를 일차적 성질들만의 관점에서 기술하는 물리학의 어휘가 될 것이다. 윌리엄스는 이렇게 말한다. "세계 자체는 일차적 성질들만을 갖고 있다."[28] 이어서 그는 이렇게 말한다.

내가 개괄했던 대체적으로 퍼스적인 개념은 기껏해야 과학적 탐구의 목표로서 확실성의 이상적 한계, 즉 그런 탐구가 지향하는 '신념의 고정

---

26) 여기에서 나는 Putnam, "Objectivity and the Science/Ethics Distinction," in M. Nussbaum and A. K. Sen, eds., *The Quality of Life* (Oxford: Clarendon Press, 1993), pp. 143-57에서 제시했던 논점을 반복한다. 이 논문은 Putnam, *Realism with a Human Face* (Cambridge, Mass.: Harvard University Press, 1990), pp. 163-78에 재수록되어 있다.

27) Williams, *Ethics and the Limits of Philosophy* (Cambridge, Mass.: Harvard University Press, 1985).

28) Williams, *Descartes: The Project of Pure Enquiry* (Harmondsworth: Penguin, 1978), p. 237. 이 문제에서 윌리엄스가 데카르트에 동의한다는 것은 p. 241에서 분명하게 드러난다. "[절대적 관념]이 이차적 성질들을 배제한다고 생각할 수 있는 강력한 이유가 있다."

화'를 포함한다. 그것은 결코 확실성을 그런 탐구의 출발점으로, 또는 우리가 이미 도달했다고 가정하는 지점으로 설정하지 않으며, 또한 우리는 현재의 물리적 개념들이 적절하거나 불변적이라고 가정해야 할 필요도 없다. 반면에 우리가 적절한 물리학이 어떤 것이 될지에 관해 어떤 관념도 갖지 않는다고 가정하게 되면, 이 개념들은 결정적으로 약화될 것이다. 즉 만약 그것을 받아들이면 절대적 관념이라는 개념조차도 너무 취약하게 보이게 될 것이다.[29]

이 구절에서 '절대적 세계관'(absolute conception of the world)과 '적절한 물리학'이 어떻게 동일시되고 있는지 주목하라. 그렇지만 윌리엄스의 형이상학적 이야기가 수반하는 것은 사실/가치 이분법이 아니라 오히려 '절대적으로' 참인 것, 즉 관찰자의 관점과 상관없이 참인 것과 이런저런 '관점'에 상대적으로 참인 것 사이의 이분법이다. 윌리엄스는 윤리적 진술이 참 또는 거짓일 수 있다는 사실을 부인하지 않는다. 그가 부인하는 것은 그것이 비관점적으로(nonperspectivally) 참 또는 거짓일 수 있다는 생각이다. 그래서 윌리엄스가 옹호하는 입장은 새로운 이름을 갖게 되었다. 그것은 '비인지주의'가 아니라 '상대주의'라고 불린다. 그 기치는 윤리적 진술이 참일 수는 있지만 '절대적으로' 그렇지는 않다는 것이다. 그것은 단지 '특정한 사회적 세계'에 상대적으로 참이다.[30]

윌리엄스에 따르면 "피터는 잔인하다"는 여전히 윤리적 발화이지만, "잔디는 녹색이다"가 참인 것과 동일한 의미에서 참이다. 핵심적 논점

---

29) 같은 책, p. 247.
30) Williams, *Ethics and the Limits of Philosophy*, p. 150.

은 윌리엄스에게 자연언어 안에서의 **사실적 진술**("잔디는 녹색이다"처럼)이 최상의 진리를 보유하는 것으로 간주되지 않는다는 점이다. 예를 들어 내가 잔디는 녹색이라고 말한다면 나는 진리를 말하고 있는 것이 분명하지만 윌리엄스가 절대적 진리라고 부르는 것을 말하고 있는 것은 아니다. 나는 '아무튼' 모든 '관점'으로부터 독립된 세계 자체를 기술하고 있는 것이 아니다. '녹색'이라는 개념, 그리고 아마도 '잔디'라는 개념도 마찬가지로 '절대적 세계관'이 사용—모든 '국지적 관점'으로부터 독립된 사물의 속성을 기술하기 위해—하게 될 개념은 아니다.[31]

월쉬(V. Walsh)는 윌리엄스의 견해와 그에 대한 나의 비판을 인용하면서 이 문제를 다음과 같이 요약한다.[32]

따라서 새로운 이분법주의자에 따르면, 우리는 완결된 과학이 우리에게 (아마도 과학이 보증하는 인공 언어로) 어떤 것이 절대적으로 참인지를 알려 줄 때까지 기다려야 한다. 퍼트남은 직설적으로 말한다. "모든 국지적 관점으로부터 독립된 세계와 우리가 투사한 것 사이의 이분법은 전적으로 옹호 불가능한 것으로 보인다."[33] ……

자칭 '실제적'인 경제학자[또한 자칭 실제적인 법률가도 마찬가지

---

31) 여기에서는 Putnam, "Objectivity and the Science/Ethics Distinction"과 *Renewing Philosophy* (Cambridge, Mass.: Harvard University Press, 1992), 5장에서 윌리엄스의 '절대적/관점적' 구분에 대해 제기했던 비판을 간략히 요약한다.

32) Walsh, "Smith after Sen," *Review of Political Economy*, 12, no. 1 (2000), p. 9.

33) 여기에서 월쉬는 Putnam, "Objectivity and the Science/Ethics Distinction," p. 148을 인용하고 있다.

로—퍼트남의 추가는 단순히 형이상학적 논증에 근거한 것이 아니라 명백하게 나쁜 형이상학적 논증에 근거한 이분법에 의해 고무될 것 같지 않다. 그러나 더 평범하면서도 더 강력한 반론이 있다. 경제학자[법률가도 마찬가지로—퍼트남의 추가]는 소비자들이 싫어하는 초록 색조를 판매하려는 광고 활동의 실패, 또는 기록적인 가뭄으로 인한 목초지의 파괴적인 재앙을 간과할 수는 없다. 소비자가 [또는 고객이] 원하거나 구매한 물건, 또는 그들을 위해서 생산한 물건은 '완결된 과학'에 도달하더라도 거기에서 드러나지 않을 수도 있는 특성 때문에 선택되거나 거부된다. 그들은 '완결된 과학'과 누군가 이야기하는 다른 모든 것 사이의 이분법의 '잘못된' 쪽에서 도덕적 진술을 하는 사람들처럼 살고 활동하고 존재한다.

윌리엄스와 마찬가지로 맥키는 사실에 대한 물리주의적 해명에 기울었으며, 그래서 그는 윤리적 판단이 보유하고 있다고 믿는 속성을 이용하려고 시도했다. 그것은 바로 그 속성을 통해 **실제적인** 욕구나 선호를 표현하지 않고서는 윤리적 판단을 하면서 그것이 진지한 것이 되기를 의도할 수는 없다는 것이다. 맥키에 따르면 사실의 기술은 실제적인 욕구와 선호의 표현일 수 없기 때문에 윤리적 판단은 사실의 기술이 아니라는 결론이 따라 나온다. 증명 끝.

그러나 윤리적 판단의 이러한 가정된 속성의 기원은 명백하다. 그것은 논리실증주의의 정서주의(emotivism)에서 온 것이다. 논리실증주의자들과 정서주의적 지지자들에게는 욕구와 선호를 표현하는 것이 바로 윤리적 판단의 '기능'이었다. 그렇지만 앤더슨은 앞서 인용했던 구절에서[또 멀게는 아크라시아(*akrasia*), 또는 의지의 나약함에 관한 아리스토텔레스의 저작에서부터 알려져 왔던 것처럼] 내가 어떤 것이 좋다고 진지하게 받아들이면서도 그것을 욕구하거나 선택하도록 동기화되지 않을 수도 있는 수많은 이유들이 있다고 지적한다.

그렇지만 맥키는 윤리적 판단이 의미론적 관점에서 욕구나 선호의 표현이라는 정서주의의 결론을 따르지는 않았다. 오히려 맥키는 자신의 유명한 '오류 이론'을 받아들이는데, 그에 따르면 '좋음'은 하나의 속성이다. 즉 그것은 어떤 것에 좋음이 있다는 지식은 필연적으로 그 지식을 가진 사람에게 그것을 욕구하거나 선호하도록 동기화한다고 가정되는 그러한 속성을 의미한다. 그런데 맥키에 따르면 그러한 속성은 존재할 수 없기 때문에 어떤 것이 '좋다'라고 말할 때마다 우리는 오류 (사실상 형이상학적 오류, 즉 어떤 것에 형이상학적으로 불합리한 속성을 부과하는 오류)를 범하고 있다.[34] 그럼에도 불구하고 맥키가 정서주의적 영향을 받았다고 말하는 데에는 다음과 같은 이유가 있다. 즉 좋음의 형이상학적 이해불가능성(unintlligibility)에 관한 그의 논변은 '좋음'이라는 단어가 어떻게 사용되는가에 관한 기술에 근거하고 있으며, 그 기술은 마치 헤어의 기술처럼 정서주의에 강하게 영향받고 있기 때문이다.

아무튼 맥키의 '오류 이론'을 받아들이는 현대철학자들이 있다고 하더라도 그것은 지극히 소수다. 사실/가치 이분법의 지지자들이 여전히 옹호하는 입장들은 비인지주의나 상대주의의 변형이다. 그러나 앞서 살펴보았던 것처럼 일단 우리가 사실과 가치의 얽힘을 인정하기만 하면 비인지주의는 무너진다. 반면에 현대의 과학주의에서 비롯되는 상대주의는 윤리적 판단보다 훨씬 더 많은 것을 진리─이런저런 '국지적 관점'에서만 타당한─라는 자루에 담아 넣겠다고 위협한다.

---

34) 이 주장에 관해서는 Putnam, "Pragmatism and Moral Objectivity," pp. 170-71 참조.

4. 우리는 왜 사실/가치 이분법에 끌리는가?

우리가 사실/가치 구분 — 모든 '가치'가 합리적 논증의 영역 밖으로
설정되는 — 에 끌리는 데에는 다양한 이유가 있다. 우선 "그것은 주관
적 선호의 문제다"라는 의미에서 "그것은 가치판단이다"라고 말하는
것이 소크라테스가 우리에게 가르치려고 했던 것 — 우리는 누구이며,
우리의 심층적인 믿음은 무엇인지를 검토하고, 그 신념을 반성적 검토
라는 지적 시험까지 이끌어 가는 것 — 보다 훨씬 더 쉽다. 무디 애덤스
(M. Moody-Adams)가 문화상대주의에 관한 중요한 책에서 주장했듯
이, 우리가 '합리적으로 해결 불가능한' 윤리적 논쟁이라는 생각 자체
를 포기한다고 해서 모든 윤리적 불일치를 실제적으로 해결할 수 있을
것이라는 전망에 이르게 되는 것은 아니다. 대신에 우리는 내가 방금
이야기했던 소크라테스적 자기 검토를 포함해서 모든 논쟁적인 문제에
관해 좀 더 많은 논의와 검토의 가능성이 항상 존재한다는 생각에 기울
게 된다.[35] 사실/가치 이분법의 가장 나쁜 점은 실제로 그것이 논의 방
해자(discussion-stopper)로 작용한다는 것이며, 나아가 단순히 논의
방해자가 아니라 사유 방해자(thought-stopper)로 작용한다는 점이다.
그러나 상대주의, 비인지주의, 오류 이론, 나아가 그 이분법의 다른 현
대적 버전들에 기울게 되는 덜 궁색한 이유들이 있다.

윌리엄스는 그 이유로 자신이 윤리적 지식의 가능성에 대한 형이상학
적 설명을 제시하는 방법을 알 수 없다는 점을 든다. 내 생각에 이 형이
상학적이며 인식론적인 방법은 우리가 거부해야 할 방법이다. 내 말은

---

35) Michele Moody-Adams, *Fieldwork of Familiar Places: Morality, Culture and Philosophy* (Cambridge, Mass.: Harvard University Press, 1997).

국가적, 인종적, 종교적 경계선을 넘어선 타인의 복지가, 또 표현과 사상의 자유가 다른 대안들보다 더 낫다는 것을 어떻게 알게 되었는지를 설명해 주는 형이상학적 이야기—자유주의적 확신을 가진 일상적이고 비형이상학적인 사람들이 제시할 수 있거나 실제로 제시하는 논변을 제공할 수 있다는 의미에서가 아니라—를 내가 갖고 있다는 뜻이 아니다. 윤리적 지식이 어떻게 가능한지를 '절대적' 용어로 설명할 수 있다는 생각 자체가 나에게는 터무니없는 것으로 보인다.

윌리엄스가 인정하듯이 '내용'이 어떻게 가능한지, 즉 어떻게 사고, 믿음, 지칭 등이 가능한지를 '절대적' 용어로 설명하는 것은 불가능해 보인다.[36] 그러나 우리는 우리가 생각하는 것만을 **생각할** 뿐이라고 말하는 것은 불합리하다(일부 대륙 철학자들은 이러한 제안을 반기겠지만). 사실상 수학이 어떻게 가능한지, 비증명적 지식이 어떻게 가능한지 등의 문제(소위 '귀납추론의 문제')에 관한 형이상학적 설명이 실패해 왔던 오랜 역사는 철학이 '절대적 용어'로 어떤 것을 설명하는 데 실패했다는 사실로부터 특별한 어떤 것—아마도 특정한 형이상학의 무의미성을 제외하고는—도 따라 나오지 않는다는 것을 암시해 준다.

더 주목할 만한 또 다른 시도는 문화상대주의에 대한 대안이 문화적 제국주의가 될 것을 우려하는 사람들에게 호소하는 것이다. 그러나 우리의 판단이 객관적 타당성을 요구한다는 인식과 그것이 특정한 문화 또는 특정한 문제 상황을 통해 형성된다는 인식은 양립 불가능한 것이 아니다. 나아가 이것은 윤리적 물음에 대해서뿐만 아니라 과학적 물음에 대해서도 마찬가지다. 그 해결책은 합리적 논의의 가능성 자체를 포기하는 것도 아니며, 아르키메데스의 점, 즉 모든 맥락과 문제 상황을

---

36) Williams, *Descartes*, pp. 299–303.

넘어선 '절대적 관념'을 찾는 것도 아니다. 대신에 듀이가 평생을 통해 가르쳤던 것처럼 모든 것을 협력적으로, 민주적으로, 그리고 무엇보다도 오류주의적으로 탐구하고 논의하고 시도하는 것이다.

5. 다음 시간까지

이 두 장을 통해 나는 사실/가치 이분법을 옹호하는 논변들이 얼마나 빈약한지(또한 빈약했는지), 또 사실/가치 얽힘이라는 중요한 현상(오히려 현상들)이 어떻게 모든 곳에서 그 이분법을 전복시키는지를 보이려고 시도했다. 지금까지의 논의는 추상적인 것이었다. 이 문제를 구체화시키기 위해, 또 그 이분법을 포기했을 때 우리에게 드러나는 몇 가지 현실적인 문제를 살펴보기 위해서 다음 장에서는 위대한 경제학자 겸 철학자인 센(A. Sen)의 지적 이력과 기여를 검토할 것이다. 그 목적은 경제학의 '고전적 이론'의 본성 자체가 그의 저작 안에서 어떻게 변형되고 있으며, 또 그 변형이 어떻게 내가 논의했던 문제들과 직접적으로 연관되는지를 살펴보려는 것이다.

3 | 아마티아 센의 세계에서 사실과 가치

자기중심적 행동의 신봉자와 옹호자가 스미스(A. Smith)에게서 찾으려고 했던 근거는 사실상 좀 더 폭넓고 덜 편향된 스미스 읽기를 통해서는 찾기 힘들다. 도덕철학 교수이자 선도적인 경제학자였던 그가 사실상 극적인 정신분열의 삶을 살았던 것은 아니다. 결국 현대 경제학 이론의 주된 결함의 하나는 바로 현대 경제학에서 스미스의 폭넓은 인간관을 축소시키고 있다는 점이다. 이 빈곤화는 윤리학에 대한 경제학의 거리 두기와 밀접하게 연관되어 있다.

— 아마티아 센

앞 장들에서 나는 사실/가치 이분법을 옹호하는 논변들을 비판했다. 나는 먼저 그 논변들이 역사적으로나 개념적으로나 빈곤한 경험주의적(또 이후에 마찬가지로 빈곤한 논리실증주의적) 사실 개념에서 비롯된다는 것을 지적했으며, 둘째로 사실과 가치가 밀접하게 '얽혀 있음'을 이해하지 못하면 논리실증주의자들이 가치의 본성에 대해 오해했던 것만큼이나 나쁜 방식으로 사실의 본성에 대해 오해하게 될 것이라는 점을 지적했다. 앞서 약속했던 대로 나는 이 장에서 이 문제들을 센(A. Sen)의 저작과 관련해서 다루려고 하는데, 그 저작은 국제적 복지 문제에 대한 중요한 함축에 덧붙여서 '고전적 경제 이론'이 무엇인지에 대한 이해에 전환을 불러왔다. 물론 센의 기여는 1998년 노벨 경제학상 수상이 확인해 주듯이 널리 인정되고 있다. 내 계획에 영향을 미쳤던 것은 아니지만 센 또한 1998년 로센탈 강의의 연사였다는 즐거운 우연의 일치도 언급해 두고 싶다!

1. 센, 스미스, 그리고 '제2단계' 고전 경제학

> 우리는 셰익스피어를 약간 변형해서 어떤 사람들은 작게 태어나며 어떤 사람
> 은 작음을 이루는 반면, 스미스는 커다란 작음을 떠맡았다고 할 수 있다.
> ― 아마티아 센[1]

센과 마찬가지로 도덕철학자이며 경제학자인 월쉬(V. Walsh)[2]는 최
근 그가 '고전적 (경제학) 이론의 20세기적 부활'이라고 부르는 발전
과정을 추적했는데, 여기에서 월쉬는 자신이 그 이론의 '제2단계' 출현
으로 간주하는 현상과 관련해서 센의 위상에 특별히 주목하고 있다.[3]
월쉬는 '고전 이론의 몇 가지 핵심적 문제들에 초점을 맞추는 관행'은
20세기 초반에 고전 경제학의 부활을 주도했던 이론가들의 작업의 독
특한 특징이며, "그들의 주된 관심은 자연스럽게 리카도(D. Ricardo)
에 집중되어 있다"[4]고 지적하면서 자신의 이야기를 시작한다.

월쉬가 다른 곳에서 지적했던 것처럼 리카도는 스스로 스미스의 분
석적 기여의 중요한 도덕적 함축을 간과하지 않았다.[5] 그러나 리카도

1) Amartya Sen, *Development as Freedom* (New York: Anchor Books, 2000), p. 272.
2) 윤리학, 경제학, 그리고 철학의 관계에 관한 월쉬의 저작 목록은 Vivian Walsh, "Smith after Sen," *Review of Political Economy*, 12, no. 1 (January 2000), p. 25의 참고문헌 목록에서 찾아볼 수 있다.
3) Walsh, "Smith after Sen."
4) 같은 논문, p. 6.
5) Walsh, "Normative and Positive Classical Economics," in H. D. Kurtz and N. Salvadori, eds., *The Elgar Companion to Classical Economics*, vol. 2 (Cheltenham: Edward Elgar, 1998), p. 189.

는 자신이 전문적인 도덕철학자가 아니라는 사실을 알고 있었으며, 그래서 (스스로 말하듯이) "스미스의 저작들 안에서 그가 다른 의견을 가질 만한 구절들에 자신의 관심을 국한시켰다."[6] 월쉬는 이러한 '리카도식 최소주의'(Ricardian minimalism)가 스라파(P. Sraffa), 폰 노이만(J. von Neumann) 등의 작업에서 주목할 만한 특징이라고 지적하지만, 이것이 스라파나 폰 노이만, 또는 그들의 동시대인들에 대한 비판은 아니다. 월쉬의 말처럼 "사실상 그러한 최소주의는 고전 이론 부활의 핵심적인 필요성, 즉 그 이론 구조의 가장 정확한 수학적 발전을 반영한다."[7]

센 또한 유사한 논점을 제시하고 있다(월쉬가 '최소주의'라고 부르는 것에 대한 센의 용어는 '공학적 접근법'이라는 점에 주목하라). "바로 공학적 접근법 덕택에 경제학은 많은 문제들에 대해 더 나은 이해와 조망을 제공할 수 있었다."[8] 센은 다음과 같이 특이하게 덧붙인다. "윤리적 접근에 대한 무관심에도 불구하고 이러한 기여들이 이루어졌는데, 그 이유는 관심을 불러일으킬 만한 중요한 경제 논리적 문제들이 있기 때문이며, 그것들은 인간의 동기와 행동에 관해 협소하게 해석된 탈윤리적(nonethical) 견해의 제한된 체제 안에서도 상당한 수준까지는 효과적으로 다루어질 수 있다." (센은 일반 평형 이론의 발전을 그

6) David Ricardo, *The Works and Correspondence of David Ricardo*, vol. 1, ed. P. Sraffa and M. H. Dobbs (Cambridge: Cambridge University Press, 1951), p. 6.

7) Walsh, "Rationality in Reproduction Models," *Conference on Sraffa and Modern Economics* (Rome: Centro Studie Documentazione "Pierro Sraffa," 1998), p. 4.

8) Sen, *On Ethics and Economics* (Oxford: Blackwell, 1987), p. 8.

예로 제시하고 있는데, 그는 그것이 상위 차원의 기술적 분석을 요구하는 중요한 상호관계를 제시한다고 말한다.)

센은 20세기에 '최소주의적' 접근법의 수학적 장치를 완성하는 것도 중요하지만, 이제 거기에 추가되어야 할 것이 있다고 주장한다. 그는 이렇게 쓰고 있다. "윤리학으로부터 거리 두기와 관련된 후생경제학의 빈곤화는 후생경제학(그것의 범위와 상관성을 축소하는)뿐만 아니라 예측경제학(행동주의적 토대를 약화시키는)에 영향을 미친다."[9] 그렇지만 센의 역사적 위치를 이해하려고 한다면 윤리적 관심사와 개념을 경제학 담론에 재도입하는 것이 '고전 경제학'의 포기로 간주되어서는 안 된다. 오히려 그것은 스미스의 저작 어디에나 나타나는 어떤 것의 재도입이며, 스미스의 전문적인 분석과 병행하는 어떤 것이다. 이것은 센 자신이 강조하는 것이다. 즉 센은 스미스를 '경제학적 인간'이라는 예언자로 해석하려는 사람들 때문에 스미스가 오해되고 있다고 반복적으로 지적한다. 스미스를 그렇게 해석하는 사람들은 다음 구절을 즐겨 인용한다.

우리가 저녁식사를 기대하게 되는 것은 푸주한이나 양조자, 제과사의 자비심 때문이 아니라 그들 자신의 이익에 대한 관심 때문이다. 우리는 그들의 인간성에 관심을 갖는 것이 아니라 그들의 자기애에 관심을 가지며, 또한 그들에게 우리 자신의 요구를 이야기하는 것이 아니라 그들의 이익에 관해 이야기한다.[10]

---

9) 같은 책, p. 57.

10) Adam Smith, *An Inquiry into the Nature and Causes of the Wealth of Nations*, ed. R. H. Campbell and A. S. Skinner (Oxford: Oxford University Press,

이 구절의 이러한 사용에 대한 센의 냉담한 언급은 다음과 같다.

스미스의 수많은 찬양자들은 푸주한이나 양조자에 대해 이런 정도의 시각을 넘어서지 못하는 것으로 보인다. 그렇지만 이 구절의 해석만으로도 스미스가 여기에서 하려는 것이 왜, 또 어떻게 시장에서 정상적인 상호작용이 수행되는지, 그리고 왜, 또 어떻게 노동 분업이 작용하는지를 명시하려는 것임을 알 수 있을 것이다. 그리고 그것이 그 인용된 구절을 담고 있는 장의 주제다. 그러나 스미스가 상호 유익한 거래가 매우 흔한 것이라고 강조했다는 사실이 그가 자기애란 …… 좋은 사회에 적절한 것일 수 있다고 생각했음을 말해 주는 것은 결코 아니다.[11]

따라서 '제2단계 고전 이론'이라는 월쉬의 용어는 센의 프로그램에 대한 적절한 용어다. 그 프로그램은 '제1단계' 이론이 제공했던 엄격한 도구들을 희생하지 않고서도 윤리적 관심사와 개념들을 경제학에 도입하는 것을 포함한다.

2. 윤리학과 경제학

센은 『윤리학과 경제학』(*On Ethics and Economics*), 그리고 수많은

1976), pp. 26-27.

11) Sen, *On Ethics and Economics*, p. 24. 센은 스미스에 대한 이러한 잘못된 해석의 본성을 Sen, "Adam Smith's Prudence," in S. Lall and F. Stewart, eds., *Theory and Reality in Development* (London: Macmillan, 1986)에서 다루고 있다.

논문과 강의를 통해 (1) 경제학적 합리성이 무엇을 요구하는지, (2) 경제적 행위자의 동기가 현실적으로 어떤 것으로 가정되는지, (3) 후생경제학이 경제적 수행과 사회적 복리에 관한 어떤 기준을 정당하게 사용할 수 있는지 등의 문제에 관한 표준적인 경제학자들의 구도에 도전하려고 한다.[12] 나아가 그는 기아나 수백 만 명의 '손실 여성'(지구상 많은 지역에서 여성의 평균 수명이 남성에 비해 더 짧다는 것)과 같은 비극적 현상에 대한 우리의 이해를 풍부하게 해 주었을 뿐만 아니라 복리의 평가에 대한 적극적 방식인 '능력 접근법'(capabilities approach)을 제안했다.

나는 이것들에 관해 이야기하려고 하며, 이어서 나의 논의를 앞의 두 장에서 다루었던 주제들과 관련시키는 방식으로 마무리할 것이다.

(1) 우리는 합리적이기 위해서 이기적이어야만 하는가?

"표준 경제학 이론에서 합리적 행위는 어떻게 특징지어지는가? 주류 경제학 이론에는 행위의 합리성을 정의하는 두 가지 주도적 방법이 있다고 말할 수 있다. 그 하나는 합리성을 선택의 내적 일관성(consistency)으로 간주하는 것이며, 다른 하나는 합리성을 자기 이익의 최대화로 간주하는 것이다."[13]

센은 선호나 선택의 일관성(또 선택이나 선호의 관계) 개념과 관련된 물음들을 상세하게 다루고 있다.[14] 그러나 센은 이 일관성 개념이

---

12) 센의 저작들에 대한 해설적 논평을 수반한 탁월한 목록은 Steven Pressman and Gale Summerfield, "The Economic Contributions of Amartya Sen," *Review of Political Economy*, 12, no. 1 (January 2000), pp. 89–113.

13) Sen, *On Ethics and Economics*, p. 12.

14) 예를 들면 Sen, "Quasi-Transitivity, Rational Choice and Collective Deci-

수학적으로 어떻게 해석되어야 할 것인지의 물음(또한 순수하게 내적인 일관성 개념 자체가 과연 설득력이 있는가라는 중요한 물음)과는 별도로 선택의 내적 일관성이 합리성의 충분조건이라는 생각은 불합리해 보인다고 지적한다.[15] 사람들의 선택이 완벽하게 그들의 가치를 '드러내야' 한다는 생각—그 자체로 논리실증주의의 후유증인 편협한 검증주의의 산물인—을 포기하기만 하면 사람들의 선택과 그들의 가치의 관계 문제는 물론 그 가치 자체의 평가는 피할 수 없는 문제가 된다. 오직 자기중심적 가치만이 '합리적'이라는 생각은 더욱 더 옹호하기 어렵다. 경제학에서 이 생각의 권위는 부분적으로는 그것이 스미스의 가르침이라는 그릇된 가정에서 비롯되는데, 그 생각은 앞서 살펴보았던 것처럼 센이 반복적이고 지속적으로 교정하려고 애썼던, 스미스에 대한 오독에서 비롯된 것이다.

(2) 경제적 행위자의 동기들

경제학자들은 흔히 경제적 행위자를 '합리적'이라고 가정하는 전략—센이 '매개적'(intermediary) 전략이라고 부르는—을 옹호한다. 즉 이 '단순화시키는' 가정이 작동할 수 있을 만큼 실제적 행동은 합리

sions," *Review of Economic Studies*, 36 (1969), pp. 381-93; *Choice, Welfare and Measurement* (Cambridge, Mass.: MIT Press, 1982) 참조. 최근의 논평은 "Internal Consistency of Choice," *Econometrica*, 61 (1993), pp. 495-521; "Rationality and Social Choice," *American Economic Review*, 85 (1995), pp. 7-24 참조.

15) 센은 "우리가 일련의 관찰된 선택지들 중 일관성이 있다고 간주하는 것은 그 선택지들에 대한 해석과 선택 자체에 외재적인 몇 가지 특성(예를 들면 우리의 선호, 목적, 가치, 동기 등의 성격)에 의존하고 있기 때문에" 설득력을 갖지 못한다고 주장한다. Sen, *On Ethics and Economics*, p. 14.

적인 것에 충분히 근접해 있다는 점을 근거(또는 방법론적 희망)로 실제적 행동은 합리적 행위와 동일시되며, 그렇게 되면 합리적 행동은 자기중심적 행동과 동일한 것으로 가정된다. 센은 다음과 같이 거칠게 말한다.

> 자기 이익을 합리성과 동일시하고, 나아가 실제 행동을 합리적 행동과 동일시하는 복잡한 절차는, 만약 그 궁극적 의도가 경제학 이론 안에서 '실제 행동의 구체화에서 자기 이익의 극대화'라는 가정을 지지하는 합당한 근거를 제공하려는 것이라면 완전히 역효과를 낳는 것으로 보인다. 경제학 이론의 표준적인 행동주의적 가정(즉 실제적인 자기 이익의 극대화)을 위한 전투에 나가면서 합리성 요구를 사용하려는 것은 절름발이 당나귀를 타고 기병대의 진격을 지휘하는 것과 같다.[16]

사람들이 오직 자기중심적인 동기에서만 행위한다는 가정은 종종 벤담(J. Bentham)의 쾌락주의적 심리학에 근거해서 옹호되는데, 그것은 모든 사람이 궁극적으로는 '사실상' 주관적인 심리학적 양(벤담이 '쾌락'이라고 부르는)만을 추구하며, 이 '양'은 순수하게 주관적인 문제라고 주장한다. 듀이(J. Dewey)가 오래전에 말했듯이 "행복이 느낌 상태들의 집합체라면 그것은 강도와 지속성에서만 서로 다를 뿐 질에서는 동등한 것으로 간주된다. 행복의 질적 차이는 본유적이지 않으며, 그것이 결합되는 상이한 대상(청각 또는 시각의 쾌락처럼)에 의한 것이다. 따라서 쾌락이 그 자체로 하나의 목표로 간주되면 행복은 사라지게 된다."[17]

---

16) 같은 책, p. 16.

물론 질적 차이의 소멸(행위자의 '행복'의 중요성이 관련되는 한) 때문에 공리주의자들은 쾌락의 '총합', 쾌락의 '극대화' 등을 이야기할 수 있다. 그러나 내가 그렇게 믿는 것처럼 듀이의 대안적 견해가 옳다면, 또 "호감(agreeableness)이 말 그대로 어떤 객관적 조건들과 행위자의 어떤 충동, 습관, 또는 성향과의 맞음 또는 합치라면" 이때 "순수한 쾌락은 하나의 신화다. 모든 쾌락은 일련의 조건들과 그에 적절한 활동의 조화로서 질적으로 유일무이하다. 먹는 쾌락과 음악을 듣는 쾌락은 별개의 것이다. 친절한 행위가 주는 쾌락은 다른 것이며, 술에 취하는 쾌락이나 화를 내는 쾌락은 또 다른 것이다."[18] 듀이는 계속해서 이렇게 말한다.

따라서 그것들이 표현하는 유형이나 측면에 따라 쾌락에 부가되는 절대적으로 다른 도덕적 가치들이 가능하다. 그러나 만약 좋음이 단지 쾌락의 총체라면 모든 쾌락은 다른 것과 마찬가지로 좋은 것이 된다. 즉 악의가 주는 쾌락은 단순히 쾌락으로서 친절이 주는 쾌락만큼이나 좋은 것이 될 것이다.[19]

듀이는 노직(R. Nozick)이 '경험 기계'(experience machine)라는 유명한 사고실험을 통해 제시했던 논점, 즉 우리가 삶에서 원하는 것은 단순히 느낌들이 아니라(만약 그렇지 않다면 우리는 모두 경험 기계

17) John Dewey, *The Middle Works*, vol. 5, ed. Jo Ann Boydston (Carbondale, Ill.: Southern Illinois University Press, 1978), p. 257.
18) 같은 곳.
19) 같은 책, pp. 257-58.

안에서 보내는 삶을 선택하게 될 것이다) 욕구, 능력, 노력의 객관적 성
취라는 논점을 예고하고 있다. 동시에 그것은 "우리에게는 우리 자신
이 무엇인지가 중요하다"[20]라는 노직의 논점 또한 예고하고 있다. 듀이
도 말하고 있듯이 "단지 '좋음' 뿐만 아니라 더 활기차고 왕성한 '나쁨'
조차도 특성이나 개성이 아무런 의미도 없으며, 실험적 발견과 운명의
시련이 아무런 역할도 하지 않는 삶을 경멸할 것이다."[21]

　센은 여러 곳에서 사람들이 흔히 주관적인 '쾌락' 이외의 동기들뿐
만 아니라 자기중심적이지 않은 동기들 — 그것들이 특정한 상황에서
매우 강력하다는 것을 부인할 이유는 없지만 윤리적 동기뿐만 아니라
좋은 것이든 나쁜 것이든, 이념을 향한 것이든 집단을 향한 것이든(모
든 종류의 집단적 증오와 마찬가지로) 모든 종류의 충성심을 포함한—
에 강력하게 영향 받는다고 주장한다.

　끝으로 여전히 중요한 것은, 사람들이 단순히 자기 이익에 의해서만
동기화되지 않으며, 더욱이 센이 비판하는 경제학자들이 흔히 말하는
'자기 이익'을 부정하는 방식으로 동기화된다는 것이다. 그래서 진정
한 장기적 자기 이익('자기 이익'이라는 말은 보통 이러한 뜻으로 이해
되고 있지 않다)의 극대화와 단기적 자기 이익의 극대화 사이에는 엄청

---

20) Robert Nozick, *Anarchy, State, and Utopia* (New York: Basic Books, 1974), pp. 42-45. 경험 기계에 대한 노직의 서술은 다음과 같다. "당신이 욕구하는 모든 경험을 제공하는 경험 기계가 있다고 가정해 보자. 위대한 신경심리학자들이 당신의 두뇌를 자극해서 당신이 위대한 소설을 쓰고, 친구를 사귀고, 재미있는 책을 읽는 것처럼 생각하고 느끼게 될 수 있다. 당신의 두뇌에 전극들이 연결된 채로 당신은 항상 탱크 안에 떠 있게 될 것이다. 당신은 당신의 삶의 경험을 미리 프로그래밍하면서 평생 동안 이 기계에 접속되어 있어야 하는가?" (p. 43.) (노직은 그렇지 않아야 한다고 답한다.)
21) 같은 책, p. 275.

난 차이가 있다. 이렇게 보면 '경제적 인간'의 현대적 버전은 진정하게 합리적인 것도 아니며 충실하게 자기 이익을 위해서 행위하는 것도 아니라는 점이 분명해진다.

(3) 경제적 실행과 사회 복리의 기준들

대공황 기간에 후생경제학에는 주목할 만한 변화가 일어났다. 이 변화를 이해하기 위해 간략한 역사적 사실을 환기할 필요가 있다.

일부 경제학자들은 18세기에 효용(utility)이라는 개념을 사용하기 시작했으며, 19세기 말에 이르러 그것은 사실상 표준화된 형태를 확립하게 되었다. '신고전주의' 경제학자들[제본스(W. S. Jevons), 마샬(A. Marshall), 그리고 그 지지자들]은 양화 가능한 '효용'이 존재한다고 가정했다. [오늘날의 척도로 본다면 황당하지만 에지워스(F. Y. Edgeworth)의 탁월한, 1881년 이래로 중간을 거듭했던 『수학적 심리학』(*Mathematical Psychics*)은 '유틸'(Util)이라고 불리는 효용 단위를 가정했다.] '효용 곡선'(utility curves)이 고안되었으며, 그것은 효용이 이론상 어떻게 상품 양의 증가와 함께 증가하는지를 보여 주었다. 이 곡선들은 하나의 특정한 형태를 가정하는데, 그 형태는 '한계효용체감의 법칙'(Law of Diminishing Marginal Utility)에 의해 결정된다. 이 '법칙'에 따르면 한계효용(소비되는 마지막 수량의 효용)은 부가적 소비에 따라 감소한다. (마샬은 이것을 딸기를 먹는 소년의 그럴듯한 사례를 통해 예증하고 있다.)

엄청난 영향을 미쳤던 피구(A. C. Pigou)의 『후생경제학』(*Economics of Welfare*, 1920)은 이 '신고전적' 전제들로부터 최소한 어느 정도 부의 재분배를 옹호하는 단순한 논증을 이끌어 냈다. 만약 한계효용체감의 법칙이 옳다면 화폐의 한계효용 또한 감소해야 한다. 또 이러한 한계효용이 사람에 따라 중요하게 달라진다 하더라도 굶주림에 직면한 사람이나 노숙자가 되는 사람에게 천 달러의 한계효용은 빌 게이츠에게 천 달러의 한계효용에 비해 훨씬 더 크다. 결론적으로 전체 인구의 관점에서 총체적 효용(공리주의적 저술가들이 흔히 '총체적 행복'과 동일시하는)은 빌 게이츠에게서 수천 달러를 세금으로 받아서 가난한 사람에게 나누어 줌으로써 증가할 것이다. 더 일반적으로 말해서 다른 모든 조건이 동등할 때 소득 재분배는 복지를 향상시킨다.

흥미로운 일이지만 두말할 나위 없이 세계적으로 가장 영향력 있는 경제학자의 한 사람인 로빈스(L. Robbins)가 개인들 간의 효용 비교는 '무의미'하다고 경제학 분야를 전반적으로 설득하던 때는 대공황이 지속되던 때였다.[22] 이 견해는 논리실증주의의 산물(월쉬는 1930년대 초반에 로빈스가 타인의 마음 상태에 대한 지식 가능성에 관한 제본스의 회의주의— 논리실증주의의 행동주의적 이론과 대립되는 회의주의—에 영향을 받은 것으로 보인다고 지적한다)은 아니지만 1935년에 이르러 로빈스 또한 논리실증주의에 영향을 받기 시작했다.[23] 특히 로빈스는 윤리학에서 합리적 논의('논증')가 불가능하며, 따라서 윤리학적 문제는 경제학에서 완전히 벗어나야 한다는 강경한 입장을 유지하고 있었다. 경제학자들이 평가적인 의미에서의 사회 복지에 관여할 수 있으며, 또 관여해야 된다는 생각은 일거에 거부되었으며, 그 자리는 적어도 과학적 관점에서 그러한 관심이 '무의미'하다는 실증주의적 발상으

---

22) Lionel Robbins, "Interpersonal Comparisons of Utility," *Economic Journal*, 48, issue 192 (1938), pp. 635-41.

23) 이 점에 관해서는 Walsh, *Rationality, Allocation and Reproduction* (Oxford: Clarendon Press, 1996), pp. 179-81 참조.

로 대체되었다. 로빈스의 저작에서 보이는 두 구절은 그 생각의 일단을 보여 줄 것이다.

> 만약 우리의 목표가 서로 합치하지 않으면, 그것은 생사의 문제—차이의 중요성에 따른, 또는 상대방의 상대적 힘에 따른 생사의 문제—가 될 것이다. 그러나 만약 수단이 서로 합치하지 않으면 과학적 분석은 종종 우리의 차이를 해소하는 데 도움을 줄 것이다. 만약 이익을 취하는 문제의 도덕성(여기에서 우리는 우리가 무엇에 관해 이야기하는지 알고 있을 것이다) 측면에서 서로 합치하지 않으면 논증의 여지는 없어진다.[24]

또한 그는 이렇게 말한다.

> 두 학문[윤리학과 경제학]을 단순한 병치가 아닌 어떤 형태로 결합하는 것은 논리적으로 불가능해 보인다. 경제학은 확인 가능한 사실을 다루고 있으며 윤리학은 평가와 책무를 다루고 있다.[25]

로빈스(후일 작위를 받아 라이오넬 로빈스 경이 된)의 이러한 견해를 받아들였던 경제학자들은 단지 '후생경제학'이라는 영역이 존재하지 않는다는 결론에 멈추지 않았다. 대신에 이들은 (다소 이상하게 들릴지 모르지만) 최적의 경제적 기능의 가치중립적 기준을 모색했다. 나

24) Robbins, *On the Nature and Significance of Economic Science* (London: Macmillan, 1932), p. 132. Sen, *On Ethics and Economics*, p. 53에서 재인용.
25) Robbins, *On the Nature and Significance of Economic Science*, p. 134. Sen, *On Ethics and Economics*, p. 53에서 재인용.

아가 이들은 '파레토 최적성'(Pareto optimality)이라는 개념에서 그것을 발견했으며, 또는 적어도 그렇게 믿었다.

효용이라는 개념 자체가 '무의미'로 확정된 것은 아니라는 점을 상기해 두자. 폰 노이만은 (단일한 소비자의 경우) 형식적으로 일관성 있는 모든 선택이 효용을 다양한 상품의 '다발'(즉 가능한 선택들의 조합)에 할당하는 함수를 사용함으로써 수학적으로 '표현될' 수 있다는 내용의 정리를 증명했다. 사실상 이 정리는 그 개념의 19세기적 용례를 수반하는 무거운 철학적 가정들(예를 들면 '효용'은 모종의 정신적 성질이라는 가정 또는 효용은 '쾌락'과 동일하거나 동일하지 않다는 가정)을 내세우지 않고서도 '효용'이라는 것이 존재한다는 주장을 정당화해 주는 것으로 보인다. (아무튼 나는 이 정리의 증명의 배후에 놓인 가정들을 비판해 왔으며, 센을 비롯한 많은 사람들 또한 마찬가지다.)[26] 무의미하다고 결정된 것은 '효용'이 아니라 **효용들의 상호주관적 비교**였다.

나는 잠시 효용에 관한 공리주의자의 가정들이 여러 측면에서 불합리하며, 또한 상이한 사람들이 다양한 상품이나 서비스(또한 기회처럼 비가시적인 것들)에서 얻는 만족의 양이 선형적으로 정돈될 수 있다는 발상도 불합리한 반면, 거기에서 **부분적** 정돈이 가능하다는 생각은 전혀 불합리하지 않다는 점을 지적해 두고 싶다. 앞서 내가 제시했던 실례(피구에게서 빌려 왔던)로 되돌아가 보면, 천 달러는 빌 게이츠에게는 큰 문제가 아니겠지만 노숙자가 될 처지에 있는 사람에게는 엄청난 문제라는 생각은 결코 불합리한 것이 아니다. 또한 우리는 일정한 양의 소득 재분배를 옹호하는 피구의 논증이 어느 정도 타당하다고 받아들

---

26) 나의 비판은 이 책의 5장을 이루고 있다.

이기 위해서 복지가 단순히 화폐 소득의 함수라고 가정— 센이 지속적으로 비판해 왔던— 해야 할 필요는 없다. 긍정적으로든 부정적으로든 복지에 기여하는 것으로 간주되는 다양한 요인들에 '비중'을 할당하는 문제에 관해 이야기하면서 센은 다음과 같이 말하고 있다.

> 이런 종류의 모든 평가적 실행에서 비중이 어떻게 선택되어야 하는지를 묻는 것은 물론 중요하다. 이 판단적 실행은 추론된 평가를 통해서만 결정될 수 있다. 자신만의 판단을 수행하는 특정한 사람에게 비중의 선택은 상호 개인적 동의(또는 합의)보다는 반성을 요구할 것이다. 그렇지만 사회적 평가(예를 들면 빈곤에 대한 사회적 학습)를 위한 '동의된' 범위에 이르기 위해서는 비중에 관해서, 또는 적어도 비중의 폭에 관해서 모종의 추론된 '합의'가 있어야만 한다. 이것이 '사회적 선택'의 실행이며, 그것은 공적 논의와 민주적 이해와 수용을 요구한다.[27]

경제학적 사고를 지배하게 된 실증주의적 견해는 모든 가치 문제로부터 '추론된' 합의라는 개념 자체를 제거했다. 만약 가치 문제들이 '생사' 문제라면 추론이라는 개념 자체는 의미를 잃게 된다. 즉 "논증의 여지는 없다."

그렇지만 파레토 최적성은 사회경제학적 사태를 평가하는 데 매우 빈약한 기준이다. 예를 들면 1945년에 나치 독일을 격파했던 것은 파레토 최적이라고 밀할 수 없나. 왜냐하면 최소한 한 행위자, 즉 히틀러는 더 낮은 효용 수준으로 떨어졌기 때문이다.[28] 더욱이 파레토 최적성

27) Sen, *Development as Freedom*, pp. 78-91.
28) 파레토 최적성 개념의 주된 용도는 사실상 애로우-드브뢰 정리(Arrow-Debreu

을 기준으로 선호하는 이유가 자신의 효용을 극대화하려는 모든 행위
자의 권리가 다른 모든 사람의 권리와 동등한 것이라는 저변의 가치판
단을 사람들이 승인하기 때문이라고 가정해 보자. 그 경우 파레토 최적
성은 더 이상 '최적성'에 대한 가치중립적 기준으로 간주되지 않을 것
이다. 그런데 최적성의 가치중립적 기준이 과연 어떻게 가능한가?

 이 간략한 역사의 귀결은, 만약 후생경제학과 같은 분야가 존재한다
면, 그리고 후생경제학이 빈곤 문제 또는 다른 결핍 문제에 관해 이야
기하려는 것이라면 후생경제학은 중요한 윤리적 문제들을 벗어날 수
없다. 그렇지만 우리가 단순히 19세기적 버전의 공리주의로 돌아갈 수
없으며, 또한 센이 주장하는 것처럼 20세기적 버전의 공리주의로 돌아
갈 수도 없다면 그 대안은 무엇인가?[29] 센의 주목할 만한 저서와 강의
들은 이 물음을 향하고 있다.

3. 능력 접근법

 내가 방금 언급했던 저작들에서 센이 정교화하고 옹호했던 접근법은
'능력 접근법'(capabilities approach)이라고 불린다. 센이 말하는 '능

---

theorem)를 통해 자유 시장의 효율성을 증명하는 데 있는 것으로 보인다. (이
것은 특정한 전제 조건들 아래서 한 행위자의 효용 또는 복지가 다른 사람의 효
용 또는 복지를 감소시키지 않고서는 시장 기제를 떠나서 개선될 수 없다고 주
장한다.) 이것은 분명히 중요하고도 흥미로운 귀결인 반면, 센이 명백히 밝히고
있는 것처럼 실질적인 복지 개념을 수반할 때에만 실질적인 정책 제안을 낳을
수 있다. 그 중요성에 관한 센의 설명은 Sen, *Development as Freedom*, p. 117.
29) Sen, *Development as Freedom*, pp. 58-63. 또 pp. 304-11 참조.

력' 이란 특히 "[사람들이] 평가의 근거를 갖는 기능들(functionings)을 획득하는 능력을 말하며, 이것은 평등과 불평등에 대한 평가를 검토하는 구체적인 방식을 산출한다."[30] 센은 이렇게 설명한다. "기능들은 적절히 양육되는 것, 질병이나 조기 사망을 피하는 것 등 가장 기본적인 것에서부터 자긍심을 갖는 것, 공동체적 삶에 참여하는 것 등 매우 복합적이고 정교한 성취들에 이르기까지 다양하다."[31]

내가 월쉬의 저작들을 반복적으로 인용했기 때문에 이 '기능' 개념이 월쉬의 1961년 책인 『결여와 악덕』(*Scarcity and Evil*)에 이미 예고되어 있다는 사실을 언급해 두는 것이 좋을 것이다. 월쉬가 사용했던 용어는 '성취' (achievements)였으며, 그는 센과 마찬가지로 매우 다양한 성취 또는 기능 개념을 아리스토텔레스까지 거슬러 올라가 총체적인 인간 삶의 특성에 대한 관심과 관련시켰다. 이러한 관점을 발전(development)의 문제에 적용하려는 발상은 물론 전적으로 센에서 비롯된 것이다. 최근에 누스바움(M. Nussbaum) 또한 '능력' 접근법을 발전 문제, 특히 여성에 영향을 미치는 발전 문제를 다루기 위해 사용하고 있다.[32]

센은 빈곤, 복지, 그리고 세계 정의 등에 관한 대립적인 접근법들(예를 들면 롤스적 자유주의, 노직의 자유주의, 그리고 몇몇 공리주의적 버전들)을 고찰하고 비판하지만 그것을 다루는 것은 물론 센 자신의 능력 접근법을 상세하게 설명할 수 있는 충분한 여유가 나에게 주어지

---

30) Sen, *Inequality Reexamined* (Cambridge, Mass.: Harvard University Press, 1992), pp. 4–5.

31) 같은 책, p. 5.

32) Martha Nussbaum, *Women and Human Development: The Capabilities Approach* (Cambridge: Cambridge University Press, 2000).

지는 않은 것으로 보인다. 아무튼 그것은 여기에서 내 의도에 필수적인 것은 아니다. 내가 살펴보려는 것은 다음과 같은 것이다. 경제적 복리 (그리고 그 대립물인 경제적 박탈)에 대한 '고전적' 관심은 어떤 의미에서 본질적으로 도덕적 관심인가? 또 후생경제학은 거기에서 추론된 도덕적 논증을 진지하게 받아들이지 않는 한 경제적 복리가 책임 있게 다루어질 수 없다는 사실을 왜 인정할 수밖에 없었는가?

경제학자로서 센의 관심사의 폭이 빈도나 특징 측면에서 국제적이라는 이유 때문에 그의 저작들은 '경제 발전'이라고 불리는 문제를 자주 다루고 있다. 전통적 이해에 따르면 이 영역에서는 화폐 소득의 증대, 또는 '저개발' 국가의 경우 총경제 생산의 증대가 유일한 문제다. '저개발', 빈곤, 또 다양한 형태의 경제적 박탈에 대한 더 섬세한 척도의 필요성을 보여 주는 센의 방식은 다음과 같은 사실들에 주목하는 것이다. 즉 경제적 복리 재정과 총경제 생산은 그 자체로 얼마나 취약한 척도인가? 또한 다양한 조건에서 주어진 소득이나 생산 수준에서 비롯되는 귀결들에 관한 정보를 갖지 못했을 때 우리의 '정보 원천'이 얼마나 제한적인가?[33] 센은 계속해서 이렇게 말한다.

소득과 능력의 관계는 그 사람의 나이에 따라(예를 들면 매우 늙은 사람과 매우 젊은 사람들의 구체적 필요에 따라), 성과 사회적 역할에 따라(예를 들면 모성이라는 특수한 책임 또는 관습에 따른 가정적 책무 등에 따라), 위치에 따라(예를 들면 홍수나 가뭄에 대한 취약성에 의해, 또는 도심지 생활의 위험이나 폭력 등에 의해), 질병 환경(예를 들면 한 지역

---

33) 센은 4장에서 소득이나 부의 정보 원천의 결함들을 상세하게 다루고 있다. Sen, *Development as Freedom*, 4장 참조.

에 토착적인 질병들에 의해), 또는 한 사람이 통제할 수 없거나 제한적으로만 통제할 수 있는 다른 변이들에 크게 영향 받는다.

이 점을 예증하기 위해 센은 다음과 같은 특이한 통계를 사용한다.

중국과 케랄라(Kerala)의 남성 노년층의 경우, 확실히 미국 흑인 남성에 비해 수명이 길다. 미국의 노년층의 흑인 여성조차도 더 가난한 중국인과 유사한 수명 패턴을 갖고 있으며, 케랄라의 더 가난한 인디언에 비해 수명이 확실히 더 짧다. 따라서 미국 흑인은 미국 백인에 대비한 개인 소득에서 상대적 빈곤을 겪고 있을 뿐만 아니라 장수의 관점에서 (남녀 모두) 저소득의 케랄라 인디언보다, 그리고 (남성의 경우에) 중국보다 절대적으로 더 큰 빈곤을 겪고 있다.[34]

앞서 언급했던 것처럼 공리주의의 여러 가지 버전을 다룰 여유는 없지만 나는 센이 흥미로운 비판을 제기하고 있는 버전, 즉 복리가 단순히 욕구 충족에 의해 측정될 수 있다는 버전에 주목하고 싶다.[35] 센이 제기하는 새로운 논점은 극단적이고 장기적인 박탈의 경우, 그 욕구 충족 또한 빈약한 정보 원천일 수 있다는 것이다. 왜냐하면 이러한 박탈

---

34) 같은 책, pp. 21-22. 센은 또한 미국 흑인의 높은 사망률이 도심지에서의 폭력 수준에 근거해서 적절하게 설명되지 않는다고 지적한다. 사망률은 폭력을 경험하지 않는 노년층의 흑인 남성이나 흑인 여성에게도 영향을 미친다. 무엇보다도 우리는 이러한 비율을 설명하기 위해서 미국의 보건 제도를 검토해야 할 것이다.

35) 다양한 버전들 사이의 차이에 관한 간략한 설명은 C. Becker and Charlotte B. Becker, eds., *Encyclopedia of Ethics*, vol. 2 (New York: Garland, 1992), pp. 1262-64 참조.

은 흔히 절망적인 상황으로 인해 욕구의 범위 자체가 감소되는 결과를 불러오기 때문이다. 센은 이렇게 말한다.

> 고착된 불평등과 박탈의 상황 안에서 문제는 특별히 심각하다. 철저히 박탈되어 척박한 삶을 살아가는 사람은 만약 그 역경을 체념을 통해 받아들이게 되면 욕구와 그 성취에 대한 심적 척도의 관점에서 나쁜 삶을 살아가는 것으로 보이지 않을 수도 있다. 장기적인 박탈 상황에서 그 희생자는 항상 불평하거나 한탄하지는 않으며, 흔히 사소한 사비에 기쁨을 느끼고, 또한 개인적인 욕구를 적당한, 즉 현실적인 정도로 축소하기 위해 많은 노력을 기울이게 된다. …… 한 사람의 박탈 정도는 비록 그 사람이 적절하게 양육되지 않고, 적당한 의복이 결여되고, 최소한의 교육을 받지 못하고, 안정적인 주거가 결여되더라도 욕구/성취 척도에서는 전혀 나타나지 않을 수 있다.[36)]

센이 말하는 '능력'은 단순히 가치 있는 기능들이 아니다. 그것은 가치 있는 기능들을 즐길 수 있는 자유(freedoms)를 말하며, 이 논점은 『자유로서의 발전』(Development as Freedom)이라는 최근 저서의 제목에 나타나고 있으며, 또한 이 책 전체를 통해서 강조되고 있다. 어떤 기능이 '가치 있는' 것인지, 또는 사람들이 과연 '그것을 가치 있게 여기는 이유'를 갖는지에 관해 논란의 여지가 있다는 것은 분명하다. 그러나 센은 이 논란의 가능성을 결함이 아니라 가치로 본다. 사실상 센은 능력 접근법이 복지의 평가에 포함될 수 있는 모든 요소를 포함한다고 주장하지도 않는다. 대신에 센은 "예를 들면 우리는 자유와 결과 대신

---

36) Sen, *Inequality Reexamined*, p. 55.

에 규칙과 절차에 더 큰 중요성을 부과할 수도 있다"[37]고 말한다. 나아가 그는 "이 다원성은 평가적 목적에 있어서 능력 관점을 옹호하는 데 장애물인가?"라고 묻고, 이 물음에 대해 단호하게 부정적으로 답한다.

그 반대다. 우리가 가치 있게 생각하는 단일한 중요성이 있어야 한다고 주장하는 것은 우리의 평가적 추론의 범위를 과격하게 축소하는 일이다. 예를 들면, 고전적 공리주의가 자유, 권리, 창조성, 또는 실제적 삶의 조건들에 어떤 직접적 관심도 갖지 않고 오직 쾌락만을 가치 있게 생각한다는 것은 고전적 공리주의의 장점이 아니다. 오직 단일한 '좋은 것'의 기계적 편의성만을 고집하는 것은 사유의 동물인 우리 자신의 인간성을 부정하는 일이 될 것이다. 그것은 마치 우리 모두가 (그리고 우리만이) 좋아하는 어떤 것(훈제한 연어 또는 아마도 감자튀김), 또는 우리 모두가 극대화하려고 노력해야 하는 하나의 성질(음식의 짠맛 등)을 발견함으로써 주방장의 삶을 더 쉽게 만들려는 것과 같다.[38]

수학적으로 말하자면, 능력 접근법이 산출하는 것(우리가 가치 있는 기능들의 목록 ─ 센이 말했던 것처럼 그 자체로 '공적 논의와 민주적 이해와 수용'을 요구하는 어떤 것 ─ 에 동의한 경우라 하더라도)은 적극적 복지와 관련해서 상황의 완전한 정돈이 아니라 부분적 정돈, 그것도 다소간 모호한 정돈이다.[39] 그 접근법(센은 종종 그것을 '관점'이라고 부른다)은 컴퓨터로 프로그램화할 수 있는 '결정 방법'을 산출한다

---

37) Sen, *Development as Freedom*, p. 77.
38) 같은 곳.
39) Sen, *Inequality Reexamined*, pp. 46-49.

고 자처하지 않는다. 대신에 실제로 그것이 해 주는 것은, 어떤 기능이 우리 문화 또는 다른 문화의 좋은 삶이라는 개념을 형성하는지에 관해 숙고하고, 나아가 그러한 다양한 기능을 성취하기 위해 다양한 상황에서 다양한 집단이 얼마나 많은 자유를 실제로 보유하고 있는지에 관해 탐색하도록 이끌어 주는 일이다. 그러한 접근법은 (로빈스가 피구의 후생경제학에 승리를 거두었던 1932년 이래로 우리가 해 왔던 방식으로) '윤리학'과 '경제학', '정치학'을 격자화하는 것을 멈추고, 스미스가 경제학자의 임무에 본질적인 것으로 보았던 사회적 복리에 대한 이성적이고 인간적인 평가로 되돌아 갈 것을 요구한다.

4. 결론: 또다시 얽힘으로

나는 1장에서 분석적인 것과 종합적인 것의 구분/이분법(경우에 따라 이 둘 중의 하나다)을 실례로 삼아 일상적 **구분**과 형이상학적 **이분법**의 차이를 설명하는 데에서 출발했다. 나는 사실/가치 구분이 단순히 하나의 구분을 의미하는 것이라면 그 의미가 분명치 않다고 지적했다. 즉 우리가 가치판단을 비교적 추상적이거나 '엷은' 윤리적 개념을 포함하는 판단(예를 들면 '좋은' '나쁜' '당위' '의무' '덕' '책무' '옳은' '그른' 등)이라고 받아들이면, 판단의 공간에 대한 단일한 '구획'에 이르게 된다. 또한 우리가 가치판단을 어떤 사람을 칭찬하거나 비난하는 판단으로 받아들이면 다소 다른 구획을 갖게 되며, 나아가 그 구분에 대한 또 다른 해석에 이르게 된다.[40]

---

40) 누군가를 칭찬하거나 비난하는 중요한 (윤리적) 가치판단이 존재한다는 사실

물론 이러한 모호성이 그 구분을 무용하게 만들지는 않는다. 더 중요한 것은 이런저런 방식으로 '가치판단'을 구분할 수 있는 가능성이 가치판단이 참 또는 거짓일 수 있는지, 또 정당화하거나 정당화할 수 없는지, 기술적인 내용을 갖거나 갖지 않는지 등에 관해 그 자체로는 어떤 함축도 갖지 않는다는 점이다. 또한 그것은 보완적인 비가치적 판단이 과연 최소한의 통일성이라도 갖는지에 관해 어떤 함축도 갖지 않는다. 그 구분이 하나의 이분법―아마도 나는 듀이의 용어인 이원론이라는 용어를 사용해야 했을지도 모른다―이 되면, 그것은 전형적으로 매우 논쟁적인 형이상학적 주장(전형적으로 반형이상학적 주장이라고 내세운다 하더라도)을 수반하게 된다.

내가 다루었던 형태의 사실/가치 이분법은 (내 주장이지만) 흄에서 비롯되었으며, 논리실증주의에 의해 20세기에 드러났던 것과 같은 영향력 있는 형태에 이르게 되었다. 그런 형태의 이분법은 인지적으로 무의미한 판단―가치판단을 포함하지만 그것에 국한되지 않는―과 인지적으로 유의미한 판단 사이의 이분법이었다. 또 인지적으로 유의미한 판단의 영역 안에는 또 다른 이분법이 있다. 즉 모든 유의미한 판단―합리적 논증에서 사용될 수 있는 판단을 의미한다―은 분석적 아니면 종합적이다. 즉 모든 유의미한 판단은 '항진'(논리실증주의자들은 모든 수학을 이 부류에 포함시킨다)이거나 어떤 '사실' 또는 가능한 사실에 대한 기술이다.

후자의 이분법은 대중직 관심을 끌지 못했으며 '사실판단/가치판난' 이분법만큼의 영향력을 갖지도 않았는데, 그것은 아마도 수학적 판단

은 Walsh, *Scarcity and Evil* (Englewood Cliffs, N.J.: Prentice-Hall, 1961)의 핵심적 논점의 하나다. 그 부류에 대한 월쉬의 용어는 '감정'(appraisals)이다.

의 위상 문제가 많은 사람들의 관심사가 아니었기 때문이었을 것이다. 그러나 '가치판단'이 주관적이며, 따라서 실제적으로 가치에 관해 추론된 논증이 있을 수 없다는 생각은 "그것은 사실판단인가, 가치판단인가?"라는 물음에서 볼 수 있는 것처럼 광범위한 영향력(로빈스의 사례를 통해 알 수 있는 것처럼)을 갖게 되었다. 아무튼 이분법을 지지하는 철학적 논변은 모두 '사실'의 본성에 관한 이론 쪽으로 기울었으며, 그것은 20세기 후반에 들어서면서 콰인의 비판으로 무너졌다.

1장을 마무리하면서 나는 어떤 것도 동시에 사실이면서 가치 의존적일 수 없다는 언어적 구도가 전적으로 부적절하며, 또한 기술적 어휘의 엄청나게 많은 부분이 '얽혀' 있으며, 또 그래야만 한다고 주장했다.

2장에서 나는 헤어나 맥키 같은 비인지주의 철학자들이 어떻게 이 '얽혀 있는' 어휘를 다루고 있는지를 고찰했다. 더 정교한 철학자인 헤어는 자신이 '이차적으로 평가적인' 용어들이라고 부르는 것(내가 '두터운 윤리적 용어'라고 부르는 것)을 기술적 요소와 규정적(또는 명령적) 요소로 분석하려고 했는데, 나는 이러한 시도가 완전히 실패했다고 주장했다. 나는 머독이 선도하고 맥도웰이 따랐던 방향을 따라 이 용어들 중 어떤 것을 미묘하고 정교하게 사용하는 능력—예를 들면 용감한 행동과 단순히 성급하거나 무모한 행동 사이의 구분, 즉 윤리학 자체만큼이나 오래된 구분을 하는 것— 은 바로 특정한 평가적 관점을 획득하는 능력에 달려 있다고 주장했다. '평가'와 '기술'은 상호 의존적이다. 그것은 실증주의자들과 그 지지자들이 지속적으로 간과해 왔던 가능성이다.

나는 사실/가치 이분법 또는 이원론(윤리적 문제를 '생사' 문제로 간주하는 악성적인 형태의)이 1932년 이래로 신고전주의 경제학에 침투했다는 점을 밝혔으며, 후생경제학이 평가해야 할 것, 즉 경제적 복리를 평가하는 능력에서 드러나는 결과적 빈곤을 지적했다. 이어서 나는 '능력 접근법'을 통해 후생경제학과 개발경제학의 평가적 능력을 보완하려는 센의 인상적인 시도를 다루었다.

이제 지금까지 암시적으로 남겨 두었던 문제, 즉 이 장의 주제들과 1, 2장의 추상적 주제들 사이의 연관성을 밝혀 보기로 하자. 즉 능력 접근법은 '평가적 기능을 위한 능력'이라는 의미에서 능력에 관해 이야기할 때 우리가 불가피하게 사용하는 어휘, 즉 사용해야만 하는 어휘를 사용하도록 요구한다. 나아가 그 어휘는 거의 전적으로 '얽혀 있는' 개념들, 즉 단순히 '기술적 부분'과 '평가적 부분'으로 분해할 수 없는 개념들로 구성되어 있다. 센과 그의 동료들, 지지자들이 능력—'평가적 기능' '한 사람이 가치 있게 평가할 이유가 있는 기능' '잘 양육됨' '조기 사망' '자긍심' '공동체의 삶에 참여할 수 있음' 등—에 관해 이야기할 때 사용하는 거의 모든 용어는 얽혀 있는 용어들이다.

센이 복지개발경제학에서 책임 있는 평가를 하기 위해서 필요하다고 제시했던 관점은 다음과 같은 주장(로빈스가 제기했던)을 지지하는 관점이 아니다. "두 학문[윤리학과 경제학]을 단순한 병치가 아닌 어떤 형태로 결합하는 것은 논리적으로 불가능해 보인다. 경제학은 확인 가능한 사실을 다루고 있으며 윤리학은 평가와 책무를 다루고 있다."[41] 그것은 평가와 사실의 '식별'이 상호 의존적 활동이라고 주장하는 관점이다.

베버(M. Weber)에서 비롯되면서도 사실적 물음과 윤리적 물음을 엄격하게 구분하지만 모종의 상호 의존성을 인정하는 사회과학의 또 다

---

41) Robbins, *On the Nature and Significance of Economic Science*, p. 134. Sen, *On Ethics and Economics*, p. 53에서 재인용.

른 전통이 유럽 안에 존재한다는 것은 아이러니컬하다.[42] 베버에 따르
면 사회과학자가 어떤 물음을 탐색하는지, 또 탐색해야 하는지에 관한 결
정은 윤리적 가치를 포함한 결정이어야 한다. 그러나 일단 선택이 이루
어지면, 그 과학자의 물음에 대한 답을 식별하는 것은 그 과학자의 가
치 체계에 따라 규정되지 않는다. 나는 센이 이 점에 동의할 것이라고
확신한다. 그러나 베버가 인식하지 못했던 것은 실제로 과학적 물음에
대한 답이 결코 누군가의 가치 체계에 따라 규정되지 않아야 하는 반
면, 사람들이 역사, 사회학, 그리고 다른 사회과학의 기술에서 사용하
는 용어들조차도 반드시 윤리적으로 물들어 있다는 점이었다. 이것은
'이상적 유형'을 기술하면서 베버가 사용했던 용어들의 경우에 분명히
드러난다.

　여기에서 센의 작업에서 생겨나는 두 가지 추가적 논점을 강조해 둘
필요가 있다. 먼저 경제적 복리를 제안하게 되면, 우리는 필연적으로
윤리학 문헌에서 심각하게 다루어졌던 물음들에 휘말리게 된다. 그것
은 단순히 **공리주의 윤리학**(가치판단을 전적으로 배제하려고 하지 않
았던 경제학자들이 수 년 동안 중요하게 받아들이는 경향이 있었던 윤
리학)의 문헌들만을 의미하는 것이 아니다. 만약 일부 경제학자들의
입장에서 복리에 대한 공리주의적 척도를 옹호하는 것이 정당하다면,
공리주의의 적절성을 비판하는 논변들을 (그것이 '정보 원천' 안에서
허용하는 것이 무엇인지의 관점에서, 또 그것의 평가 절차의 관점에

---

[42]　베버의 1919년 강의인 「직업으로서의 과학」(Science as a Vocation)은 과학과
　　　가치에 관한 그의 입장의 고전적인 서술이다. 이 강의는 Edward Shils and
　　　Henry A. Finch, eds., *Max Weber on the Methodology of the Social Sciences*
　　　(New York: Free Press, 1969)에 재수록되어 있다.

서) 고찰하는 것 또한 정당할 것이다. 더욱이 반대 논변을 고찰한다는 것은 또한 공리주의에 대한 대안을 위한 논변을 고찰한다는 것을 의미하며, 그것이 센이 롤스, 노직, 그리고 다른 많은 사람들의 저작을 상세하게 논의하는 이유이기도 하다.

요컨대, 진지한 후생경제학은 오늘날 주어진 최선의 윤리적 논의에 대한 진지한 인식을 가져야 한다. (그것은 일방통행이 아니다. 센은 『윤리학과 경제학』에서 윤리학자들 또한 경제학에서 배워야 할 것이 많다고 주장한다.) 둘째, 얽혀 있는 개념들이 평가에 필연적으로 나타난다는 것만이 전부는 아니다. 사람들의 동기가 그들의 윤리적 추론에 중요하게 영향 받는 한, 우리는 경제적으로 관련된 행동을 기술하면서 다양한 두터운 윤리적 개념들을 고려—또한 '기술적으로' 사용—할 필요가 있다. 『윤리학과 경제학』에서 센은 다음과 같이 쓰고 있다.

> 나는 후생경제학이 윤리학에 더 많은 관심을 기울임으로써 중요하게 보완될 수 있으며, 윤리학의 탐구 또한 경제학과의 긴밀한 접촉을 통해 도움을 받을 수 있다고 주장해 왔다. 나는 또한 심지어 예언적이고 기술적인 경제학조차도 행동의 결정에서 후생경제학적 고려의 여지를 넓힘으로써 도움을 받을 수 있다고 주장해 왔다. 나는 이러한 실천의 어느 것도 특별히 쉬운 일이라고 주장하려고 하지 않았다. 그 실천은 뿌리 깊은 애매성을 포함하고 있으며, 그 문제들의 상당수는 본성적으로 복합적이다. 그러나 경제학을 윤리학에 근접시키는 일의 핵심은 그 용이성에 달려 있는 것이 아니다. 대신에 그것은 그 실천의 결과적 보상에 달려 있다. 나는 거기에 큰 보상을 기대할 수 있을 것이라고 주장했다.[43]

---

43) Sen, *On Ethics and Economics*, p. 89.

　내가 몇 개의 장에 걸쳐서 사실/가치 이분법을 다루었던 이유는 단지 로빈스와 같은 경제학자들이 '경제학을 윤리학에 근접시키는 것' — 윌쉬가 '제2단계 고전 경제학'이라고 불렀던 발전 — 이 '논리적으로 불가능'하다고 생각했던 이유들에 대해 철학적으로 조망하는 것에 국한되지 않는다. 나아가 나는 그런 이유들을 논파함으로써 이 제2단계에 적응하고 그것을 지탱해 주는 언어철학을 제공하려고 했다. 나는 유사한 문제가 법학에서도 생겨난다고 생각하지만 스스로의 한계를 감안해서 그것을 언급하지는 않았다.

2

합리성과 가치

4 | 센의 '규정주의적' 출발

도덕철학에 관한 센의 초기 논문으로 1967년의 「규정적 판단의 본성과 종류」(The Nature and Classes of Prescriptive Judgments)[1]가 있다. 센의 저작의 전반적 중요성에 대한 3장에서의 설명을 거친 독자는 이 초기 논문이 헤어(R. M. Hare)의 비인지주의적 입장(내가 2장에서 비판했던)을 그 출발점으로 삼고 있다는 데 놀랄 수도 있다.[2] 그렇지만 초창기에도 센은 비인지주의의 함의들에 대해 비판적이었다. 이 초기 논문은 가치판단이 단순히 특정한 명령들에 대한 승인을 표현하는 방식일 뿐이라는 비인지주의적 주장과, 그것이 윤리적 판단에 대한 찬반의 근거를 제시할 수 있다는 주장을 화해시키려는 대담한 시도

---

1) Amartya Sen, "The Nature and Classes of Prescriptive Judgments," *Philosophical Quarterly*, 17, no. 66 (1967), pp. 46-62.
2) 같은 논문, p. 46.

라는 점에서 숙고할 가치가 있다. 사상적 전개의 초기 단계에서 센의
논증에서 사용된 구분들(나아가 긴장들)은 검토할 만한 가치가 있어 보
인다.

　헤어 자신의 입장에 대한 가장 잘 알려진 서술은 『도덕의 언어』(*The
Language of Morals*)[3]에서 찾아볼 수 있다. 헤어는 이어서 자신의 입장
을 '보편적 규정주의'(universal prescriptivism)라고 불렀다.[4] 헤어에
따르면 그가 그것을 '보편적'이라고 불렀던 것은 윤리적 판단이 보편
화 가능하다는 것이 일종의 **논리적**(말하자면 분석적) 진리이기 때문이
다. (여기에서 어떻게 또다시 분석/종합 이분법이 가정되고 있는지 주
목하라). 내가 "살인은 나쁘다"라고 말했으며, 또 내 판단이 실제로 윤
리적 판단이라면 나는 살인을 하는 것이 **모두에게** 나쁘다는 사실에 동
의해야만 한다. 헤어는 그것을 '규정주의'라고 부르는데, 그것은 윤리
적 판단(헤어는 종종 '가치판단'이라는 말을 사용한다)의 가치 요소가
명령법의 형태로 적절하게 표현되기 때문이다. 그래서 헤어는 센이 인
용하는 구절에서 이렇게 말한다.

　　나는 이렇게 제안하고 싶다. 어떤 사람이 "나는 X를 해야 한다"라는
　　판단을 가치판단으로 사용하고 있는지를 결정하는 척도는 "그가 만약 그
　　판단에 동의했을 때, 그가 'X를 합시다'라는 명령에도 마찬가지로 동의
　　해야만 한다는 것을 인정하는가, 인정하지 않는가"이다.[5]

---

3)　Hare, *The Language of Morals* (Oxford: Clarendon press, 1952).

4)　Hare, *Freedom and Reason* (Oxford: Clarendon Press, 1963), p. 16.

5)　Hare, *The Language of Morals*, pp. 168-69. 이 구절은 *Freedom and Reason*, p.
　　79에서도 나타난다.

또는 센 자신은 이렇게 표현한다.

　가치판단은 판단자가 그 판단을 통해 (그 명령을 표현하는 데 필수
이지 않은 어떤 정보에 대해서도 아니고) 배후의 명령에 대해서만 동의
를 전달하려고 의도한다면 '순수하게 규정적'이라고 불려야 한다. 여기
에서 사실적 부분의 역할은 그 명령이 가리키는 것에 대한 대안을 식별하
는 것뿐이다. 예를 들어 만약 내가 "사형제도는 폐지되어야 한다"고 말하
고, "사형제도를 폐지합시다"라는 명령에 대한 나의 동의만을 의미한다
면 이것은 '순수하게 규정적인 판단'으로 간주될 수 있다.[6]

센은 이 논문의 첫머리에서 분명히 다음과 같이 말한다.

　우리는 모든 가치판단이 '규정적'인지, 또는 그것들 모두 '보편화 가능
한지'에 관한 논쟁에 빠져 들지 않아야 한다. 우리는 (몇몇 유형의 가치
판단이 고려에서 제외될 수도 있다는 우려를 벗어나서) 단지 그러한 특
성들을 가진 판단들에만 우리의 관심을 국한시켜야 한다."[7]

　그렇지만 센은 이 논문에서 익숙한 '가치판단들'을 (헤어가 말하는
의미에서 '규정적'인지 특별히 논증하지도 않고) 빈번히 사례로 사용
하고 있다. 그렇다면 센은 이 단계에서 설혹 다른 종류의 '가치판단'이
있다하더라도 그것들은 무시될 수 있다고 생각했음이 분명하다. 뿐만
아니라 내가 방금 인용했던 구절에는 사실적 정보와 명령 사이의 이분

---

6)　Sen, "The Nature and Classes of Prescriptive Judgments," p. 46.
7)　같은 곳.

법이 명시적으로 전제되어 있다.[8]

끝으로, '순수하게 규정적인' 가치판단, 즉 기술적 요소가 없는 판단
은 단지 '배후의' 명령에 대한 동의(그 가치판단의 '저자' 입장에서)를
전달하고 있을 뿐이다. "사형제도는 폐지되어야 한다"라는 문장은 '단
지' "사형제도를 폐지합시다"라는 명령에 대한 화자의 동의를 전달하
는 한 방식일 뿐이다. 그렇다면 센은 어떻게 가치판단과 그 '이유들'
사이의 관계에 관해 논리실증주의자 에이어(A. J. Ayer)의 결론을 거부
할 수 있었을까? 센은 다음과 같은 에이어의 말을 인용한다. "사람들이
왜 특정한 사실에는 우호적으로 반응하며, 다른 것에는 비우호적으로
반응하는가의 문제는 [순전히] 사회학자의 문제다."[9]

센은 다음과 같이 시작한다. "헤어의 분석의 난점은, 그 분석을 통해
가치 용어나 표현에 대한 섬세한 분석을 얻을 수 있는 반면, 헤어 자신
은 이런 용어를 사용하는 가치판단의 종류에 대해서는 거의 침묵하고
있다는 점이다."[10] (사실상 센이 여기에서 말하는 '가치 용어 분석'은
가치 용어를 '규정적' 요소와 '기술적' 요소로 분석할 수 있다는 '분해
가능성'의 원리—내가 1부에서 비판했던—를 전제하고 있다.) 센이
설명하듯이,[11] "헤어는 기술적 의미를 갖든 갖지 않든 규정적 의미를
갖는 '규정적 용어'와 '두 가지 의미를 모두 갖는 평가적 용어'를 구분

---

8) Vivian Walsh, *Scarcity and Evil* (Englewood Cliffs, N.J.: Prentice-Hall, 1961)
  은 '규정주의적' 견해에 반대해서 명령을 함축하지 않는 윤리적 판단의 사례들
  을 다수 포함하고 있다.

9) A. J. Ayer, *Philosophical Essays* (London: Macmillan, 1954), p. 237. Sen,
  "The Nature and Classes of Prescriptive Judgments," p. 52의 인용.

10) Sen, "The Nature and Classes of Prescriptive Judgments," p. 46.

11) 같은 논문, pp. 46-47.

한다.[12] 이 논문에서 센의 전략은 "가치 용어에 대한 헤어의 일반적 분류에 상응하는 가치판단들의 분류 체계를 제안하려는 것"이었으며, "분류의 다른 두 가지 방법을 소개함으로써" 이것을 따르려는 것이었다. 이것은 단지 '분류' 연습이 아니다. 센의 구분과 그에 수반하는 논의는 헤어의 비인지주의에 대해 센 자신이 명시적으로 말하려고 했던 것보다 훨씬 더 큰 손상(아마도 그 자신이 1967년에 의식했던 것보다 더 큰)을 준다.

센은 먼저 '순수한 규정적 판단'(내가 앞에서 그의 정의를 인용했던)과 '명령에 대한 나의 동의를 함축하지만 또한 기술적 내용을 포함하는 평가적 판단을 구분한다. 명백하게 이것은 헤어의 의도에 매우 가깝다. (센은 상징적 기호법으로 '순수한 규정적 판단'을 뜻하는 J(P), 평가적 판단을 뜻하는 J(E)를 도입한다.) 다시 언급하겠지만 센이 제시하는 '평가적 판단'의 사례는 다음과 같다. "예를 들어, 내가 '사형제도는 야만적이다'라고 말할 때, 나는 앞서 인용했던 명령(또는 [센의 논문의 후반부에서] 논의되는 것 같은 수정된 명령)에 대한 동의 이상의 것, 말하자면 사형제도는 야만성이라는 개념과 흔히 결합되는 특정한 특성을 갖고 있다는 것 등을 전달하려고 할 수도 있다."[13]

이어서 센은 자신이 '강제적 판단과 비강제적 판단'이라고 부르는 것들 사이에 추가적이고 흥미로운 구분을 제시한다. 끝으로 그는 윤리학과 결정 이론에서 낯익은 구분, 즉 '기초적'(basic) 목표 또는 가치와 '비기초적'(non-basic) 목표 또는 가치의 구분을 검토한다.

이 모든 논의는 엄격하게 헤어의 규정주의라는 틀 안에 있다. 먼저,

---

12) 같은 논문, p. 26. 센은 헤어의 *Freedom and Reason*을 인용하고 있다.
13) 같은 논문, p. 47.

논의되는 가치판단이 모두 명령을 함축한다는 가정이 있다. 둘째, '평가적 용어' [이것은 내가 '두터운(thick) 윤리적 개념' 이라고 불렀던 것과 대체로 상응한다]의 의미에 관한 특이한 가정이 있다. 가치판단과 관련된 이유들의 위상을 발견하려는 센의 방식(그의 학문적 전개의 현 단계에서)으로 넘어가기 전에 이 가정들에 대해 간단히 언급할 것이다.

1. 가치판단은 명령을 함축하는가?

가치판단이 참/거짓 내용을 갖지 않는다는 점을 감안할 때, 그것이 어떻게 다른 것에 대해 함축(implication)이라는 논리적 관계를 유지할 수 있는지 의아스럽게 생각될 수도 있다. 참/거짓 진술인 p 또는 q의 경우, p가 q를 함축한다고 말하는 것은 만약 p가 참이라면 q도 참이어야 한다는 것을 말한다. 사실상 (논리적 함축이라고 불리는 경우) p로부터 q의 추론이 한 사례가 되는 추론 도식 S가 존재하는데, 여기에서 참인 전제를 갖는 S가 거짓인 결론에 이르는 경우는 없다.

그러나 만약 가치판단이 참 또는 거짓이 아니라면 '함축' 은 이런 방식으로 설명될 수 없다. 헤어와 센은 이 문제를 의식하고 있으며, 따라서 다른 방식으로 대처한다. 센의 방식은 다음과 같은 검증을 사용하는 것이다. 예를 들어 "사형제도는 폐지되어야 한다" 등의 가치판단은 "사형제도를 폐지합시다"와 같은 명령을 함축(또는 수반)한다. 누군가 전자를 긍정하면서 후자를 부정하게 되면, "그 자신이 말하고 문자적으로 이야기하는 것을 스스로 이해했으며, 그가 말하고 있다고 간주되는 것을 여전히 의미하고 있다는 추정은 불합리한 것이 된다."[14) 그런데 가치판단은 정말로 명령을 수반(현재 이야기하는 '수반' 이라는 말의 의미에서)하는가?

가치판단이 명령을 수반한다는 헤어의 믿음은 내가 3장에서 비판했던 믿음에서 비롯된다. 그 믿음이란 이렇다. 어떤 것이 본유적 가치/비가치를 지닌다는 의미론적 내용을 갖는 술어는 누구든 그것을 사용하는 사람은 위선이나 불성실이 아니라면 그 사물을 인정/불인정하도록 동기화되어야만 한다는 의미에서 가치 용어는 본유적으로 동기적이다. 내가 2장에서 인용했던 구절에서 앤더슨(E. Anderson)이 지적했듯이 "권태, 나약함, 냉담, 자기모멸, 좌절, 그리고 다른 동기적 상태들 때문에 [우리는] 스스로 좋다고 판단하는 것을 욕구하지 못하거나 나쁘다고 판단한 것을 욕구하게 될 수도 있다. 이것은 헤어가 주장하듯이, 가치판단과 실제적 욕구나 선호 표현의 일치를 가로막는다."

센이 사용했던 사형제도 사례를 살펴보면, '가치판단은 명령에 동의하는 방식들'이라는 이 주장이 실제로 얼마나 받아들이기 어려운 것인지 알 수 있다. 먼저 "사형제도를 폐지합시다"라는 명령은, 만약 화자가 공적 연설을 하는 경우도 아니고, 또 그가 영향력 있는 사람들에게 연설하는 영향력 있는 정치인도 아닌 평범한 시민이라면, 언어적으로 말해서 하나의 일탈적 발화다. 평범한 사람이 언어적 기이함이 없이 말할 수 있는 것이란 기껏해야 "사형제도가 폐지되도록 노력합시다"이거나 그와 유사한 정도의 어떤 것이다. 그러나 과연 다음 주장이 옳은 것일 수 있을까? 만약 내가 "사형제도는 폐지되어야 한다"라고 말하면서도 "사형제도를 폐지하도록 노력합시다"라는 말에 동의하지 않는 경우, 나는 내가 말하고 문자적으로 이야기하는 것을 스스로 이해했으며,

---

14) 센은 이 검증이 Max Black, "The Gap Between 'Is' and 'Should'," *The Philosophical Review*, 63 (1964), p. 177에서 온 것이라고 말한다(같은 곳).

내가 말하고 있다고 간주되는 것을 여전히 의미하고 있다는 가정은 불합리하다.

이어서 논의하려는 것처럼 센은 스스로 이러한 결론(동일한 사례는 아니지만)에 반대할 논거를 갖고 있다. 그러나 더 단순하면서도 앤더슨의 논점과 밀접하게 관련된 논거는, 내가 "나는 그것이 폐지되도록 노력해야 한다는 것을 알지만 지금으로서는 정치에 뛰어들고 싶지 않아", 또는 심지어 "내가 노력해야 하는 것은 알지만 나는 별로 좋은 시민이 아닌 것 같아"라고 응답할 수도 있다는 것이다. '~이어야 한다' (should be)에 동의하는 모든 사람은 동시에 '~합시다'라는 명령에 따라야만 한다는 믿음은 헤어의 또 다른 부당한 동기적 요구사항의 한 형태일 뿐이다. 또한 그 부당한 동기적 요구사항이 바로 '규정주의'의 핵이었다.

2. '이차적으로 평가적인 용어'

1부에서 '두터운 윤리적 개념'이라고 불렀던 것의 몇 가지 사례는 센의 「규정적 판단의 본성과 종류」에 등장한다. 센은 헤어를 따라 때로는 그러한 '이차적으로 평가적인'(secondarily evaluative) 용어들이 '순수하게 기술적으로' 사용된다고 말하며, 때로는 그것들이 기술을 전달하는 동시에 그 기술에 근거한 '규정'(명령)을 표현한다고 말한다.

대부분의 경우에 헤어의 '이차적으로 평가적인' 용어 또는 표현을 중요하게 사용하는 가치판단은 J(E) 유형인 반면, '순수하게 평가적인' 용어 또는 표현의 사용에 국한된 가치판단은 J(P)이거나 J(E)일 수 있다.

내가 "지난 일요일에 당신의 행동은 용기 있는 것이었다"라고 말하는 것
은 그것을 칭찬하는 것일 뿐만 아니라 특정한 방식으로 그것을 기술하고
있는 것이다. 그러나 대신에 내가 만약 "당신의 행동은 옳은 것이었다"라
고 말한다면 내가 그것을 칭찬한다는 것은 분명하지만, 나는 그것이 '옳
은' 행동의 정상적으로 수용된 기준에 잘 부합한다는 것을 의미하도록
의도할 수도 의도하지 않을 수도 있다. 즉 동일한 문장이 J(P)를 가리킬
수도, 때로는 J(E)를 가리킬 수도 있다.[15]

나는 센이 '이차적으로 평가적인 용어'를 해석하는 방식(그가 이 단
계에서 이 용어들이 예시하는 사실과 가치의 얽힘을 인정하려고 하지
않았던 것은 명백하다)을 강조하고 싶다. 나는 우리가 방금 다루었던
두 가지 해석을 센의 논문 후반부에서 나타나는 제3의 해석['더 착한'
(nicer)이라는 술어의 해석]과 함께 제시한다.[16]

야만적인 = "대개 야만성이라는 개념과 결합된 특정한 특성들을 지
닌다."

옳은(기술적으로 사용될 때) = "'옳은'(right) 행동의 표준적으로
수용된 기준에 잘 부합한다."

착함(niceness) = "아마도 특정한 관습적 기준들, 예를 들면 '더 착
한' 소녀는 특정한 종류의 유혹에 빠지는 데 더 오래 걸린다는
것과 같은 기준들의 관점에서 정의될 수 있을 것이다."

---

15) Sen, "The Nature and Classes of Prescriptive Judgments," p. 47.
16) 같은 논문, p. 48.

이 세 가지 사례를 통해 분명히 드러나는 것은 이 단어들의 기술적 의미가 '대개 그 개념과 결합된' 것 또는 '일상적으로 수용된 기준'('관습적 기준')에 의해 파악된다고 가정되고 있다는 점이다. 이것은 엄청난 오류다. 만약 센이 이러한 '규정주의적' 틀을 총체적으로 넘어서지 않았더라면 그 오류는 오늘날 복지 문제와 관련해서 그의 '능력'(capabilities) 접근법이 추구하는 모든 것을 불가능하게 만들었을 것이다!

그것은 용어상의 오류다. 왜냐하면 그것은 이 용어들의 의미에 대한 '언어적 분석'이며, 매우 부적절한 동의어 관계를 함축하기 때문이다. 예를 들어 만약 '용기 있는'이 '용기 있는 행동에 대한 일상적으로 수용된 기준에 부합하는'과 동의어라면, '일상적으로 수용된 기준'은 용기와 무모함을 혼동한 것이라고 누군가(소크라테스?) 말하는 것은 하나의 '모순'이 될 것이다. 또는 센 자신의 예를 따라 만약 '야만적인'이 '대개 야만성이라는 개념과 결합된 특정한 특성들을 갖는'과 동의어라고 가정해 보자. 그 경우 사형제도가 '야만적'이 아니라는 것을 보이기 위해서는, 사형제도가 야만성과 공유하는 특성들이 그것과 '대개 결합되어 있는' 것에 의해 정의되는 것으로서 야만성의 필요충분조건이 아니라는 것을 지적하기만 하면 될 것이다.

문제는 이러한 '분석'이 대부분 사람들이 그 단어를 사용할 때 '이차적으로 평가적인' 용어의 본래적 의미의 일부라고 받아들이는 것에 의존하고 있다는 점이다. 그러나 많은 사람들이 특정한 행위가 용기 있는 것이 아니라는 사실을 이해하지 못한다고 말하거나 또는 많은 사람들이 사형제도가 야만적이라는 것을 이해하지 못한다고 말하는 것은 모순이 아니다.

아마도 논리실증주의자는 소크라테스가 무모한 행동은 용기의 표현이 아니라고 설득했을 때(만약 그가 성공했다면), 또는 대부분의 유럽 사람들이 사형제도가 야만적이라는 생각을 받아들이게 되었을 때, '용기'나 '야만적'이라는 용어의 의미가 바뀐 것뿐이라고 말할 것이다. 그러나 논리실증주의의 경우에 이렇게 말하는 것은 한 용어와 관련된 '검증 방법'의 변화를 모두 그 의미의 변화로 간주하려는 더 큰 전략의 일부일 뿐이다. 이것은 단지 '의미'라는 용어의 설득적 재정의일 뿐이라는 것이 너무나 분명하며, 논리실증주의의 이러한 결론은 사람들이 논리실증주의를 포기하게 된 주된 이유의 하나가 되었다.[17]

그러나 만약 '용기 있는'이 "관습적으로 '용기 있다'고 불리는 행위" 또는 그와 유사한 것과 동의어가 아니며, 또 만약 우리가 그 용어를 잘못 적용하고 있다는 것을 이해하기 위해 '윤리학적' 통찰이 필요하다고 가정해 보자. 그 경우, 그것을 '명령할'(즉 관련된 명령을 보증할) 의도 없이 하나의 행위를 '용기 있다'고 기술하는 것은 '가치중립적 기술'을 하고 있는 것이라는 주장은 완전히 무너진다. '용기 있다'는 '가치중립적'이지 않은 행위에 대해 정확히 합치하는 기술일 수 있다. 이 것은 물론 사실과 가치의 '얽힘' 현상이다.

---

17) 이 사례들로 Dudley Shapere, "Notes toward a Post-Positivistic Interpretation of Science," 그리고 Putnam, "Logical Positivism and the Philosophy of the Mind," in Peter Achinstein and Stephen Barker, eds., *The Legacy of Logical Positivism* (Baltimore, Md.: The Johns Hopkins University Press, 1969), pp. 115-62, 211-28을 들 수 있다. 뒤의 논문은 Putnam, *Mind, Language and Philosophy: Philosophical Papers 2* (Cambridge: Cambridge University Press, 1975), pp. 441-55. 애친슈타인과 바커의 편저는 논리실증주의에 대한 재평가의 중요한 분수령이 되는 작품이다. 또한 Putnam, "Explanation and Reference," in *Mind, Language and Reality*, pp. 196-214 참조.

3. 윤리학적 논의에서의 이유들

이 장의 앞부분에서 나는 이렇게 물었다. "센은 어떻게 가치판단과 그 '이유들' 사이의 관계에 관해 논리실증주의자인 에이어의 결론을 거부할 수 있었을까?" 그 결론은 그 관계가 심리학자들이 탐구해야 할 단순히 주관적 문제라는 것이었다. 센이 이 문제의 해결을 중요하게 생각했다는 사실은 당시 가장 큰 영향력을 가진 경제학자인 로빈스(L. Robbins) 교수[지금은 작위를 받아서 로빈스 경(卿)이 된]에 대해 반대하는 명시적 진술을 통해 분명하게 드러난다. 로빈스 교수는 경제학의 본성과 중요성에 관한 잘 알려진 책에서 이렇게 쓰고 있다.

두 학문[윤리학과 경제학]을 단순한 병치가 아닌 어떤 형태로 결합하는 것은 논리적으로 불가능해 보인다. 경제학은 확인 가능한 사실을 다루고 있으며 윤리학은 평가와 책무를 다루고 있다.[18]

센의 절차에서 첫 번째 단계는 다양한 가치판단의 (비기술적) 내용을 제시하는 것으로 간주되는 '명령'의 힘을 현저하게 완화시키는 것이었다. 헤어의 규정주의적 해석에서 "사형제도는 폐지되어야 한다"는 "사형제도를 폐지합시다"라는 명령과 동등한데, 여기에서 그 명령은 "그것에 반대하는 어떤 이유가 주어진다 하더라도 사형제도를 폐지합시다"를 의미한다. 센은 이런 종류의 절대적인 무조건 명령과 동등한 가

---

18) Lionel Robbins, *On the Nature and Significance of Economic Science* (London : Macmillan, 1932), p. 134. Sen, "The Nature and Classes of Prescriptive Judgments," p. 53 재인용.

치판단을 '강제적'(compulsive) 판단이라고 부르는데, 그의 첫 번째 논점은 다수의, 또는 아마도 대부분의 가치판단이 비강제적이라는 것이다.

> 또 다른 종류의 판단이 존재하는데, 그 성격은 이렇다. 만약 누군가 X 대신에 Y를 옹호하는 이유를 제공하는 모든 가능한 가치판단을 일거에 거부한다면, Y 대신에 X를 옹호하는 이런 종류의 판단은 그 둘 중 하나의 선택 상황에서 X를 옹호하는 명령을 함축한다.[19]

센은 다음과 같이 낯익은 가치판단을 '비강제적' 가치판단의 사례로 제시하고 있다. 누군가 어떤 것이 '더 좋다'고 말한다면, 그것은 그가 "그것을 선택합시다"라는 명령에 대한 보증을 함축하지는 않는다. 너무 비싸다거나, 유행이 지났다거나 등등 수많은 이유들이 더 큰 '좋음'을 여전히 누를 수 있기 때문이다. 센이 모든 가치판단은 특정한 명령을 보증하는 방식일 뿐이라는 헤어의 논제를 거부한다는 사실에 주목하라.

그렇지만 내가 더 중요하다고 생각하는 것은 매우 낯익은 또 다른 구분, 즉 '기초적'(basic) 가치판단과 '비기초적'(non-basic) 가치판단의 구분에 관한 센의 논의다.

> 가치판단을 분류하는 또 다른 유용한 방법이 있는데, 이제 그것을 다루려고 한다. 만약 사실적 가정들에 대한 어떤 가능한 수정을 통해서도 그 판단자의 가치판단을 수정하도록 만들 수 없다면 그 가치판단은 그 판

---

19) Sen, "The Nature and Classes of Prescriptive Judgments," p. 48.

단자에게 '기초적'이라고 할 수 있다. 그러나 만약 그러한 수정이 일어나면 그 판단은 그 사람의 가치 체계 안에서 '비기초적'이다. ['비기초적'은 '비강제적'과 동일하지 않다는 점에 주목하라. 비강제성은 그 가치판단, 그리고 긍정적으로 평가되는 항목을 선택하기 위한 (또는 부정적으로 평가되는 항목을 선택하지 않기 위한) 명령 사이의 관계의 폐기 가능성과 관련되어 있다. 반면에, 비기초적 판단은 그 가치판단 자체의 수정 가능성과 관련되어 있다.] 예를 들면 어떤 사람이 "기준년도 가격으로 평가한 국민소득의 증가는 더 나은 경제 상황을 반영한다"라고 판단할 수 있다. 우리는 그에게 어떤 사실적 상황에서도 이 판단을 유지할 것인지를 물을 수 있으며, 나아가 "만약 상황이 이러저러한 경우(예를 들어 부익부 빈익빈 상황)에도 똑같은 말을 할 것인가?"라고 물을 수도 있다. 만약 그가 특정한 사실적 상황에서 그 판단을 수정한다면 그 판단은 그의 가치 체계 안에서 비기초적인 것으로 간주될 수 있다. 반면에 만약 특정한 사람이 살인을 정당화 가능한 것으로 간주할 사실적 상황이 존재하지 않는다면 살인하지 않는 것은 그의 체계 안에서 기초적인 가치판단이 된다.[20]

에이어는 '이유들'이 가치판단을 뒷받침해 줄 수 있다는 주장이 '논리적 의미'도 '과학적 의미'도 지닐 수 없다고 주장했다.[21] 센은 에이

---

20) 같은 논문, p. 50.

21) 센이 "The Nature and Classes of Prescriptive Judgments," p. 52에서 인용했던 에이어의 구절은 다음과 같다. "이 이유들은 어떤 방식으로 그 판단을 뒷받침해 주는가? 논리적 의미에서는 아니다. 윤리학적 논증은 형식적 증명이 아니다. 그리고 그것은 과학적 의미에서도 아니다. 왜냐하면 [만약 과학적 의미에서 이유들이 가치판단을 뒷받침한다고 할 경우] 상황의 좋음과 나쁨, 행위의 옳음과 그름은 상황과는 분리된 어떤 것, 독립적으로 검증 가능한 어떤 것—그것에 대해 그 도덕적 판단에 대한 이유로 제시되는 사실들이 증거가 되는—이 되어야만

어의 주장을 '잘못된 것'이라고 부르고, "다른 사람이 제기한 가치판단에 관해 논쟁하는 사람은 배후에 있는 사실적 전제들의 과학적 진리성을 검토함으로써 가치판단의 타당성에 관한 과학적 논의를 할 수 있다"[22]고 쓰고 있다. 센은 계속해서 이렇게 말한다.

그래서 만약 표현된 판단이 그것을 표현한 사람의 가치 체계 안에서 '기초적'이라면, 오직 그 때에만 그 판단에 관해 논쟁할 수 있는 사실적 방법이 없다고 주장될 수 있다. 실제적으로 누구의 가치 체계 안에서라도 모든 가치판단이 기초적이지는 않다는 사실을 드러내는 것은 쉬운 일이다. 오직 기초적 가치판단만을 사용하는 사람이 있다면, 그는 사실에 관한 지식이 없이도 대답할 수 있는 모든 도덕적 물음에 대답할 수 있을 것이다. 그러나 아껴서 말한다 하더라도 그런 사람은 드물어 보인다.

…… 예를 들어 화폐 공급과 산출이 인플레이션에 대해서 갖는 관계에 관한 사실적 이론에 근거하고 있는, "정부는 국민생산에 비례하는 것 이상으로 화폐 공급을 늘려서는 안 된다"라는 가치판단을 고려해 보자. 만약 누군가 이 사실적 이론을 반박―그 현안의 가치판단에 반대하는 정당한 이유가 되는―한다면, 그 사람은 "정부는 인플레이션을 초래하는 어떤 것도 해서는 안 된다"라는 더 기본적인 가치판단으로 옮겨 갈 수 있다. 만약 그것 또한 어떤 사실적 가정에 근거하고 있어서 비기초적인 것으로 드러나면, 다시 후퇴하는 과정이 반복될 수도 있다. …… 이렇게 해서 우리는 궁극적으로 이 사람의 가치 체계 안의 몇 가지 기초적 가치판단에 도달할 것으로 기대할 수도 있다.[23]

할 것이기 때문이다. Ayer, *Philosophical Essays*, pp. 236-37.
22) Sen, "The Nature and Classes of Prescriptive Judgments," p. 52.

이 지점에 이르기까지 센은 에이어—헤어가 모든 가치판단이 '강제
적'인 것처럼 말하듯이, 모든 가치판단이 '기초적'인 것처럼 말하는—
를 논박한다. 그러나 센은 아직 에이어보다 더 강경한 논리실증주의자
가 받아들일 수 없는 그런 말을 하고 있는 것은 아니다. 예를 들어 라이
헨바흐(H. Reichenbach)는 명령과 수반된 명령(entailed imperatives)
을 구분하고, 유사한 방식으로 기초적 명령의 수반에 관해 합리적 논의
가 가능하다고 주장했다.[24] 그러나 센은 훨씬 더 나아간다. 모든 합리
적 가치 체계 안에는 '기초적 가치판단'이 있어야만 한다는 이론이 총
체적으로 잘못된 것이라고(듀이가 그의 전 철학적 생애를 통해 그랬던
것처럼) 말하지는 않으면서도 그는 결과적으로 어떤 가치판단이 기초
적인지의 문제가 검증 불가능하다고 주장하고 있다![25]

이 논점에 관한 센의 명확한 진술은 로빈스와의 논쟁 과정에서 드러
난다. 로빈스는 이렇게 말했다.

> 우리가 만약 목적에 관해 다툰다면, 그것은 생사 문제, 또는 차이의 중
> 요성이나 상대방의 힘의 상대적 강도에 따라 내가 사느냐 네가 사느냐의
> 문제가 될 것이다. 그러나 우리가 수단에 관해 다툰다면, 과학적 분석은
> 종종 우리의 차이를 해소하는 데 도움을 줄 것이다. 만약 우리가 관심두
> 기(우리는 각자 논의 주제를 이해하고 있다)의 도덕성에 관해 다툰다면

---

23) 같은 곳.

24) Hans Reichenbach, *The Rise of Scientific Philosophy* (Berkeley, Cal. University
of California Press, 1951), Chapter 17.

25) Hilary Putnam and Ruth Anna Putnam, "Dewey's *Logic*: Epistemology as
Hypothesis"; "Education for Democracy," in *Words and Life* (Cambridge,
Mass.: Harvard University Press, 1994), pp. 198-220, 221-41 참조.

논증의 여지는 없다.[26]

센의 언급은 다음과 같다.

　　이러한 접근법의 결정적인 난점은 특정한 목적, 또는 그 목적을 표현하는 그 관련된 가치판단이 과연 기초적인지를 명확하게 결정할 수 없다는 점이다. 로빈스의 예를 들어본다면 우리는 어떻게 관심두기의 도덕성에 관한 차이가 기초적이라는 것을 확신할 수 있는가? 즉 왜 관심두기에 관한 두 당사자의 판단이 모두 필연적으로 기초적이어야만 하는가? 모든 사람의 가치 체계 안에서 특정한 영역에 관한 판단들(예를 들면 관심두기의 옳음)이 기초적이어야만 한다는 가정은 그다지 현실적으로 보이지는 않는다.[27]

　　센은 이어서 '기초성 검증' 가능성 문제를 다룬다. 관련된 사람에게 직접 묻는 것은 자연스러운 가능성으로 등장한다. "그러나 누구도 모든 가능한 대안적인 사실적 상황을 고려하고, 어느 경우에 그 판단을 변경할 것인지를 결정하는 경우가 없었기 때문에 그 물음에 대한 그의 대답은 최종적인 것일 수 없다." 또 다른 검증은 사실적 가정들에 대한 가정적 수정, 심지어 반사실적(counterfactual) 수정을 고려하도록 요구하는 것인데, "이 방법은 그 판단이 명백하게 관련된 어떤 방식으로도 비기초적이지 않다는 것을 입증할 수는 있지만, 결코 기초성을 입증하지

---

26) Robbins, *On the Nature and Significance of Economic Science*, p. 132. Sen, "The Nature and Classes of Prescriptive Judgments," p. 53 재인용.

27) Sen, "The Nature and Classes of Prescriptive Judgments," p. 53.

는 못한다." 그래서 센은 "어떤 가치판단은 명백하게 비기초적이지만, 어떤 가치판단도 명백하게 기초적이지는 않다는 것은 주목할 만한 일"[28] 이라고 결론짓는다.

이 모든 것이 무익한 논리적 연습이 아니라는 것을 드러내기 위해 센은 공리주의(utilitarianism)를 상세하게 검토하고, 강제적인 형태를 갖는, 비교적 잘 알려진 공리주의의 다양한 버전들이 비기초적인 것으로 해석되는 것이 최선임을 보여 준다.[29] 그 교훈은 명백하다. 우리가 중요한 가치의 불일치를 다룰 때 우리는 위험을 무릅쓰고 사실들이 그것과 무관하다고 가정한다. 우리가 실증주의적 '사실' 개념을 받아들인다 하더라도, 사실이 가치판단과 논리적으로 무관하다는 것을 뒷받침해 주는 합당한 논리적 근거는 제시될 수 없다.

---

28) 같은 논문, pp. 53-54.
29) 같은 논문, pp. 56-59.

5 선호의 합리성에 관하여*

수년 전에 나는 표준적 결정 이론의 완결성(completeness) 공리의 정당성을 반박하는 논문을 발간하고, 그 논문을 경제학을 포함한 다양한 분야의 사람들에게 발표했다.[1] 내가 받았던 반론 중 하나는 너무나 놀라운 것이어서 나는 그 반론을 알리고 그것이 불러오는 문제

* 이 글은 "Über die Rationalität von Präferenzen," *Allgemeine Zeitschrift für Philosophie*, 21, no. 3 (1996), pp. 209-28로 출간되었다. 그것은 1995년 3월 4일에 산타클라라대학교에서 열렸던 합리성에 관한 학회에서 처음 발표되었다. 나는 면밀한 검토, 유익한 비판, 그리고 건설적 제안들에 대해 월쉬(V. Walsh), 센(A. Sen), 스캔론(T. Scanlon)에게 감사드린다. 참고문헌 목록의 대부분을 제공해 준 리사 월쉬에게도 따뜻한 감사를 드린다.
1) Hilary Putnam, "Rationality in Decision Theory and in Ethics," in Shlomo Biderman and Ben-Ami Scharfstein, *Rationality in Question* (Leiden: E. J. Brill, 1989), pp. 19-28. 이 논문은 *Critica*, 8, no. 54 (December 1986)에 처음 수록되었다.

들—실존적 선택의 합리성 문제에 버금가는—을 탐색하기로 했다.[2] 먼저 나의 원래의 논증을 검토해 보자.

1. 합리적 선호 이론

지난 20여 년 동안 몇몇 이론가들[3]은 폰 노이만과 모겐슈테른(J. von

---

2) 유감스럽게도 나는 내가 여기에서 논의하려고 하는 답변을 했던 사람의 이름을 더 이상 기억하지 못하고 있다.

3) 월쉬와 센이 지적해 준 것처럼 경제학 이론 안에서 이행성 공리와 완결성 공리에 대한 비판은 매우 긴 역사를 갖는다. 조지스큐-로건은 Nicholas Georgescu-Roegan, "The Pure Theory of Consumer's Behavior," in his *Analytical Economics* (Cambridge: Cambridge University Press, 1966)에서 이행성과 완결성 어떤 것도 소비 이론에 필수적이지는 않다는 점을 보여 주었다. Robert J. Aumann, "Utility Theory without the Completeness Axiom," *Econometrica*, 30 (1962), pp. 445-62, 그리고 "A Correction," *Econometrica*, 32 (1964), pp. 210-12는 효용 이론이 완결성 없이도 전개될 수 있다는 것을 보여 주었다. J. Chipman et al., eds., *Preferences, Utility, and Demand* (New York: Harcourt Brace Jovanovich, 1971)에서 리히터(M. Richter) 등의 기고자들은 어떻게 완결성이나 이행성 없이도 선택, 선호, 수요 문제를 다룰 수 있는지를 보여 주었다. 특히 소넨샤인(H. Sonnenschein)은 다음과 같은 점을 보여 주었다. "실재성, 최적성, 불편부당성 또는 경쟁적 평형을 증명하는 데 필수적인 소비자 행동의 속성들은 소비자가 극대화를 추구한다는 사실에만 의존한다. 경쟁적 평형 분석을 위한 소비자 행동 이론 안에서 이행성 공리는 필수적이지 않은 동시에 제한적인 가정이라는 결론이 나온다"(pp. 220-21).

월쉬는 *Rationality, Allocation and Reproduction* (Oxford: Clarendon Press, 1996)에서 다음과 같은 점을 분명한 것으로 확신하고 있다. 즉 완결성 공리와 이행성 공리가 경제학 이론 밖에서 누렸던 권위는 (애로우와 드브뢰의 최적성 정리들의 원리적 존재성을 증명하는 과정에서) 경제학 이론 안에서 수행했던 핵심적 역할에서 비롯되었다는 것이다. 그러나 1970년대 초반에 이르러서 상황이 변했다. 앞서 인용된 저작에 대한 후속적 논의는 Andreu Mas-Collel, "An Equilibrium Existence Theorem without Complete or Transitive Preferences," *Journal of Mathematical Economics*, 1 (1974), pp. 237-46; W. J. Shafer, "Equilibrium in Economics without Ordered Preferences or Free Disposal," *Journal of Mathematical Economics*, 33 (1976), pp. 135-37; David Gale and Mas-Collel, "An Equilibrium Existence Theorem for a General Model without Ordered Preferences," *Journal of Mathematical Economics*, 2 (1975), pp. 9-15; T. Kim and M. K. Richter, "Non-transitive Non-Total Consumer Theory," *Journal of Economic Theory*, 38 (1986), pp. 324-68 등에서 보인다. 이제 완결성 공리와 이행성 공리는 한때 그것들을 유명하게 만들어주었던 바로 그 존재성 증명 안에서 더 이상 사용되지 않는다!

사회적 선택 이론이라는 특수한 분야 안에서 일반적인 공리적 방법, 그리고 완결성 공리 및 이행성 공리는 애로우의 토대적 저작인 Kenneth Arrow, *Social Choice and Individual Values* (New York: Wiley, 1963)의 핵심에 자리 잡고 있다. 원래 센의 작업은 이 영역에서 이 공리들을 약화시키고 완화하려는 것이었다. Amartya Sen, "Quasi-Transitivity, Rational Choice and Collective Decisions," *Review of Economic Studies*, 36 (1969), pp. 381-93; *Choice, Welfare and Measurement* (Cambridge, Mass.: MIT Press, 1982) 참조. 또한 더 최근 저술로는 Sen, "Internal Consistency of Choice," *Econometrica*, 61 (1993), pp. 495-521; "Rationality and Social Choice," *American Economic Review*, 85 (1995), pp. 7-24 참조. 센은 자신의 유사 이행성 개념(무관심이 아니라 엄격한 선호의 이행성을 포함하는)을 사용함으로써 애로우의 극적인 부정적 존재성 결과가 완전한 이행성에 얼마나 크게 의존하고 있으며, 또 그것이 얼마나 제한적인지를 보일 수 있었다. 사회적 선택 이론과 관련된 다양한 공리들에 대한 센의 비판과 관련된 문헌들의 방대함은 그의 저작에서 제시되는 참고문헌들을 통해 드러난다. 예를 들면 Sen, *Choice, Welfare, and Measurement*의 「서론」과 6-8장, *On Ethics and Economics* (Oxford: Blackwell, 1987), 그리고 최근의 확장은 "The Formulation of Rational Choice," *American Economic Review*, 84 (1994), pp. 385-90, 또 위에서 인용된 1993부터 1995년 사이의 논문들 참조.

거의 비슷한 기간에 결정 이론 분야에서는 완결성과 이행성에 대해 대등하게 주목할 만한 비판적 움직임이 있었다. 일부 관련된 이론가들이 동일하듯이 일부 주제들도 동일하다. 그러나 결정 이론가들은 그들 자신만의 문제를 염두에 두고 있었으며, 특히 그들만의 독특한 논쟁은 다음과 같은 두 가지 방식 각각의

Neumann and O. Morgenstern)이 받아들였던 선호에 관한 강한 공리들 중 일부를 폐기하는 방식들을 발견했다. 그렇지만 폰 노이만과 모겐슈테른이 도달했던 '고전적' 귀결들은 결정적으로 그 가정들에 의존하고 있다.[4] 그 가정들이 없다면 모든 합리적 선호 체계는 '유용성 척도'에 의해 표현될 수 있다는 유명한 정리를 증명하는 것은 불가능하다. 여기에서 유용성 척도란 A의 '효용'이 B의 '효용'보다 더 크거나, 더 작거나, 또는 동등할 때 상품 다발 A가 상품 다발 B보다도 더 선호되거나, B가 A보다 더 선호되거나, 또는 행위자가 어떤 것을 갖게 되더라도 개의치 않는('무관심한') 방식으로 최대의 '상품 다발'(commodity bundle)에 실수치를 부여하는 기능을 말한다. 비교 불가능성을 포함하지 않는 선호 순서는 완결적이라고 말해진다. 따라서 이 정리는 실제로 합리적인 모든 행위자는 완전한 선호 순서를 갖는다는 것을 함축한다.[5]

이 정리가 수립된 이래로 문제시되는 공리나 정리가 모두 비직관적이라는 사실을 밝힌 사람들이 있었다. 동시에 오랫동안 논란이 되었던 문제들 중의 하나는, 과연 완전히 합리적인 존재가 특정한 좋음을 비교

장점을 강하게 공격했다. 그 두 가지 방식이란 순서짓기 공리들(완결성과 이행성)을 약화시키고 '독립성'이라고 불리는 또 다른 가정을 유지하는 것과 독립성을 포기하고 순서짓기를 유지하는 것을 말한다. 완결성을 거부하는 사람들로는 Isaac Levi, *Hard Choices* (Cambridge: Cambridge University Press, 1986); Teddy Seidenfeld, "Decision Theory without 'Independence' or without 'Ordering': What is the Difference?" *Economics and Philosophy*, 4 (1988), pp. 267-90; Paul Anand, "Are the Preference Axioms Really Rational?" *Theory and Decision*, 23 (1993), pp. 189-214.

4)   John von Neumann and Oskar Morgenstern, *Theory of Games and Economic Behavior*, 2nd ed. (Princeton, N.J.: Princeton University Press, 1947).

5)   각주 3에서 지적했던 것처럼 여기에는 문제가 있다.

불가능한 것으로 간주하는 것이 불가능한지의 문제였다.[6] '상품 다발' (전반적인 삶의 방식일 수도 있다) x가 적어도 '상품 다발' (또는 삶의 방식) y만큼 높게 분류된다는 진술을 xRy로 기호화하고, 나는 '무관심하다'를 'xRy & yRx'로 기호화해 보자. 이 경우 두 가지 삶의 방식인 x와 y가 비교 불가능한 것이 되기 위해서는 주어진 나의 마음 상태(나의 '선호' 순서)는 두 가지 대안, 즉 xRy나 yRx 어느 쪽도 선호하지 않아야 한다. 전통적 견해(폰 노이만과 모겐슈테른의 견해)는 이것이 불가능하다는 것이다. 즉 그것은 다음을 가정하고 있다는 것이다.

(1) $(x)(y)(xRy \lor yRx)$[7]

그러나 이것은 합리적인가? 이 장의 첫머리에 언급되었던 나의 논문에서 나는 그렇지 않다고 주장했다. 다음 경우를 고려해 보자. '테레사'라는 이름의 행위자가 금욕적인 종교적 삶과 감각적인 삶 사이에서 갈등하고 있다고(마치 파스칼이 유명한 내기에서 상상했던 것처럼) 가정해 보자. 테레사는 자신이 감각적 삶을 택하려고 한다면 약간 더 평범하고 덜 민감한 B라는 구혼자보다는 그녀에게 더 매력적이고 섬세해 보이는 A를 선호하리라는 것을 알고 있을 것이다. 이 선택지들을 x와 y라 하고 금욕적인 종교적 삶을 z라고 해 보자. 테레사가 두 가지 삶의 방식이 각각 고려할 만한 가치가 있지만 비교 불가능하다고 간주하는 한 (그녀의 '순서' 안에서) ~xRz & ~zRx, 그리고 또 ~yRz & ~zRy

---

6) 현재 논문과는 다른 노선들에 근거한, 좋음은 합리적 행위자의 선호 순서에서 비교 불가능하다는 주장에 관해서는 Levi, *Hard Choices* 참조.

7) 이 공식은 "모든 x와 모든 y에 있어서 xRy 또는 yRx다"로 읽는다.

가 되며, 그것은 (1)에 위배된다.[8]

나처럼 테레사를 '비합리적'이라는 비난으로부터 옹호하려는 사람들은 물론 '무관심'이라는 말의 직관적 의미가 그 행위자가 무엇을 얻게 될지 개의치 않는다는 것임을 지적할 것이다. 나아가 테레사의 경우에 $\sim xRz$ & $\sim zRx$는 참이지만, 이때 '개의치 않음'이 테레사가 동전 던지기로 자신의 행위를 결정한다는 뜻은 아니라는 점을 지적할 것이다. 이것은 그녀는 아직 결정하지 않았다는 것이며, 이 두 경우는 큰 차이가 있는 것으로 보인다.[9] 그 행위자가 전적으로 대체 가능하다고 생각하는 대안과 그 행위자가 자신에게 실존적 결정을 제시한다고 간주하는 대안 사이에 어떤 차이도 없다고 부정하는 것은 '의심쩍게' 보인다.[10] 나아가 나는 그것이 의심쩍게 보일 수밖에 없다고 주장하고 싶다. 왜냐하면 테레사를 '비합리적'이라고 간주해야 할 정당한 근거가 없기 때문이다.

그녀를 '비합리적'으로 만드는 것은 (전통적인 공리들을 가정한다면) 그녀의 선호들이 이행성(transitivity)을 결여하고 있기 때문이 아니다. 즉 그녀는 다음 원리를 위배하고(또는 위배한다고 주장하고) 있는 것이 아니다.

---

8) '$\sim$'는 부정을 의미하는 기호다.

9) 이 문제에 관해서는 Levi, *Hard Choices* 참조. 또한 Vivian Walsh, *Rationality, Allocation and Reproduction* 참조.

10) 이러한 의심은 경제학 이론, 결정 이론, 철학 등에서 확인되고 분석되었다. 결정 이론의 문헌들은 Paul Anand, "Are the Preference Axioms Really Rational?"(각주 3 참조); 또 철학적 논의는 Joseph Raz, *The Morality of Freedom* (Oxford: Clarendon Press, 1986) 참조.

(2) $(x)(y)(z)[(xRy \& yRz) \rightarrow xRz]$

그러나 그녀가 위배하고 있는 원리는 아마도 결정 이론을 배우지 않은 사람들이었다면 '합리적 선호 이론'의 가능한 가정으로 고려조차도 하지 않았을 원리다. 그 원리란 약한 선호 관계 (R)의 부정은 이행적이라는 원리다.[11] 그녀가 이 원리를 위배하고 있다는 것은 사실이다. 왜냐하면, 우리가 x와 y를 두 유형의 애인이고, z를 금욕적인 종교적 삶으로 간주한다면, 우리는 ~xRz와 ~zRy를 동시에 규정한 것이다. 따라서 문제시되는 원리, 즉

(3) $(x)(y)(z)[(\sim xRz \& \sim zRy) \rightarrow \sim xRy]$

는 테레사가 '합리적'이기 위해서는 x를 적어도 y와 동등하게 분류해서는 안 된다고 요구한다.[12] '비교 불가능성'과 단순한 '무관심' 사이에 가정된 구분은 그러한 경우들 — '~은 약하게 선호되지 않는'의 이행성을 위배하는 경우들 — 에 적용되기 때문에, 그 구분은 실제로 합리적인 행위자에게는 적용될 수 없다. 가엾은 테레사는 비합리적이다.

그러나 왜 우리가 (3)을 받아들여야만 하는가? 이 공리를 위배했을 때 우리를 위협하는 난점은 쉽게 서술될 수 있다. 내가 y보다 x를 더 선호하며, 제3의 '상품'인 z가 ~xRz & ~zRx인 동시에 ~yRz & ~zRy

---

11) 이 공식은 "모든 x, 모든 y, 모든 z에 대해 만약 xRy인 동시에 yRz라면 xRz다"로 읽는다.

12) 이 공식은 "모든 x, 모든 y, 모든 z에 대해서 만약 비-xRy이고 비-yRz라면 비-xRz다"로 읽는다.

를 요구한다고 가정해 보자. 그렇다면 결정 이론가는 다음과 같은 논변으로 나를 공박할 수 있을 것으로 보인다.

내가 당신에게 x와 y 중에서 하나의 선택을 제시한다고 가정해 보라. 당신은 y보다도 x를 선호하기 때문에 x를 선택할 것이다. 그러나 당신에게 x와 z라는 선택지가 주어진다고 가정해 보라. 그 경우 당신은 어떤 선호도 없기 때문에 선택권을 주는 대신에 내가 당신에게 x가 아니라 z를 준다고 해도 불평할 수 없을 것이다. 만약 당신이 불평을 하면 그것은 당신이 실제로는 ~xRz & ~zRx라는 당신의 진술과는 반대로 z보다도 x를 선호했다는 것을 말해 준다. 그렇지 않은가?

만약 내가 그렇다고 동의한다면 그 결정 이론가는 계속해서 다음과 같이 말할 것이다.

그렇다면 내가 당신에게 z를 받아들이도록 설득한 다음, 나는 '당신이 z와 y 사이에 어떤 선호도 없다고 말하며, 당신에게 z를 주는 것이 결과적으로 적절치 않은 것으로 드러났기 때문에 나는 대신에 당신에게 y를 줄 것이다'. 이 대목에서 당신이 불평을 한다면 그것은 당신이 실제로는 ~yRz & ~zRy라는 당신의 진술과는 반대로 z보다는 y를 선호했다는 것을 말해 준다. 그러나 만약 당신이 불평하지 않는다면 나는 두 단계를 거쳐 당신이 x를 받아들이는 것에서 y를 받아들이는 것으로, 즉 선호하는 선택지에서 덜 선호하는 선택지로 당신을 움직인 것이 될 것이다.[13]

---

13) 아난드는 이러한 노선을 취하는 결정 이론가들에 대해 매우 우호적이다. (각주 3 참조.)

이 논변에 대한 답변으로 나는 다음과 같이 제안했다. 테레사의 선택
은 (평가되는 것의 필수적 요소로서) 그 선택지들을 결정 이론가에 의
해서(또는 관료나 심리학자나 동전 던지기에 의해서)가 아니라 행위자
자신의 자유 의지에 따라 자신이 선택한다는 조건을 포함한다.[14] 만약
테레사가 아직 선호를 결정하지 못했을 경우, 그녀는 x 대신에 z가 주
어지는 것에 대해 합리적으로 반대— 그녀의 입장에서 어떤 반대도 그
녀가 실제로 ~xRz & ~zRx라는 자신의 표명된 진술과는 반대로 이미
z보다는 x를 선호한다는 것을 '보여 줄' 것이다—할 수 없을 것이라는
그 결정 이론가의 논변은 매우 잘못된 것이다. 테레사는 그녀가 z보다
는 x를 '받는' 것을 선호했을 것이라는 점에서가 아니라, 둘 중 하나를
그녀에게 '주는 것'이 그녀가 관심을 갖는 선택지의 어느 쪽을 주는 것
도 아니라는 점에서 합리적으로 반대할 수 있다. 그녀가 원하는 것—
반성적으로 생각할 때— 은 자신의 자유 의지에 따라 선택된 감각적 삶
(만약 그것이 선택인 것으로 드러난다면 가능하면 B보다는 A)이거나
자신의 자유 의지에 따라 선택된 금욕적인 종교적 삶이다. 나아가 그녀
에게 "당신이 감각적 삶(또한 A를 애인으로 삼는)을 유지하도록 우리
가 선택해 줄 것이다" 또는 "당신이 금욕적인 종교적 삶을 유지하도록
우리가 선택해 줄 것이다"라고 말하는 것은 그녀에게 그녀가 가치 있
게 평가하는 어떤 것도 주는 것이 아니다.

　~xRz & ~zRx를 "그 행위자는 x와 z 사이에서 무관심하다"(달리 말
해서 "그 행위자의 관점에서 x는 z보다 더 나쁘지 않으며, z는 x보다 더
나쁘지 않다")로 읽는 것은 모든 선택들이 단순히 '상품들' 사이에서의
선택, 즉 행위자 쪽에서의 가치가 행위자의 선택에 의한 것인지, 또는

---

14)　Putnam, "Rationality in Decision Theory and in Ethics," p. 22.

그 행위자에게 그저 '주어진' 것인지(흔히 그렇듯이 우연히)에 상관없는 것으로 가정한다. 그러나 만약 누군가 테레사가 아직 어떤 특정한 것에 대한 선호를 갖지 않는다는 사실을 근거로 그녀에게 이런저런 삶의 방식을 주기로 '결정'하는 것은 그녀에게 가장 중요한 어떤 것, 즉 결정은 그녀 자신의 것이라는 조건을 박탈하는 것이다. 모든 것을 '상품'으로 간주하는 것은 필연적으로 도덕적 삶의 가장 기본적인 사실들에 대한 우리의 눈을 가리게 될 것이다.

2. 자율성에 대한 관심은 정말로 합리적인가?

처음에 내가 언급했던 것처럼 나는 앞의 논변들을 정치학자, 경제학자, 철학자를 포함한 다양한 청중들에게 제시했다. 경제학자로부터 내가 받았던 답변들 중의 하나가 이 장의 토대가 되었다. 그 답변의 요지는, 내가 테레사에게 부여했던 자율성에 대한 관심, 그 결정이 자신의 것이라는 점에 그녀가 부여하는 중요성이 그 자체로 비합리적이라는 것이다.

이 놀라운 주장을 뒷받침하는 논변에는 모종의 독창성이 있다. 그 대화자는 테레사 사례에 두 가지 가능성이 있다고 주장했다. 즉 테레사의 기질에 내재적인 어떤 것이 이미 그녀의 반성의 결과가 무엇이 될 것인지를 결정하거나, 그 '내재적' 변항이 개입되는 한 그 결과가 객관적으로 미결정적이라는 것이다. 앞의 경우, 그녀의 합리적 선호 기능이 테레사의 선택을 미리 결정한다고 말할 수 있다. 즉 그녀가 그것을 의식하지 못하고 있다는 것이다. x와 z 사이에, 또 y와 z 사이에 확정정인 관계 R이 존재하지 않는다는 그녀의 주장은 무지의 산물이다. 신적 관점에서 볼 때 그것은 거짓이다. 두 번째 경우는 어떤가?

두 번째 경우에는 내재적 요인들이 테레사의 결정을 확정하지 않기 때문에 그 결정이 특정한 방향을 취하게 만드는 것은 외재적 변환—아마도 테레사가 의식조차도 하지 못하며, 매우 우연적일 수 있는—일 것이다. 그러나 어떤 사람의 결정의 근거가 결정 이론가라거나 또는 수많은 환경적 요인이라고 강하게 느끼는 것은 합리적 근거 없는 느낌의 문제다! 자율성이란 가상이다.

물론 나는 내가 제기했던 반론에 대한 공식적 답변으로 전문적 경제학 분야가 이러한 논변을 실제로 받아들일 것인지에 대해 회의적이다. 우선 합리적 선호 이론은 '가치중립적'이라고 가정되고 있으며, 이 반론의 핵심적 논점은 특정한 가치, 즉 테레사가 이 결정이 자신의 것이라는 사실에 부여하는 가치가 '비합리적'이라는 것을 드러내는 데 있다.[15] 더욱이 내 안에 이미 현전해 있어서 결과적으로 나로 하여금 이런저런 방식을 선택하게 해 주는 모든 것이 이미 선재하는 '선호'로 기술되어야 한다는 발상은 매우 큰 문제의 소지가 있다.[16] 그러나 일단 이 문제를 접어 두기로 하자. 내가 관심을 갖는 문제는 나의 논쟁자가 '자율성을 평가하는 것'의 합리성에 대해 제기한 반론이다.

그 반론에 관한 논의는 우리를 쉽사리 곤경에 빠뜨릴 수 있다. 나 자신은 자유 의지에 관한 '양립주의자'(compatibilist)가 아니다. 그렇지

15) 월쉬는 『합리성, 분배, 재생산』(*Rationality, Allocation and Reproduction*)에서 이러한 '중립성'이 완전한 허구라고 강력하게 주장한다.
16) 사실상 선호 기능을 사람들이 처해 있는 실제적인 심리적 조건들에 대한 기술로 해석한다는 생각은 현실적인 심리학적 자료와 관련해서 심각한 난점들에 직면한다. 애석하게도 유고로 출판되는 Tamara Horowitz, *Decision Theory Naturalized* (forthcoming)는 이 점을 보여 준다.

만 그 물길이 헤어나기에는 너무나 깊기 때문에 나는 여기에서 나의 논의를 흄적 경험주의자조차도 받아들일 수 있는 폭으로 국한시키려고 한다. 즉 우리의 모든 행위가 미리 인과적으로 결정되어 있다 하더라도 우리는 여전히 그 표현이 갖는 일상적 의미에서 '자유 의지에 따라서 행한' 것과 단지 시달리거나 겪는 것을 의미 있게 구별할 수 있다.[17] 나아가 나는 사람들이 이유는 (일종의) 원인이라는 데이빗슨적 견해를 받아들인다 하더라도 누구도 우리 결정의 모든 원인을 이유로 받아들이지는 않을 것이라고 생각한다.

이러한 (기본적인) 철학적 구분들은 그 도전에 대해 충분한 예비적 답변을 제시해 준다. (나는 그 대화자의 이름을 기억하지 못하기 때문에 그를 우선 '도전자'라고 부를 것이다.) 테레사에게 중요한 것은 그녀의 행위가 적어도 일상적 의미에서 '자신의 자유 의지에 따라' 이루어진 것으로 간주되어야 한다는 점이다. 그러나 그 도전자는 자신의 논변을 포기하지 않고서도 그만큼을 인정할 수 있다. 그는 이렇게 말할 수 있다.

만약 그녀가 결정 이론가가 결정하는 것을 반대한다면 그녀는 대신에 동전을 던질 수 있다. 만약 그녀가 당신이 '실존적 결정'이라고 부르는 것이 그녀 자신 안에서 스스로 형성되기를 기다리는 대신에 동전을 던질 의향이 있다면 추정컨대 그녀는 자신이 (내가 말하는 '무관심'이라는 의미에서) '무관심'하다는 사실에 동의할 것이다. 따라서 문제는 이렇다. 그녀가 단순히 동전을 던질 수 있는 상황에서 수없이 많은 환경적 요인이

17) Putnam, "The Place of Facts in a World of Values," in *Realism with a Human Face* (Cambridge, Mass.: Harvard University Press, 1990) 참조.

그녀의 실존적 결정에 영향을 미치도록 허용하는 그녀의 합리적 이유란 무엇인가? 그녀는 결국 동전 던지기의 결과를 따르기로 결정하는 것이 '자신의 자유 의지에 따라' 행한 어떤 것과 동일하다는 생각에 만족할 수 있을 것이다. 만약 그렇게 하는 것이 문제시되고 있는 가치라면.

따라서 그녀가 결정하는 것은 무엇이든 자신의 자유 의지에 따른 것이어야만 한다는 요구(테레사 자신이 부과했던)에 대해 우리는 다음과 같은 또 다른 조건을 추가해야 한다. 즉 테레사는 자신의 결정에 대해 만족스러운 이유 — 형이상학적 이유가 아니라 인간 삶에서 실제로 중요성을 갖는 이유 — 를 제시할 수 있어야 한다. 그녀의 행위에 대한 단순히 인과적인 결정 요인이 무엇일지는 테레사와 관련이 없다. 그러나 그녀가 어떤 이유를 제시할 수 있을지는 결과적으로 관련이 있다.

이 문제에 관한 우리의 입지를 보완하기 위해서 특정한 종교적 삶에 대한 찬반 결정 문제에서 세속적인 결정 문제로 사례를 바꿔 보자. 테레사가 결과적으로 쾌락주의에도, 금욕주의에도 반대하는 결정을 했으며, 일정한 시간이 지난 후에 직업을 선택하게 되었다고 가정해 보자. 그녀는 의사이며, 그녀의 선택을 부유한 전문의가 되거나 인도의 빈민촌에서 의술을 시행하는 것으로 좁혔다. (다양한 모습에 가려져 있지만 아마도 이것이 원초적인 선택지일 것이다!) 그녀는 양쪽에 모두 매력을 느끼지만 그 선택에 어려움을 겪는다. 그 선택에 따라 그녀의 삶은 크게 달라질 것이기 때문이다. 여기에서 다시 그녀는 '무엇이 될 것인지'에 관해 결정을 하지 못했다. 그러나 '동전 던지기'라는 발상은 전적으로 배제된다. 이것이 비합리적인가?[18]

---

18) Isaac Levi and Adam Morton, *Disasters and Dilemmas* (Oxford: Clarendon

단순한 '원인들'을 제쳐 두고, 그녀가 좀 더 부르주아적 행로를 선택할 때 제시하게 될 이유들은 용기 있는 사회봉사를 선택할 때 제시하게 될 이유들과는 매우 다르다. 그녀가 부르주아적 삶을 선택한다면, 그녀는 다른 삶에서 오는 고난과 위험이 너무 크며, 또한 인도에서의 삶을 위해서 물질적 보상을 포기해야 한다는 점에서 '스스로에게 빚을 지게 된다'고 말할 가능성이 크다. 그녀가 만약 두 번째 길을 선택한다면 그녀는 그것이 자신의 삶에 의미를 주며, 자신을 가장 숭고한 의미의 치유자—궁극적으로 의사가 지향하는 것—로 만들어 줄 것이라고 말할 것이다.

그 도전자가 이 논점들에 대응하기 위해 선택할 수 있는 철학적 심도에는 다양한 층위가 있다. 그는 그 모든 다양한 이유들을 '합리화'로 간주하는 층위를 선택할 수도 있다. 그러나 간단히 말해서 그는 사람들이 스스로의 결정에 대해 이유를 제시하는 것이 하나의 가치일 수 있다고 지적할 수 있는 한편, 그의 본래의 논변을 그 이유의 층위에서 다시 반복할 수도 있다. 테레사가 궁극적으로 제시하게 될 이유들(소위 이차적 이유들을 포함해서)은 이미 정해져 있거나, 그렇지 않거나 등등. 다음 절에서 나는 이 변증법을 좀 더 상세하게 탐색할 것이다.

3. 이유를 원하는 것은 합리적인가?

이제 내가 테레사의 미래적 이유들의 층위에서 그 도전자의 논변을

Press, 1991). 이 책은 여기에 매우 적절하며 내가 옹호하고 있는 입장을 취하고 있다. 그 입장이란 그 경우들이 비합리성의 경우들이 아니라는 것이다.

반복하면 어떻게 될지를 살펴보기로 하자. 그 도전자가 이렇게 할 수 있다는 것은 물론 사실이다. 그러나 사람들이 자신의 행위에 대해 이유를 제시할 수 있기를 원하는 것이 과연 합리적인지를 묻는 데에는 다소간 역설적인 것 이상의 무엇이 있지 않을까? 그렇지만 이제 이 문제를 좀 더 심도 있게 살펴보기로 하자.

그렇게 하기 위해서 그 도전자의 논변을 이유들의 층위에서 적용되었을 때 취하게 될 형태로 구체적으로 서술해 보자. 나는 또다시 다음과 같은 사례는 제쳐 둘 것이다. 테레사가 자신의 모든 결정에 대해 결과적으로 제시하게 될 이유들이 이미 자신 안에 현전하며(그녀가 그것을 알고 있든 그렇지 않든), 동시에 그녀의 최종적 결정은 반성 과정─자신의 진정한 선호 순서짓기가 전반적으로 어떤 것이었는지에 관한 확장된 자기 지식으로 이끌어 주는─의 단순한 정점일 뿐이다. 전능한 심리학자의 관점에서 나는 테레사가 수행했던 반성하기와 결정하기의 결과가 순수하게 불확정적인 귀결(문제시되는 삶의 방식들이 '그 순간에는 그녀에게 진정으로 비교 불가능한 가치였던 것'을 표현한다고 그녀가 기술할 수 있었던 시점에서)을 낳았다고 규정할 것이다.

만약 그녀가 후일에 그 행위에 대해 이유들, 심지어 어떤 종류의 이유가 다른 종류의 이유에 비해 더 중요하다(또는 본유적으로도 더 중요하다)고 고려하는 상위적 이유들을 제시한다고 가정해 보자. 그 경우 나는 만약 그녀가 다른 방식으로 결정했더라면 그 다른 선택에 부합하는 또 다른 상위적 이유들을 갖게 되었을 것이라고 추정할 것이다. 나는 또한 두 가지 삶의 방식이 비교 불가능하다는 진술을 통해(또는 우리가 앞서 고찰했던 것처럼 관계 'R'의 부정의 이행성을 위배하는 일련의 진술을 통해) 그녀의 심리 상태가 표현될 수 있는 시점에서는 그녀가 결과적으로 어떤 상위적 이유들을 선택할 것인지가 불확정적이라고 추정할 것이다.[19] 비트겐슈타인(L. Wittgenstein)이 상기시켜 주는 것처럼 이유들은 어디에서인가 멈추어야 한다. 우리가 객관적으로 불확정적이라고 상상하는 지점이 바로 테레사의 이유들이 멈추는 지점이다.

그 물음의 역설적 본성에 관한 나의 언급을 통해 예고했던 것처럼 이 대목에서 그 도전자의 논변은 벽에 부딪힌다. 결정의 층위에서 그가 했던 것처럼 이유들의 층위에서 지속적으로 주장하기 위해서 그 도전자는 아마도 다음과 같이 말해야 할 것이다. "결국 테레사가 이유들을 선택하는 것은 그녀가 삶의 방식을 선택하는 것처럼 수많은 환경적 요인들에 따라 결정될 것이다. 그런데 테레사에게 그저 동전 던지기가 가능한데도 불구하고 수많은 환경적 요인들로 하여금 어떤 이유들이 강제적인지를 결정하도록 허용하는 것이 왜 합리적인가?"

그러나 그 논증은 흔들린다. 왜냐하면 우리는 단지 한 가지 이유만을 인정할 수는 없기 때문이다. 나는 동전을 던져서 앞면이 나오면 영화를 보러 가고, 뒷면이 나오면 집에서 내일 아침 강의 준비를 계속하기로 결정할 수 있다. 그렇지만 나는 준비되지 않은 채로 강의에 임하는 것이 무책임하기 때문에 집에서 강의 준비를 해야 한다는 논변을 (진지하게) 받아들이거나, 준비 없이 강의에 임하는 것이 일반적으로 무책임한 일이기는 하지만 이 시점에서 휴식의 필요성이 더 크다는 논변을 (진지하게) 받아들이는 문제를 동전의 어느 쪽인가에 따라 결정할 수는 없다.

나아가 만약 내가 R을 행위의 진지한 이유로 받아들이지 않으면, 나

---

19) 같은 책. 이 책은 다양한 층위의 도덕적 갈등과 그 가능한 해결책을 잘 다루고 있다.

는 R이라는 이유 때문에 행위할 수는 없다. 만약 그녀 자신이 진지하게 인정하는 강제력이 있는 이유들에 근거해서 행위하려는 욕구가 그 자체로 테레사에게 정당한 가치라면, 테레사에게는 간단히 동전을 던지라는 제안을 거부해야 할 타당한 이유(그녀의 '선호'와 관련해서)가 있다. 왜냐하면, 만약 그녀가 단순히 동전을 던지는 경우, 그녀는 자신에게 타당해 보이는 삶의 방식을 위한 이유 이외의 다른 근거에 의해 그 동전이 가리키는 어떤 삶이라도 선택하는 결과를 낳게 될 것이기 때문이다. 또다시 우리는 다음과 같은 사실이 그녀가 취하려고 하는 행위에 내재되어 있다고 주장할 수 있다. 즉 선택지들 중 어떤 것이든 그 행위가, 그 삶 자체의 관점에서 강제력을 갖는 것으로 간주되는 이유들, 그리고 그 삶의 방식 자체로서 삶의 방식을 구성하는 이유들을 포함하고 있어야 한다.

사실상 단순히 동전 던지기에 의존해서 바쁘고 성공적인 미국 의사로 살아가거나 인도의 가난한 사람들을 위한 의사로 살아가는 것은 모두에게 가능한 일은 아닐 수 있다. 두 삶 모두 스트레스를 동반하며, 궁벽한 마을에서의 삶은 또 다른 어려움을 동반한다. 이유들을 포함해서 총체적인 내면적 가치 체계가 없다면 우리는 그 어느 쪽을 향해 나아가는 의지를 가질 수 없을 것이다.

4. 내재적 이유와 외재적 이유

이 대목에서 나는 행위자가 자신의 실존적 선택을 할 수 있어야 한다는(나아가 실존적 선택 자체에 앞서서 행위자에게 이유들이 주어지지 않는다 하더라도 그 행위자가 그 선택에 대한 이유들을 제시할 수 있어

야 한다는)[20] 주장의 합리성에 대한 회의주의―내가 나의 도전자에게
돌리고 있는―가 윌리엄스(B. Williams)의 잘 알려진, '외재적 이유
들'[21]에 대한 회의주의와 유사해 보인다는 점(적어도 나에게는 그렇
다)을 언급하지 않을 수 없다. 이것은 단지 내 입장에서의 자의적인 연
결은 아니다. 그 도전자를 괴롭히는 것은, 우리가 고려했던 사례들에서
그 행위자에게는 윌리엄스가 특정한 삶의 방식을 선택하는 '내재적 이

---

20) 스캔론(T. Scanlon)은 내 주장의 요지에 동의하지만 "실존적 선택 자체에 앞서
    서 행위자에게 주어지지 않는다 하더라도"라는 구절에 반대한다. 그는 이렇게
    말한다. "나는 이 구절을 거부하고 싶다. 나는 내가 이해하는 테레사에 관해 이
    렇게 말하고 싶다. 그녀는 자신의 '실존적 선택'에 앞서서 두 종류의 삶 각각에
    대한 이유들의 힘을 이해하며, 두 가지 삶이 모두 가치 있다고 생각하며, 그 어
    느 쪽이든 선택에 합당한 이유가 있다는 의미에서 그것들이 동등하게 균형적이
    라는 것을 안다. 그 한쪽을 선택하기로 결정할 때, 그녀는 어떤 새로운 이유(들)
    때문에 행위하는 것이 아니라 그녀가 그 삶을 선호할 때 이미 알고 있었던 바로
    그 이유(들) 때문에 행위한다. (각각의 삶을 따르는 데 합당한 이유가 있으며,
    그 이유들의 가치를 비교할 수 없다는 의미에서) 그 두 가지 삶이 '공약불가능'
    (incommensurable)하다는 사실이 그녀가 단순히 그것을 뒷받침해 주는 이유들
    에 근거해서 이 삶들의 하나를 따를 수 없다는 것을 의미하지는 않는다."
      나는 스캔론이 어떤 경우―부유한 삶과 국경 없는 의사회(Médecins sans
    Frontières)에 가담하는 것 사이에서 선택하는 의사가 스캔론이 묘사하는 종류
    의 것일 수 있다―에는 옳다고 생각하지만, 우리가 받아들인 원래의 (파스칼
    적) 경우는 이런 유형의 것이 아니었다. 왜냐하면 종교적 삶을 위한 이유를 자
    신의 이유로 받아들이는 것은 감각적 삶을 명백하게 잘못된 것으로 거부한다는
    것을 함축하지 않으며, 그 역도 마찬가지다. 만약 의사회에 가담하는 이유가 부
    르주아적 삶을 선택하는 것이 단적으로 이기적(문제시되는 사람에게)일 것이라
    는 점 때문이라면 그 의사의 결정조차도 이처럼 좀 더 '실존적' 종류의 것일 수
    있다. 그 경우에 결정에 앞서서 각각의 선택에 대한 이유들이 '합당하다'고 말
    할 수 있는 여지는 없다.
21) Bernard Williams, "Internal and External Reasons," in his *Moral Luck* (Cam-
    bridge: Cambridge University Press, 1981).

유'라고 부르는 것이 결여되어 있거나 아니면 적어도 그녀가 아직 특정한 삶의 방식을 선택하는 내재적 이유를 갖고 있지 않다는 점이다.

윌리엄스와 마찬가지로 그 도전자는 '외재적 이유들', 즉 비록 자신의 '동기적 배경'(motivational set)의 일부가 아니기 때문에 행위자가 그렇게 인정하지 않더라도 그 행위자에게는 타당한 이유들에 관한 이야기가 '틀렸거나 비정합적'이라고 느낀다.[22] 그래서 그에게는 테레사가 그저 이유도 없이 이런저런 결정을 한 것으로 보이게 되며, 따라서 그는 왜 그녀가 다른 사람이 그녀를 위해 결정하게 하지도 않으며, 또 동전 던지기로 결정하지도 않는지를 이해할 수 없게 된다. 나는 윌리엄스가 이 점에서 그 도전자를 따를 것이라고 제안하려는 것이 아니다. 나는 윌리엄스가 그렇게 하지 않을 것으로 확신한다. 내가 고려하려는 것은 윌리엄스가 어떻게 그 도전자의 논변에 대한 거부를 정당화할 수 있을지의 문제다.

물론 윌리엄스는 내가 제시했던 동일한 근거에서 도전자의 논변을 거부할 수 있을 것이다. 어떤 것을 두 가지 삶의 방식 중의 한 선택이라고 말하는 것은, 그가 원하는 것이 실천이 아니라 이유들, 즉 자신이 스스로 제시할 수 있으며, 또 자신의 삶에서 강제력을 갖게 될 이유들을 찾는 것이라고 말하는 것이다. 동시에 이유들은 다른 어떤 사람이 선택해 주거나 동전 던지기에 내맡길 수 있는 성질의 것이 아니다. 그러나 만약에 그 도전자가 아주 교활하다면(또는 메피스토펠레스적이라면?) 그는 다음과 같이 답변할 것이다.

당신이 '이유들의 힘'을 인정함이라고 부르는 것을 행하는 사람은 어

---

22) 같은 책, p. 111.

떻게 말할 것인가? 아마도 그는 객관적 의무의 언어("나는 내 의무가 무엇인지 이해했다")로 이야기하거나, 자기 발견의 언어("나는 가장 절실한 필요가 무엇인지 알게 되었다", 또는 "나는 나에게 가장 만족스러운 삶이 무엇인지 알게 되었다")로 이야기할 것이다. 그러나 전자의 이야기는 노골적으로 외재적 이유들에 호소하는 것이며, 후자의 경우는 (만약 나의 동기적 배경 안에 이미 존재하는 어떤 것을 발견했다는 주장이 아니라면) 단순히 외재적 이유들에 대한 위장된 호소일 뿐이다.[23] 따라서 (유감스럽게 사실일 수도 있지만) 만약 우리가 그런 종류의 이야기를 정말로 필요로 한다면, 그것은 비합리적 믿음 — 즉 외재적 이유들이 '힘'이라고 불리는 신비한 어떤 것을 가질 수 있다는 믿음 — 에 대한 필요성이다. 이제 그런 필요성을 넘어설 때가 된 것이 아닐까?

이 수사적 물음과 관련해서 윌리엄스를 괴롭히는 것은 외재적 이유들에 관한 논의가 단순히 형이상학적 논의가 아니라 윤리적 삶 안에서 직면하는 윤리적 논의라는 점이다. 선의지를 가진 사람들은 정상적으로 그들의 '가치' '선호' '욕구' 등을 기술할 때 올바르게 행위하는 것에 대한 가치, 선호, 욕구 등을 포함시킨다. 선의지를 가진 사람이 된다는 것은 바로 올바르게 행위함에 관심을 갖는다는 것이다. 무엇을 해야

---

23) 윌리엄스는 어떤 것이 실제로는 어떤 사람의 것으로 인정하는 목표에 대한 수단이 아니면서도 사람들의 동기적 배경 안에 포함되어 있을 수 있다고 주장한다. 예를 들면, 그것은 인정된 목표의 내용을 더 잘 명시하는 방식일 수도 있으며, 그 사람이 공식화하려는 자기의식을 갖지 않은 가치일 수도 있다. 그러나 그 '더 잘 명시함'이 그 사람이 '알려지지 않은 환경적 요인들'과 분리해서는 도달하려고 하지 않는 것일 때, 그 도전자는 윌리엄스가 전자의 가능성을 허용함으로써 사실상 특정한 외재적 이유들이 어떤 섬세한 방식으로 '내재적'인 것처럼 취급되도록 만들고 있지는 않은지를 물을 것이다.

할 것인지가 불확실할 때, 나는 흔히 나 자신에게 올바른 행위가 무엇인지를 물으며, 종국에는(또는 매우 자주) 그렇게 행위해야만 한다는 것을 깨달았다고 말함으로써 특정한 행위를 정당화한다. 문제시되고 있는 옳음이 좁은 의미에서의 도덕적 옳음이 아니라, 내 삶에 무엇이 좋은지, 어떤 삶이 가장 좋은 삶인지의 관점에서의 옳음일 때에도 유사한 주장이 성립한다. 그렇다면 스트로슨(P. F. Strawson)이 초기 논문에서 환기하고 있듯이, 무엇이 올바른 행위인지를 아는 것에 관한 논의는 형이상학적 논의여야 할 필요가 없다. 말하자면 그런 논의는 윤리적 삶 자체에 내재적이다.[24]

윌리엄스가 외재적 이유들에 관한 논의가 '틀렸거나 비정합적'이라고 말할 때, 그는 의도적이든 아니든 우리의 실제적인 도덕적 삶에 대해 강한 수정주의적 태도를 취하고 있는 것으로 보인다. 내 추정으로는 이것이 바로 나의 도전자(또는 그의 메피스토펠레스적 상대자)가 드러내고 있는 태도다. 윌리엄스가 윤리학 영역에서 인지주의자가 아니라 하더라도 그 난점은 윌리엄스에게도 난점이 될 것이다. 왜냐하면 윤리학에서 비인지주의자들[예를 들면 블랙번(S. Blackburn)과 같은 '유사실재론자'나 스티븐슨(C. L. Stevenson)과 같은 전통적 정서주의자]은 보통 가치판단의 위상 문제에 대한 답으로 자신들의 비인지주의를 받아들이는 것이 일차적 윤리학의 논의에 어떤 방식으로든 아무런 함축도 갖지 않는다고 말하기 때문이다. 그들은 만약 사람들이 모든 윤리적 문장을 태도 또는 위장된 명령의 표현이라고 간주한다고 하더라도 여전히 이차적 윤리학의 논의는 지속될 수 있다고 주장한다. 그러나

---

24) P. F. Strawson, "Ethical Intuitionism," in W. Sellars and J. Hospers, eds., *Readings in Ethical Theory* (New York: Appleton-Century-Crofts, 1952).

만약 외재적 이유들에 관한 논의가 '틀렸거나 비정합적'이라고 거부하는 것이 윤리학에서 앎, 발견, 깨달음에 관한 논의, 그리고 사실상 진리에 관한 논의를 거부하는 것이 아니라면 여기에서 무엇이 제안되고 있는지 이해하기 어렵다.[25]

더욱이 윌리엄스는 비인지주의자가 아니다. 그는 '참/거짓'의 일상적인 의미에서 윤리적 판단은 참 또는 거짓일 수 있다고 주장한다. 그렇지만 나는 윌리엄스가 '두터운' 윤리적 개념과 '엷은' 윤리적 개념 사이에 엄격한(내 생각으로는 지나치게 엄격한) 구분을 설정한다는 사실을 떠올리게 된다.[26] 윌리엄스가 발견, 앎 등에 관한 논의가 단지 '허풍'일 뿐이라고 말한다면, 아마도 그것은 다만 '옳음'과 같은 엷은 윤리적 개념과 관련해서일 것이다.[27] 두터운 윤리적 개념의 경우, 윌리엄스의 시각으로 본다면 상황은 달라진다. 우리는 (만약 적절한 '사회적 세계' 안에 있다면) 어떤 행위가 '잔인하다' '다정하다' '어리석다' 또는 '어이없다'는 것을 알 수 있다. 만약 어떤 행위가 잔인하거나 다정하거나 어이없다는 것을 아는 것이 단순히 내 문화적 동료들이 그렇게 부른다는 사실을 아는 것이라면 윌리엄스는 로티(R. Rorty)가 설정하는 '언어게임 안에서' 이야기하는 것과 '언어게임 밖에서' 이야기하는 것

25) 이러한 관점에서 레비(I. Levi)는 듀이(J. Dewey)와 터프스(J. Tufts)의 『윤리학』에서 도덕적 투쟁의 이차적 의미—옳은 것을 행하는 것이 아니라 무엇이 옳은지를 발견하는 것—라는 개념을 빌려 온다. John Dewey, *The Middle Works*, vol. 5, ed. Jo Ann Boydston (Carbondale, Ill.: Southern Illinois University Press, 1978).

26) 만약 사람들이 '좋은 사람', '사람들이 해서는 안 될 일' 등의 표현을 어떻게 사용하는지를 생각해 보면 이것들 또한 어느 정도 '두터움'의 요소, 즉 기술적 내용을 갖는다는 것을 어렵지 않게 알 수 있다.

27) Williams, *Moral Luck*, p. 111.

사이의 엄격한 구분에 빠져 있는 것으로 간주될 것이다.[28] 내 생각에 그 이분법은 전적으로 부당한 것이다. 아무튼 만약 윤리적 언어의 진리 보유성이 그저 로티가 언어 안에서의 객관성이라고 간주하는 것으로 간주된다면 그것은 그저 특정한 문화 안에서의 합의 이상일 수 없다.

윌리엄스가 외재적 이유들에 대한 자신의 회의주의의 심각성을 간과한다면 그 이유는 그가 문제를 제기하는 방식에서 찾아져야 할 것이다. 윌리엄스가 두터운 윤리적 개념을 포함하는 고려에 영향 받지 않는 사람을 가정할 때, 그의 사례는 문제시되고 있는 고려를 단적으로 거부하는 사람[윈그레이브(O. Wingrave)]의 사례다. 즉 문제시되고 있는 가치는 그가 말하는 가치가 아니다. 그러나 그가 고려하고 있을 수도 있는 사례가 있다. 이기적으로 행동한다고 '외재적으로' 비판받는 사람을 상상해 보자. 대개 그런 사람은 이타성이 하나의 가치라는 것을 단순히 거부하지는 않을 것이다. 나아가 우리는 그를 이기적으로 행동한다고 비판하는 것(옳든 그르든)을 '틀렸거나 비정합적인' 비난을 하는 것이라고 말할 수 없다. 윌리엄스처럼 사례를 선택하게 되면 특정한 가치들의 결여 — 또는 심지어 선의지의 전적인 결여 — 가 **비합리성**의 한 형태인지의 문제에만 집중적으로 초점을 맞추게 된다.[29]

그러나 '합리적/비합리적'이라는 용어는 지난 두 세기 동안의 지적

---

28) 로티의 입장에 대한 나의 논의는 *Pragmatism : An Open Question* (Oxford : Blackwell, 1995), 2장 참조.

29) 그래서 윌리엄스는 이렇게 말한다. "외재적 이유 진술이라는 형식의 비판을 중시하는 사람들은 그 사람의 특별한 잘못이 그가 비합리적이라는 것이라고 주장하려고 하는 것으로 보인다." Williams, *Moral Luck*, p. 110. 왜 비판의 초점이 그 사람의 특별한 잘못이 이타성이라는 덕에 동의하거나 주장하면서도 이기적이라는 점, 또는 친절이라는 덕에 동의하거나 주장하면서도 잔인성을 드러낸다는 사실에 맞추어져서는 안 되는가?

논쟁(결정 이론에서의 논쟁을 포함한)에서 미식축구만큼이나 흔히 사용되어 왔기 때문에 그 문제는 공허한 것일 수도 있다. 여기에서 내가 제기하려는 문제는 다른 종류의 사례를 요구한다. 예를 들어 우리가 선의지를 가진 사람, 즉 만약 어떤 행위가 이기적이라면 결코 하려고 하지 않겠지만 그 행위가 이기적일 수도 있다는 점에 관해 다른 사람들에 동의하지 않는 사람을 다루고 있다고 가정해 보자. 나아가 그 사람이 그 행위가 '이기적'이라는 생각을 받아들이기 위한 '내재적 이유'를 갖지 않았다고 가정해 보자.[30] 그렇다면 문제시되고 있는 도덕적 불일치에 대한 윤리적 관점과 윌리엄스의 형이상학적 관점 사이에는 괴리가 생기게 될 것이다. 윤리적 관점—그 행위자 자신의 관점인—에서는 그 문제시되는 행위가 이기적이라는 주장은, 만약 사실이라면, 그 행위를 수행하지 않아야 할 이유로 간주될 것이다. 나아가 그 행위자가 영향받지 않은 이유가 외재적 이유들이 정합적이지 않거나 그와 유사하기 때문이 아니라, 그 행위자가 그저 그 행위가 이기적이라는 데 동의하지 않기 때문일 것이다.

윌리엄스의 형이상학적 관점에서는 그 행위자가 그 행위를 이기적이 아닌 것으로(적절한 '사회적 세계' 안에서 합의가 존재하지 않는 경우) 잘못 알았기 때문에 틀렸다고 말하는 것은 일종의 고상한 수사학일 뿐이며, 그것은 외재적 이유들, 즉 (윌리엄스에 따르면) '틀렸거나 비정합적인' 이유들에 대한 호소를 위장하는 또 다른 방식일 뿐이다. 요컨대, 일단 우리가 내재적 이유와 외재적 이유 사이에 존재하는 괴리를

---

30) 윌리엄스의 틀 안에서 이런 종류의 사례를 논의하기 힘든 또 다른 이유는 그가 '동기적 배경'이라는 개념에 (의도적으로) 끌어들이고 있는 모호성 때문이다. 각주 23 참조.

받아들이고, 나아가 외재적 이유에 대한 호소가 '틀렸거나 비정합적'이라는 이론을 받아들이게 되면, 윤리학과 관련해서 로티적인 상대주의를 비켜서는 것은 어려워 보인다.

5. 결론

내 의도가 윌리엄스에 관해서 논의하지 않고 나의 도전자를 논파하려는 것뿐이었다면 나는 내가 거쳐 왔던 우회적인 행로보다도 훨씬 더 짧은 길을 택할 수 있었을 것이다. 나는 궁극적으로 우리가 합리적이거나 비합리적인 목표들이 존재한다는 사실을 미리 가정하지 않고서는 어떤 목표가 '비합리적'이라고 거부할 수 없음을 지적하는 것으로 만족할 수도 있었다. 더욱이 '자신이 결정하려는' 테레사의 욕구를 비합리적 목표라고 이야기하면서 그 도전자는 테레사의 '동기적 배경' 안의 어떤 가치에도 호소하지 않는다. 즉 그는 자신의 가치들을 가정하고 있으며, 그것들을 테레사가 합리적으로 거부할 수 없는 가치들로 간주하고 있다. 요컨대 그는 자신의 논증을 위해서 외재적 이유들의 '그름 또는 비정합성'에 관한 윌리엄스의 견해를 거부해야만 한다. 이것은 내가 추정했던 것처럼 그 도전자가 논증의 후반에서 그것에 의지할 수 없다는 것을 의미한다.

그렇다면 나는 왜 윌리엄스에 관해서 이야기하려고 했는가? 내가 윌리엄스를 그 구도 안에 끌어들인 것은 윌리엄스가 훨씬 더 정교한 방식으로 그 도전자의 우려를 표현하고 있기 때문이다. 그 도전자와 마찬가지로 윌리엄스 또한 만약 어떤 결정이 행위자의 '동기적 배경' 안의 모든 요소들에 의해 확정되지 않는다면 어떻게 그 결정이 합리적일 수 있는지를 해명할 수 없다. 물론 윌리엄스는 그 도전자의 어리석은 실수, 즉 만약 테레사의 결정이 '합리적'이 아니라면 그것은 비합리적이어야 한다고 주장하는 어수룩한 실수를 범하지는 않는다. 분명히 그는 테레사를 포함한 우리 모두에게 그런 결정들을 '합리적/비합리적'이라고 말하지 말라고 권고할 것이다.

나아가 내가 지적했던 것처럼, 우리가 다음과 같이 상상할 수 있다면 상황은 훨씬 더 수월해질 것이다. 테레사가 결과적으로 자신의 결정의 근거―예를 들면 중요한 기여를 하고 싶어서 인도로 갔거나 '국경 없는 의사회'(Médecins sans Frontières)에 지원했던 것 등등이 그것이며, 그것이 최선의 방법이었다―로 제시하게 될 모든 이유는 과거에는 아직 자신의 '동기적 배경'에 포함되지 않았기 때문에 단호하게 거부했을 종류의 것이다. 그러나 '동기적 배경'(그리고 동기적 배경의 안팎에 있는 것들)에 관해 이런 방식으로 마치 명백한 자연과학적 사실인 것처럼 이야기하는 것은 문제의 초점을 완전히 흐린다. 현실적 삶에서 테레사는 처음에는 자신의 문제를 '자신의 삶을 통해 위대한 기여를 원함'으로 기술했을 수도 있으며, 지금에 와서는 이 선택이 그것을 성취하는 길이었다는 것을 '알게 되었다'고 말함으로써 실제로 일어났던 일들을 기술할 수도 있다.

우리가 합리적 연결들을 옳고 그름의 문제로 이야기하는 것을 단순히 수수께끼 놀이라고 생각한다면, 그것은 기껏해야 수사에 불과한 것으로 거부될 것이다. 그러나 테레사는 형이상학을 수행하고 있는 것이 아니다. 그녀는 윤리적 관점의 도움을 통해 삶을 살아가고 있다. 관점이 우리에게 무엇을 요구하는지 이해하게 되는 것이라는 어법은 그 관점에 내재적이며, 그것에 토대를 제공하기 위해 요구되는 초월적 장치가 아니다. 만약 우리가 이상학적 토대의 필요성을 가정하지 않고서도

과학을 수행할 수 있다면, 형이상학적 토대의 필요성을 가정하지 않고
서 윤리적 삶을 사는 것 또한 가능하다. [또한 우리가 특정한 윤리적 관
점을 취했을 때 제기하는 주장들이 '실제로는' 참이거나 정합적이지
않다고 보는 정서주의적인, '반실재론적인', 또는 '유사 실재론적인'
형이상학적 이야기를 받아들일 필요도 없다. 그런 종류의 이야기는 불
합리한 실재론에서 불합리한 반실재론으로, 또 그 반대로의 궤적을 떠
도는 또 다른 주전원(epicycle)일 뿐이다.][31)

　듀이(J. Dewey)가 오래전에 주장했던 것처럼 윤리적 주장이 요구하
는 객관성은 우리의 윤리적 삶이나 윤리적 반성에 앞서 존재하는, 플라
톤적 토대 또는 그와 유사한 토대가 제공하는 어떤 것이 아니다. 그것
은 우리가 현실적으로 직면하는 문제 상황에서 제기되는 비판에 견디
는 능력이며, 맥도웰이 지적하듯이 그런 종류의 비판에 "적절한 이미
지는 노이라트(O. Neurath)에게서 찾아볼 수 있다. 항해사는 항해 중
에 배를 수리한다."[32)

　윌리엄스와 나의 소박한 도전자가 공유하는 믿음은, 어떤 사람이 x
를 선택하는 이유에 관한 논의는 내재적 원인들(내재적 원인들이 확고
한 자연적 사실이라는 의미에서의 '원인')에 관한 논의로 재해석되거
나 또는 형이상학적인 것으로서 거부되어야만 한다는 것이다. 그러나

31) 불합리들 사이에서 이런 종류의 동요에 관한 논의는 Putnam, "The Dewey
　　Lectures, 1994: Sense, Nonsense and the Senses—An Inquiry into the Powers
　　of the Human Mind," *Journal of Philosophy*, 91, no. 2 (September 1994), col-
　　lected as Part I of *The Threefold Cord: Mind, Body and World* (New York:
　　Columbia University Press, 1999); John McDowell, *Mind and World*
　　(Cambridge, Mass.: Harvard University Press, 1994) 참조.
32) 같은 책, p. 81. 듀이의 견해에 대한 간략한 설명은 이 책의 6장 참조.

규칙 따르기에 관한 논의가 관찰된 행동의 물리적 원인에 관한 논의로 환원 가능하지는 않지만, 여전히 그 해명 안에서 마음을 이끌어 가는 비가시적 궤도 등 형이상학적인 것에 관한 논의로 간주되어 거부되어야 하는 것은 아니다. 마찬가지로 이런저런 행위의 이유에 관한 논의가 관찰된 행동의 원인에 관한 논의로 환원 가능하지는 않지만, 여전히 그 해명 안에서 플라톤적 형상이나 초월적 자아 등 형이상학적인 것으로 간주되어 거부되어야 하는 것은 아니다.[33]

윤리적 논의는 그것을 지탱해 주는 (또는 그 형이상학적 유혹의 포스트모던적 버전 안에서 그것을 '해체'하기 위한) 형이상학적 이야기를 필요로 하지 않는다. 윤리적 논의는 다만 윤리적 논의─'윤리적'이라는 말의 좁은 의미에서, 그리고 좋은 삶에 관한 논의라는 말의 넓은 의미에서─가 항상 필요로 해 왔던 것을 필요로 한다. 즉 선의지, 지성, 그리고 윤리적 관점 자체 안에서 근거나 난점으로 간주되는 것에 대한 존중 등이 그것이다.[34]

---

33) Wittgenstein, *Philosophical Investigations*, §§218-21 참조.

34) 듀이 철학에서 지성 개념의 윤리적 사용에 관한 논의는 Putnam, "Pragmatism and Moral Objectivity," in *Words and Life* (Cambridge, Mass.: Harvard University Press, 1994) 참조.

6 가치는 만들어지는가, 발견되는가?*

내 생각에 가치—법적 가치와 도덕적 가치—가 '만들어지는가, 발견되는가' 라는 물음을 명확하게 물었던 최초의 근세철학자는 홉스(T. Hobbes)로 보인다. 홉스의 견해는 도덕적 가치와 법적 가치가 본질적으로 동일한 것이며, 도덕적 가치와 법적 가치는 '군주'(the sovereign)에 의해 선언됨으로써 상호주관적이 된다는 것이다. 홉스에 따르면 도덕적 타당성과 법적 타당성을 구분하는 것은 그다지 큰 의미가 없으며, 사실상 홉스는 대체로 그것을 구분하지 않는다. (사실상 홉스에 따르면 [단어의] **모호성**이 분쟁으로 이어질 때 그것은 마찬가지 방

* 이 글은 Hilary Putnam, "Are Moral and Legal Values Made or Discovered?" *Legal Theory*, 1, no. 1 (1995), pp. 5-19를 수정한 것이다. 이 글은 1994년 1월 7일에 플로리다 올랜도에서 열렸던 Association of American Law Schools Jurisprudence의 "On Truth and Justification in the Law" 분과에서 처음 발표되었던 것이다. 논평자는 라이터(B. Leiter)와 콜맨(J. Coleman)이었다.

식으로, 즉 '군주'—덧붙이자면 군주는 반드시 왕이어야 할 필요는 없으며, 홉스의 이론에서는 입법부 또한 군주가 될 수 있다—의 적절한 규정에 의해 해결되어야 한다.) 홉스는 법 실증주의자일 뿐만 아니라 이례적인 유형의 도덕 실증주의자였다고 말할 수도 있을 것이다.[1]

법적 타당성과 관련된 홉스의 입장은 지속적인 옹호자들이 있지만, 도덕적 타당성에 관한 그의 입장은 그렇지 않다. 오늘날 누구도 (도덕적) 옳고 그름이 군주가 말하는 대로 결정된다는 견해를 옹호하지 않는다. 이 때문에 결국 그것들 사이의 정확한 관계가 무엇인지에 관한 물음이 제기될지라도 도덕적 타당성과 법적 타당성에 관한 물음들은 이제 구분되어야 한다.

1. 평가에 관한 듀이적 견해

"가치는 만들어지는가, 발견되는가?"라는 물음에 대한 나의 대답은 아마도 듀이가 제시했을 법한 것이다. 즉 우리는 문제 상황에 대처하는 방식들을 마련하며, 그중 어떤 것이 더 나은지를 찾는다. 이것이 무엇을 의미하며, 또 어떻게 그 물음에 대한 답이 되는지에 관해 많은 논의가 필요하다는 것은 분명하다.

문제를 해결하는 어떤 방법이 다른 것보다 더 낫다는 판단은 고전적인 의미에서 항상 순수하게 '도구적' 판단이리고 기정히는 것, 즉 논란이 되는 해결책 A가 제안된 해결책 B에 비해 미리 가정된 가치와 목표

---

1) Anat Biletski, *Talking Wolves: Thomas Hobbes on the Language of Politics and the Politics of Language* (Dortrecht: Kluwer, 1997).

의 관점에서 [듀이가 '조망된 목표'(ends in view)라고 부르는 것의 관점에서] 더 효율적이라는 판단일 뿐이라고 가정하는 것은 그 물음에 부적절한 답처럼 보일지도 모른다. 그러나 이것은 이 문제에 대한 듀이의 입장이 아니다. 듀이에게 넓은 의미의 '탐구'(inquiry), 즉 문제 상황에 대한 인간의 대처는 수단과 목표 **모두**에 대한 부단한 재고를 포함한다. 즉 개개인의 목표가 신비한 방식으로 개개인의 마음속에 내재된 '합리적 선호 기능'의 형태로 구체적으로 형성되어 있다는 것도 사실이 아니며, '합리적' 존재로서 우리가 할 수 있는 일이 이 항구적이면서도 특이한 목표나 가치를 위해 더 효율적인 수단을 찾는 일이라는 것도 사실이 아니다. 모든 탐구는 다양한 목표에 대한 다양한 수단의 효율성과 관련된 전제를 포함해 '사실적' 전제들은 물론 '가치' 전제들도 함께 사용한다. 문제 해결이 어려운 경우, 우리는 '사실적' 가정과 목표를 모두 재고할 수 있다. 요약하면, 가치를 변경하는 것은 단지 문제 해결의 정당한 방법일 뿐만 아니라 흔히 문제를 해결하는 유일한 방법이기도 하다.[2]

물론 현상적으로 누군가의 가치를 변경하는 것처럼 보였던 결정이 '실제로는' 항상 '거기에' 있었던, 더 기본적인(그리고 더 고양된) 가치를 위한 새로운 수단을 발견한 것일 뿐이라는 주장이 제기되어 왔다. 그러나 이것은 단순히 사변적 심리학일 뿐만 아니라 사변적 심리학의 최악의 형태인 선험 심리학(*a priori* psychology)이다.[3]

---

2) 듀이 철학의 이 측면에 관한 논의는 Hilary Putnam and Ruth Anna Putnam, "Dewey's Logic: Epistemology as Hypothesis," in *Words and Life* (Cambridge, Mass.: Harvard University Press, 1994) 참조.

3) 합리적 선호 이론의 공리들이 선험적이라는 생각은 데이빗슨이 심리철학에 관한 유명한 논문에서 옹호—오히려 단순히 가정—하고 있다. 예를 들어 Donald

그렇다면 듀이는 단지 선재하는 조망된 목표— 하버마스가 '수단-목표 합리성'(*Zweckmittelrationalität*)이라고 부르는 것, 또는 칸트가 '가언명령'이라고 부르는 것에 관한—를 위한 더 나은 수단의 발견에 관해서만 이야기하고 있는 것이 아니다. 듀이는 사실상 우리 삶에서 어떻게 좋음(good)을 증대시킬 것인지에 관한 실험과 토론을 통한 학습에 관해 이야기하고 있다. 이것이 듀이가 의미하는 것이며, 그가 이 문제에 관해 매우 진지하다는 것을 이해하게 되면 매우 다른 반론들이 제기된다.

그 반론들은 두 가지 유형으로 구분될 수 있다. 나는 그 첫 번째 유형을 '로티적 반론'이라고 부를 것이며, 곧이어 이 문제를 다룰 것이다. 두 번째 유형은 '환원주의적 반론'이라고 부를 것이며, 그것은 잠시 후에 다룰 것이다.

2. 로티와 듀이

로티(R. Rorty)의 독자들은 로티가 듀이를 자신의 철학적 영웅의 한 명으로 간주한다는 것을 잘 알고 있다. 로티는 듀이가 존재론적이든 인식론적이든 기본적인 것으로 설정되는 모든 사실/가치 이분법을 거부했다는 사실을 칭송한다. 또한 로티는 대처하기 어려운 상황에서 진지한 탐구는 '사실적 지식'의 확장뿐만 아니라 흔히 '가치'의 수정이나

Davidson, *Inquiries into Truth and Interpretation* (Oxford: Clarendon Press, 1984)에서의 논문들을 참조하라. 나는 그 공리들 중의 하나를 5장에서 비판하고 있다.

재정의를 수반한다는 듀이의 주장에 전적으로 동의한다.[4] 그렇지만 '듀이의 객관적 실재론' 이라고 부르는 입장에 대한 슬리퍼(R. W. Sleeper)의 섬세한 기술은 로티가 동의할 만한 많은 것을 포함하고 있는 반면, 로티가 유감스러울 정도로 형이상학적이라고 간주하는 듀이의 태도를 드러낸다. 슬리퍼는 이렇게 쓰고 있다.

> 듀이는 지식의 대상이 만족에 대해 도구적일 수 있다는 사실을 보이려고 하지만, 그것이 도구성에 의해 보증되는 것은 아니다. 듀이는 '보증된 주장' (warranted assertions)이 원하는 결과를 얻는 데 믿을 만한 수단이라는 것, 즉 그것이 문제 상황을 해결하고 가치 있는 귀결을 산출하도록 계획되고 통제된 활동 안에서 기능한다는 것을 증명하기 위해 많은 노력을 한다. 그러나 그는 또한 그러한 가치 있는 귀결은 그것을 얻기 위해 사용된 수단이 객관적 실재와 인과적으로 연관될 때에만 믿을 수 있는 것이 된다는 것을 증명하기 위해 노력한다. 그는 사실 문제가 만족에 대해 도구적인 가치를 가질 뿐만 아니라 그것 자체가 가치라는 것을 보이려고 한다. 그는 사실판단과 가치판단의 구분에 개념적으로 타당한 근거가 없을 뿐만 아니라 존재론적 구분에 대한 근거도 없다는 것을 증명하려고 한다. 그는 객관적 실재론과 과학적 방법의 논리를 통해 제임스가 고집(tenacity)의 방법이 아니고서는 도달할 수 없다고 보았던 것, 그리고 퍼스가 객관적 관념론을 통해서만 도달할 수 있다고 믿었던 것을 얻으려고 한다.[5]

---

4) 특히 로티의 *Consequences of Pragmatism* (Minneapolis, Minn.: University of Minnesota Press, 1982); *Objectivity, Relativism, and Truth: Philosophical Papers 1* (Cambridge: Cambridge University Press, 1991)에서의 논의를 참조.

5) R. W. Sleeper, *The Necessity of Pragmatism* (New Haven, Conn.: Yale University Press, 1986), p. 141. 인용된 단락에서 슬리퍼가 '고집의 방법' 을 제임스에

아마도 로티가 동의하지 않는 것(듀이의 입장에 대한 슬리퍼의 해명이 아니라 듀이의 입장 자체 안에서)은 '객관적 실재'(objective reality)에 대한 언급—슬리퍼가 듀이의 '객관적 실재론'이라고 부르고 있는—일 것이다. 로티는 반복적으로 우리가 우리 밖으로 나가서 우리의 개념들을 (가정된) 객관적 실재 자체와 비교할 수 없기 때문에 '객관적 실재'라는 개념이 공허하다고 주장한다.[6]

실재 '자체'라는 개념—즉 만약 그 본래적 본성을 기술하는 용어들을 알 수 있다면 우리가 기술하려는 것으로서—은 로티가 '객관적 실재'라는 개념을 통해서 이해하는 유일하게 가능한 의미라는 것이 분명하다. 로티는 만약 '물자체'나 '본유적 본성'을 설정하는 형이상학적 유형의 실재론이 의미가 없다면 객관성이라는 개념도 마찬가지로 의미가 없을 것이라고 추정한다. 그래서 우리는 객관성에 관한 모든 이야기를 포기하고 대신에 '연대성'(solidarity)에 관해서 이야기해야 한다는 것이다.[7] 우리의 문제 상황에 대해 찾아내는 해결책 또는 결단은 기껏해야 우리 문화(로티의 생각으로는 자유주의적, 민주적, 휘그적이며 유럽적인)의 기준들에 근거한 것이며, 결코 '객관성'이라고 가정된 어떤 심층적 기준에 근거한 것이 아니다.

이러한 로티의 반응에는 매우 이상한 측면이 있다.[8] 나는 전통적인

게 돌리는 데 동의하지 않는다는 점을 언급해 두고 싶다.

6) 예를 들면 Rorty, *Philosophy and the Mirror of Nature* (Princeton, N.J.: Princeton University Press, 1979)에서, 또는 *Objectivity, Relativism, and Truth*에 실려 있는 "Solidarity or Objectivity?"; "Pragmatism, Davidson and Truth", 또 "Putnam and the Relativist Menace," *Journal of Philosophy*, vol. 10 (September 1993), pp. 443-61 참조.

7) Rorty, "Solidarity or Objectivity?" in his *Objectivity, Relativism, and Truth* 참조.

형이상학적 개념들에 대한 로티의 거부에 동의하지만, 이 개념들을 포기하는 것(결과적으로 그것들이 전적으로 공허하다는 것을 발견하는 것)이 로티와 동일한 결론을 요구하는 것은 아니라고 본다. 내가 동의하는 것은 내 생각과 믿음을 사물 '자체'와 비교한다는 발상이 공허하다는 점이다. 그러나 나는 이 발상이 우리의 사고나 언어의 일부가 아닌 대상들이 존재한다는 일상적 믿음에, 또는 우리가 그 대상들에 관해 이야기하는 것이 가끔은 사실을 올바르게 파악한다는 또 다른 일상적 믿음에 필연적으로 전제되어 있다는 생각에는 동의하지 않는다.

내가 로티의 결론에 대해 불만족스럽게 생각하는 점은 유비를 통해 잘 드러날 수 있을 것이다. 나는 내 자신을 벗어나서 나의 죽음 이후에 주어지는 미래를 그 미래에 관한 나의 생각이나 관념들과 비교할 수 없지만, 그렇다고 해서 내가 죽은 후에도 여전히 사건들이 일어날 것이라는 가정을 포기하지 않으며, 나아가 그 사건들의 행로에 영향을 미치기 위해서 생명보험을 든다. 다른 예를 들자면 나는 내 자신을 벗어나 내 친구의 경험 자체를 그 경험에 관한 나의 생각이나 관념과 비교할 수는 없지만 여전히 내 친구들과 공감하며, 그들의 기쁨이나 고민에 대한 우려를 공유하기도 한다.

나는 사물의 '본유적' 속성과 '상관적' 속성 사이에 근본적 이분법이 존재한다는 형이상학적 가정이 공허하다는 로티의 주장에 동의한다. 그러나 그 때문에 내 친구들의 생각이나 경험이 단지 내가 '대처'할 수 있도록 도와주는 믿음들의 의도적 대상일 뿐이라고 생각하지는 않는다. 만약 내가 그렇게 생각한다면 '연대성'에 관한 이야기가 무슨

---

8) 나는 이 문제를 "The Question of Realism," in *Words and Life*, pp. 295–312에서 좀 더 상세하게 다루었다.

의미를 가질 수 있겠는가? 연대성이라는 생각 자체는 우리가 '연대성'을 가져야 할 상대방으로서 사람들의 객관적 존재에 관한 상식적 실재론을 요구한다. 내 생각으로 이 예들이 보여 주는 것은 객관성이라는 개념(예를 들면 사물 '자체'에 관한 이야기를 이해할 수 있다는 생각)에 대한 이런저런 형이상학적 해석과 우리의 생각이나 믿음이 세계 안의 사물들을 가리킨다는 일상적 관념을 혼동하지 않는 것이 중요하다는 점이다.

로티의 곤경에 대한 나의 처방은 다음과 같다. 즉 로티는 우리의 언어가 언어 밖의 사물들을 표상한다는 것에 대한 **보증**이 없다는 사실에 대해 지나치게 우려하고 있으며, 이 때문에 그가 생각하는 유일한 보증이 '불가능'하다는 것을 발견함으로써 표상이라는 관념 자체를 그릇된 것으로 거부하는 것만이 유일한 대안이라고 생각한다. (또한 여기에서 우리는 로티가 일종의 실망한 형이상학적 실재론자라는 것을 알게 된다.)

내 생각에 문제는 로티가 그러한 보증이 불가능하다고 결론지을 때, 현재 논의되고 있는 '불가능성'에 대해 탐색하는 데 실패했다는 점이다. 우리의 사고와 개념을 벗어나서 '실재 자체'를 그것들과 비교한다는 생각이 공허하다는 로티의 생각은 옳은 것이다. 그런데 그러한 생각 **자체**는 어떻게 의미를 갖는가? 로티는 이러한 보증 개념이 이해 불가능하다는 사실에 근거해서 아주 일상적인 의미에서의 표상 가능성에 대한 회의주의로 이행해 가고 있는 것이다. 그의 결론은 우리의 언어가 언어 밖의 사물을 표상한다고 말할 수 있는, 형이상학적으로 순수한 방식은 존재하지 않는다는 것이다. 로티는 자신이 공격하려는 형이상학적 실재론을 무너뜨리는 이해불가능성의 본성에 대한 성찰에 실패함으로써 형이상학적 실재론에 대한 자신의 공격 또한 동일한 이해불가능성을 안게 된다는 사실을 간과하고 있다.

　내가 "동일한 이해불가능성을 안고 있다"고 말하는 이유는, 만약 우리가 사물을 그 자체로 표상하는 데 **종종** 성공한다고 말하는 것이 불합리한 것이라면, 사물을 그 자체로 표상하는 데 **결코** 성공할 수 **없다**고 말하는 것도 마찬가지로 불합리할 것이기 때문이다. 회의주의가 불합리한 확실성에 대한 열망의 뒷면이라는 것은 언어가 그 자체로 언어 밖에 있는 어떤 것을 표상할 수 있다는 명백한 사실을 포기하려는 로티의 의도를 통해 예증된다. 여기에서 철학의 참된 과제는 그것이 반박하는 것만큼이나 공허한 반박의 제스처에 묶여 있는 일이 아니라 일상적인 표상 개념(그리고 표상되어야 할 사물의 세계)을 밝혀내는 일이다.

3. 듀이의 가치 이론에 대한 몇 가지 환원주의적 반론

　듀이의 입장에 대한 '환원주의적' 반론에서 내가 말하는 '환원주의적'이라는 말은 단순히 듀이의 견해에 대한 비판을 의미하는 것이 아니라, 더 일반적으로 사실/가치 이분법이 현대의 과학적 정교화와 분리될 수 없다고 옹호하는 것을 의미한다.[9] 사실/가치 이분법에 대한 이러한 옹호에는 두 종류가 있는데, 인식론적 옹호, 그리고 존재론적 옹호 또는 간단히 말해서 형이상학적 옹호가 그것이다. 내가 아는 한 사실/

---

9)　이 생각을 설득력 있게 제시한 사람은 물론 베버(Max Weber)였다. 예를 들어 그의 "Science as a Vocation," in Edward Shils and Henry A. Finch, eds., *Max Weber on the Methodology of the Social Sciences* (New York: Free Press, 1969) 참조.

가치 이분법에 대한 가장 오래되고 거친 인식론적 옹호는 이렇게 제시된다. "어떻게 '가치 사실'이 있을 수 있는가? 결국 우리에게는 그것을 식별할 수 있는 감각기관이 없다. 우리에게는 눈이 있기 때문에 '노랑'을 식별하지만 가치를 식별하는 데 어떤 감각기관이 있는가?"

이 논증의 결함은 지각 이론의 순박성에 있다. 색상 지각조차도 단순히 눈을 갖고 있다는 사실뿐만 아니라 색상을 구별하는 능력을 습득하는 과정을 필요로 하지만, 사실상 노랑의 지각은 개념적으로 최소의 정보유입일 수 있다. 그러나 "사람들이 의기양양하다는 것을 어떻게 구별할 수 있는가?"라는 유사한 물음을 고려해 보자. 결국 우리는 의기양양을 식별할 수 있는 감각기관을 갖고 있지 않다. 그러나 실제로 우리는 다른 사람들이 의기양양하다는 것을 식별할 수 있으며, 때로는 다른 사람들이 의기양양하다는 것을 볼 수도 있다. 그렇지만 그 모든 것은 의기양양이라는 개념을 습득한 이후에만 가능하다.

지각은 순수한 것이 아니다. 지각은 개념의 훈련, 즉 칸트가 '자발성'(spontaneity)이라고 불렀던 것의 훈련이다.[10] 일단 의기양양이라는 개념을 습득하기만 하면 나는 누군가 의기양양하다는 것을 알 수 있으며, 마찬가지로 일단 호의적인 사람이나 악의적인 사람, 또는 친절한 사람이라는 개념을 습득하기만 하면 어떤 사람이 우호적이거나 악의적이거나 또는 친절하다는 것을 알 수 있다. 물론 그런 판단들은 틀릴 수 있지만 실용주의자들은 지각뿐만 아니라 다른 어떤 것에서도 결코 무오류성(infallibility)을 받아들이지 않는다. 언젠가 퍼스(C. S. Peirce)가 말했던 것처럼 우리는 과학에서 탄탄한 토대를 갖고 있지 않으며,

---

10) 이 점에 관해서는 John McDowell, *Mind and World* (Cambridge, Mass.: Harvard University Press, 1994) 참조.

또 그것을 필요로 하지도 않는다. 우리는 습지 같은 지반 위에 있지만 그 때문에 움직일 수 있다.

가치들이 존재한다는 것을 알기 위해서 우리에게 특별한 감각기관이 있어야 한다는 생각에는 경험주의적 현상학이 관련되어 있다. 그 시각에 따르면 지각 경험('감정'에 대비되는 것으로서)은 가치중립적이며, 가치는 '연합'을 통해서 경험에 부가된 것이다. (이러한 발상의 한 변형—분리된 정신적 '능력'과 대등하게 연결된 것으로서—에서 '지각'은 '이성'에 중립적 사실들을 공급하며, 가치는 '의지'라고 불리는 능력에서 온다.) 이러한 현상학(또는 경험주의적 심리학)도 마찬가지로 결코 실용주의자라고 할 수 없는 수많은 사람들로부터 날카로운 비판을 받아 왔다.[11] 그러나 특히 실용주의자들은 경험이 중립적이지 않으

---

11) 이러한 심리학에 대한 논의, 그리고 언어철학과 실존주의 안에서 그 영향에 관해서는 Iris Murdoch, *The Sovereignty of Good* (New York: Schocken Books, 1971) 참조. 듀이는 마찬가지로 능력심리학의 강력한 비판자였으며, 시대적으로도 훨씬 더 앞선다. 예를 들면, "우리 눈앞에 있는 가장 복잡한 조망은 심리학적으로 말해서 단순한 궁극적 사실이 아니며, 밖으로부터 각인된 인상도 아니다. 대신에 그것은 아마도 관심이나 주의, 해석의 심리학적 법칙들에 의해 국지화되지 않은 연장(extension)의 느낌들을 수반하는, 색상 지각과 근육 감각으로 구성될 것이다. 요컨대 그것은 그 안에 정서적, 자발적, 지적 요소들을 포함하는 복합적 판단이다." John Dewey, "The New Psychology," in *The Early Works*, vol. 1, ed. Jo Ann Boydston (Carbondale, Ill.: Southern Illinois University Press, 1969), pp. 54-55.

또 그는 이렇게 말한다. "분명한 사실은 대장장이 일, 목수 일, 증기 기관이라는 본래적 능력이 존재하지 않는 것처럼 관찰이나 기억, 추론이라는 능력이 존재하지 않는다는 것이다. 이 능력들은 단순히 특정한 충동과 습관이 특정하게 한정된 작업의 성취와 관련해서 조정되고 틀지어진다는 것을 의미한다. 소위 정신적 능력에 관해서도 동일한 것이 적용된다. 그것들은 그 자체로 힘들이 아니라 그것들이 지향하는 목표, 그것들이 수행해야 하는 역할과 관련해서만 작용하

며, 그것은 가치들의 외침과 함께 주어진다고 지속적으로 강조해 왔다. 유년기에 우리는 먹을 것과 마실 것, 포옹과 따뜻함을 '좋은 것'으로, 고통이나 결핍, 외로움을 '나쁜 것'으로 경험한다. 경험이 증가하고 정교해지면 가치의 색조와 농도 또한 증가하고 정교해진다. 예를 들어 포도주 감별사의 표현에서 드러나는 사실과 가치의 환상적인 조합을 생각해 보라.

그렇지만 듀이는 어떤 것이 하나의 경험적 사실로서 가치 평가된다는 사실이 그것을 가치 있게 만드는 것이라고 가정하는 잘못을 범하지는 않는다. 사실상 듀이의 저작에서 평가된 것(the valued)과 가치 있는 것(the valuable)의 구분만큼 뚜렷한 구분은 없다. "무엇이 어떤 것을 단순히 평가된 것과 대비되는 것으로서 가치 있는 것으로 만들어 주는가?"라는 물음에 대한 듀이의 대답은 한마디로 비판(criticism)이다. 객관적 가치는 특별한 '감각기관'에서 생겨나는 것이 아니라 우리의 평가에 대한 비판에서 생겨난다. 평가는 지속적이며 '과학적' 활동을 포함한 우리의 활동으로부터 분리될 수 없다. 그러나 우리가 어떤 것은 보증되며, 어떤 것은 보증되지 않는다고 결론지을 수 있는 것은 평가에 대한 지적 반성, 즉 듀이가 '비판'이라고 부르는 형태의 지적 반성 때문이다. (그런데 듀이는 철학을 비판의 비판이라고 말한다!)

이것은 또 다른 물음을 불러온다. "우리는 어떤 기준에 의해 어떤 평가는 보증되며 어떤 평가는 보증되지 않는다고 결정하는가?" 이 물음과 함께 우리는 더 복잡한 차원의 인식론적 문제에 접어들게 된다. 편의상 듀이의 대답을 세 부분으로 구분해 보자.

는 힘들이다. 따라서 그것들은 결코 이론적 근거에서가 아니라 실제적 근거에서만 힘들로 확인되고 논의될 수 있다." 같은 책, pp. 60-61.

(1) 관습적으로 '사실'로 간주되는 것에 대한 탐구든 관습적으로 '가치'라고 간주되는 것에 대한 탐구든, 그 탐구의 결과를 판단하면서 우리는 항상 그 탐구에서 문제시되지 않은 수많은 평가와 기술(記述)을 동원한다.[12] 우리는 실증주의자들이 가정했던 것처럼 가치판단이 배제된 다수의 사실적 믿음을 가지며, 최초의 가치판단이 '보증되는지'를 결정해야 하며, 다수의 '사실'(ises)에서 최초의 '당위'(ought)를 추론해야 하는 입장에 있는 것이 아니다.

(2) 다른 영역에서와 마찬가지로 우리는 윤리학(또는 법학)에서 보증된 주장 가능성(warranted assertibility)을 결정하는 단일한 '기준'을 갖고 있지 않으며, 또 그것을 요구하지도 않는다. 특히 철학의 권위는 그러한 기준 또는 일련의 기준들에 대한 지식을 갖춘 영역의 권위가 아니다. 듀이가 말하듯이 "철학은 진리 획득을 위한 은밀한 지식이나 방법의 저장고를 갖고 있지 않은 것처럼 좋음에 대한 은밀한 통로를 갖고 있지도 않다. 철학은 과학과 탐구에 능한 사람들로부터 지식과 원리를 받아들이는 것처럼 인간의 경험에 산재해 있는 좋음들을 받아들인다. 그것은 모세나 바울에게 부여되었던 계시적 권위를 갖지 않는다. 그러나 철학은 지성의 권위, 이러한 상식적이고 자연적인 좋음들에 대한 비판의 권위를 갖는다."[13]

(3) '지성'이라는 용어의 출현과 함께 우리는 "어떤 기준에 의해

---

12) 듀이의 해명의 가장 상세한 진술은 Dewey, *Logic: The Theory of Inquiry* (New York: Henry Holt, 1938)이다. 그의 간결한 진술은 Dewey, *The Theory of Valuation*, in *The Encyclopedia of Unified Science*, vol. 2, no. 4 (Chicago: University of Chicago Press, 1939)이다. 또한 각주 2에 제시된 퍼트남과 루스 퍼트남의 논문 참조.

13) Dewey, *Experience and Nature* (La Salle, Ill.: Open Court, 1926), pp. 407-408.

서?"라는 물음에 대한 듀이의 대답의 마지막 부분에 이르렀다. 듀이는 비록 탐구가 '기준' —과학에서든 일상생활에서든 알고리즘 또는 결정 절차라는 의미에서— 을 필요로 하지 않는다고 믿지만, 탐구 수행을 통해서 탐구 일반에 관해서 배우게 되는 어떤 것들이 있다고 믿는다. 듀이에 관해 쓰면서 나와 루스 퍼트남(Ruth A. Putnam)은 듀이를 윤리학자 또는 메타윤리학자(실용주의자에게는 규범윤리학/메타윤리학 구분 자체가 큰 의미가 없다)로 부각시켜 주는 한 가지 특징으로, 탐구 일반에 유효한 것은 특히 가치 탐구에도 유효하다라는 생각의 중요성에 대한 강조, 나아가 그 생각의 일관성 있는 적용을 들었다.[14]

그러나 무엇이 탐구 일반에 유효한가? 듀이주의자들의 주장에 따르면 우리가 배운 것은 인간 지성을 충만하게 사용하는 탐구는 내가 '탐구의 민주화'[15]라는 구절을 통해 언급했던 특성을 포함한 몇 가지 특성을 가져야 한다는 점이다. 예를 들어 지적 탐구는 하버마스주의자들이 말하는 '담론 윤리학'(discourse ethics)의 원리들을 따른다. 그것은 질문이나 반론을 금지함으로써, 또는 가설의 구성 또는 다른 사람들의 가설들에 대한 비판을 방해함으로써 '탐구의 경로를 가로막지' 않는다. 기껏해야 그것은 위계질서나 의존성의 관계를 피한다. 즉 그것은 가능한 모든 실험, 또 실험이 가능하지 않을 때에는 면밀한 분석과 관찰을 강조한다. 이러한 기준들, 또 유사한 기준들에 의지함으로써 우리는 흔히 과학에서는 물론 윤리학과 법학에서 무책임하게 옹호되는 견해들을

---

14) 각주 9에서 인용된 논문에 덧붙여서 Putnam, "A Reconsideration of Deweyan Democracy"와 "Afterword," in *Southern California Law Review*, 63 (1990), pp. 1671-97, 또 H. Putnam and R. A. Putnam, "Education for Democracy," in *Words and Life* 참조.

15) Putnam, "Pragmatism and Moral Objectivity," in *Words and Life* 참조.

구분할 수 있다.

나는 모든 사람이 이 주장을 수긍할 것으로 생각하지는 않는다. 내가 가르쳤던 일부 학부생들은 근거를 제시하고, 다양한 삶의 방식이 현실에서 어떻게 작용하며, 또 그 귀결이 무엇인지 실제로 관찰하고, 반론에 관해 논의하는 것 등이 '또 다른 형태의 근본주의' 일 뿐이라고 제안했다. 진정한 근본주의에 대한 이 학생들의 경험은 분명히 다소 제한적일 것이다. 실제로 진정한 근본주의를 경험한 사람이라면 누구나 관찰과 토론을 강조하는 것과 근본주의의 특징인 억압적이고 강압적인 방식의 토론의 차이를 알 것이다. 아무튼 나는 이 반론이 실용주의의 창도자인 퍼스의 「신념의 고정화」(The Fixation of Belief)에서 예고되었을 뿐만 아니라 적절히 대답되었다고 본다.[16] 장기적으로 성공적인 탐구는 실험, 그리고 그 실험 결과에 대한 공적 토론을 필요로 한다는 발견은 선험적인 것이 아니라, 그 자체로 우리가 다양한 탐구 수행 양식을 수반하는 관찰과 실험을 통해 배울 수 있는 어떤 것이다. 즉 그것은 고집의 방법, 권위의 방법, 또는 소위 선험적 이성에 호소하는 방법 등의 실패를 통해서 배울 수 있는 어떤 것이다.

그렇지만 최근에 낯선 논의의 전환이 이루어졌다. 적어도 영어권 철학에서 1960년대 후반까지는 내가 다루어 왔던 인식론적 문제들이 사실/가치 이분법과 관련된 논쟁에서 드러난 거의 유일한 것들이었다. 그렇지만 최근 20여 년 동안 다른 문제가 전면에 등장했다. 우리는 점점더 자주 다음과 같은 주장을 접하게 된다. 우리가 윤리학에서 지적 논의

---

16) "The Fixation of Belief" 는 *The Collected Papers of Charles Sanders Peirce*, vol. 5 : *Pragmatism and Pragmaticism*, eds., Charles Hartshorne and Paul Weiss (Cambridge, Mass.: Harvard University Press, 1965)에 재수록되어 있다.

와 편향된 논의 또는 폐쇄적 논의 등을 구별할 수 있다는 것은 사실이지만, 보증된 주장 가능성은 객관적 진리가 있는 곳에만 있을 수 있기 때문에 여전히 윤리학에는 보증된 주장 가능성 같은 것이 있을 수 없으며, 또한 (많은 최근 이론가들에 따르면) 윤리학에 객관적 진리 같은 것이 없다고 말하는 데에는 정당한 형이상학적 근거가 있다.[17] 간단히 말해서 그 핵심적 근거는 이런 것이다. 유일하게 존재하는 진정으로 객관적인 진리는 물리학의 진리뿐이며, 윤리학에서 주장되는 진리는 단적으로 물리학의 세계상에 '합치'하지 않는다.

이러한 행보는 실패하게 된다. 왜냐하면 (칸트의 어법을 빌리면) 물리학이 할 수 없는 한 가지는 그 자체의 가능성을 해명하는 일이기 때문이다. 존재하는 유일한 사실이 실제로 물리학의 사실뿐이라면 의미론적 사실은 존재할 수 없다. 예를 들어 의미론적 사실은 윤리적 사실이나 법적 사실이 그렇듯이 물리주의적 해명을 거부하는 것으로 드러났다. 특히 영국철학자들은 최근 무엇이 '절대적 세계관'(미래의 완결된 물리학을 가리키는 최근의 유행어)에 합치하며, 합치하지 않는지의 문제에 빠져 있지만 나는 이러한 특정한 지적 유혹을 지금의 독자들이 그다지 크게 선호할 것이라고 생각하지 않으며, 여기에서 더 이상 상세하게 다루지 않을 것이다.[18]

---

17) 이러한 입장의 다양한 변형(종종 양립 불가능한 입장과 주장을 수반하며)은 맥키(J. Mackie), 하먼(G. Harman), 윌리엄스(B. Williams), 위긴스(D. Wiggins), 블랙번(S. Blackburn), 기바드(A. Gibbard)의 저작에서 찾아볼 수 있다.

18) 나는 이 문제를 *Renewing Philosophy* (Cambridge, Mass.: Harvard University Press, 1990)에서 상세하게 다루었다. 규범적 개념들의 (물리적 개념으로의) 환원 불가능성과 의미론적 개념들의 환원 불가능성 사이에는 밀접한 연관이 있다. 사실상 나는 이 책에서 의미론적 개념들이 규범적 개념들과 밀접하게 연결되어 있다고 주장했다.

4. 진리와 보증된 주장 가능성

아무튼 이 마지막 형이상학적 문제와 함께 나는 법학에서의 진리와
정당화라는 주제에 이르게 되었다. 나는 방금 윤리학과 법학에서의 보
증된 주장 가능성에 관해서 잠깐 이야기했다. 나는 우리가 경험을 통해
서 학습한 탐구의 기준들을 적용할 수 있어야 한다는 것이 모든 영역에
서의 지적 탐구 수행에 필수적 조건이라고 지적했다. 나아가 나는 윤리
학에서, 또 법학에서도 다른 모든 영역에서와 마찬가지로 우리가 결코
진공에서(*ex nihilo*) 출발하는 입장에 있지 않기 때문에, 문제 상황 안
에서 하나의 추정적 해결책이 다른 것에 비해 더 낫다는 것을 구별하는
일―비록 오류 가능하다 하더라도―이 불가능할 이유가 없다고 지적
했다. 그러나 진리와 이러한 보증 가능성의 관계는 무엇인가?

이 물음은 엄청나게 까다롭고 민감하다. 한때 나는 진리가 '이상적'
(말하자면 **충분히 적정한**) 조건 아래서 보증된 주장 가능성으로 정의될
수 있다고 믿었다. 여기에서 무엇이 충분히 적정한 조건인지는 그 자체
로 탐구 과정에서 우리 자신이 결정할 수 있는 어떤 것이다.[19] 나는 더
이상 그것이 유효하다고 생각하지 않는다. 다시 말해서 나는 '참'이라
는 말의 사용에 관해 철학적으로 할 이야기가 많으며, 진리와 우리의
다양한 의미론적·인식론적 개념들 사이에 복잡한 관계가 있다고 생각
하지만, 더 이상 애당초 우리가 진리를 정의해야 할 필요가 있다고 생

---

19) 이 견해는 내가 *Reason, Truth and History* (Cambridge : Cambridge University
Press, 1981)에서 옹호했던 것이다. *The Threefold Cord : Mind, Body, and World*
(New York : Columbia University Press, 1999)의 일부로 출간되었던 듀이 강의
에서 나는 그 견해를 재고하고 부분적으로는 철회했다.

각하지는 않는다. 그러나 여기에서 나는 한 가지 논점을 제시해 두고 싶다. 비록 우리는 진리가 종종 보증된 주장 가능성(심지어 이상적 조건 아래에서의 보증된 주장 가능성)을 넘어선다고 믿는다 하더라도 진리가 '이상적'(또는 충분히 적절한) 조건 아래에서 항상 보증된 주장 가능성을 넘어설 수 있다고 가정하는 것은 큰 잘못이다.

  예를 들어, 우주론적 세계에 관한 어떤 진술이 참일 수 있지만 그것이 참이라는 것을 검증할 조건들이 존재하지 않을 수 있다. 이때 그것들을 검증할 '이상적 조건'이라는 개념 자체는 의미가 없을 수 있다. 예를 들면 지적 외계인이 존재하지 않는다는 것이 참일 수도 있지만 그것이 참이라는 것을 검증하는 것이 불가능할 수도 있다. 반면에 이 방 안에 의자들이 있다는 진술이 참이라면 그것은 물론 조건이 충분히 적절할 때 검증될 수 있는 어떤 것이다. 사실상 내가 이 장의 원천이 된 강의를 했다는 사실에 관한 조건들은 충분히 적절했으며 그 진술은 검증되었다. 진리가 그처럼 낯익은 경우에도 원리적으로 검증 불가능할 수도 있다는 가설, 그리고 우리 모두가 '통 속의 두뇌'(brains in a vat)일 수도 있다는 가설, 또는 데카르트의 버전을 따라 우리 모두가 사악한 악마에게 속고 있을 수 있다는 가설은 의미의 외관만을 갖고 있을 뿐이다. 왜냐하면 문제시되는 가설은 다음과 같은 (대부분 의식되지 않는) 특성을 갖고 있기 때문이다. 우리가 만약 이 중 한 방식으로 세계와의 접촉으로부터 실제로 절연된 경우, 우리 모두가 통 속의 두뇌이거나, 사악한 악마에게 속고 있는 탈신체적 마음들이라는 추측이 유의미한 지점까지 우리의 지칭 능력이 확장될 수 있다는 전제(그것은 물론 문제시된 가설의 핵심적 부분이다)는 거짓이 될 것이다.

  사물을 지칭하는 능력은 데카르트가 잘못 가정했던 것처럼 마음의 본성 자체에 의해 보장되는 것이 아니다. 사물에 대한 지칭은 그 사물과의 정보 전달적 상호작용을 요구하며, 그 사실은 진리가 모든 경우에 근본적으로 우리가 검증할 수 있는 것으로부터 독립되어 있다는 가능성을 거부하기에 충분하다. 진리는 그처럼 근본적으로 비인식적일 수 없다.[20]

　이것들은 난감한 문제다. 그렇지만 방안의 가구에 관한 이야기처럼 낯익은 경우에 진리가 인식 초월적이 아니라는 것을 깨닫기 위해서, 또 진리가 조건들이 충분히 적절하면 보증된 주장 가능성을 수반한다는 것을 깨닫기 위해서 진리가 과연 전적으로 인식 초월적일 수 있는가라는 물음에 대해 반드시 하나의 입장을 취해야 할 필요는 없다. 내 생각으로는 주제가 윤리학이거나 법학일 때, 이러한 사실은 더더욱 분명해진다. 완고한 형이상학적 실재론자라 하더라도 어떤 문제들은 본성상 만약 문제시되고 있는 진술이 참이라면 그 진술은 특정한 조건 아래서 검증될 수 있다는 사실을 함축한다는 점에 동의할 수밖에 없다. 이것은 이해가능성(intelligibility)에 대한 술어화의 경우에도 적용된다. 내가 어떤 텍스트가 이해가능하다고 말한다면 나는 부분적으로 그것이 이해될 수 있다는 것을 의미하며, 또한 누군가 텍스트를 이해한다면 데리다에게는 미안한 말이지만 그는 자신이 그것을 이해한다는 것을 알 수 있다. (물론 완전한 이해가 무엇이든 여기에서 그것이 문제시되는 것은 아니다.)

　'이해가능성'이라는 술어에 대한 진리는 충분히 적절한 조건 아래서 보증된 주장 가능성을 넘어서지 않는다고 주장하는 데에는 어떤 관념

---

20) 이것은 *Reason, Truth and History*의 1장에서 주장되었다. 좀 더 상세한 논의는 Peter Clark and Bob Hale, eds., *Reading Putnam* (Oxford : Basil Blackwell, 1994)에 수록되어 있는 라이트(C. Wright)의 논문과 그에 대한 나의 응답 참조.

론도 개입되지 않는다. 그러나 마찬가지로 내가 주장하는 것은 우리들이 메타윤리학에서 말하는 소위 '도덕적 실재론자'가 될 수 없다고 가정해야 할 이유가 없다는 것이다. 말하자면 도덕적 사실이 인식 초월적 사실이라는 것, 또는 인식 초월적 사실일 수 있다는 것을 받아들이지 않고서는 어떤 '가치판단'이 객관적 사실의 문제로서 참이라고 받아들일 수 없다고 가정해야 할 이유가 없다는 것이다. 만약 어떤 것이 인간의 문제 상황에 대한 좋은 해결책이라면 그것이 좋은 해결책이라는 개념 자체는 부분적으로 인간이 그것을 좋은 해결책으로 인식할 수 있다는 것을 의미한다. 우리는 인간이 원리적으로 그 사실을 인식할 수 없다 하더라도 어떤 것이 여전히 좋은 해결책일 수 있다는 생각을 유지해야 할 필요가 없다. 그런 유형의 난폭한 플라톤주의(rampant Platonism)는 비정합적이다.

도덕적 실재론은 내가 방금 '난폭한 플라톤주의'라고 불렀던 것이 되어서는 안 된다. 덧붙여서, 도덕적 실재론은 확정된 도덕적 용어 또는 법률적 용어로 전부 표현될 수 있는 최종적인 도덕적 진리들(또는 그와 관련해서 법적 진리들)이 존재한다는 생각에 대한 신뢰를 대변해야 할 필요도 없으며, 그래서도 안 된다.[21] 우리가 과학, 도덕, 그리고 법학에서 사용하는 '언어게임'(language game)을 구성하는 필수적 요소는 새로운 개념들을 고안하고, 그것들을 일반적 사용에 도입하는 일이다. 즉 새로운 개념은 그 출발점에서 새로운 진리를 구성할 가능성을 안고 있다. 만약 동결된 '최종적 진리'라는 개념이 과학에서 의미가 없다면 윤리학과 법학에서는 더더욱 그렇다. 그러나 대부분의 낯익은 포스트모던 이론들과는 대조적으로 실용주의자들은 이 때문에 우리가 진

---

21) '난폭한 플라톤주의'라는 말은 McDowell, *Mind and World*에서 온 것이다.

리나 보증된 주장 가능성, 또는 심지어 객관성에 관해서 이야기할 수
없다고 결론짓지는 않는다.

5. 요약

이 장을 마무리하기 전에 내가 도달했던 몇 가지 결론을 요약하는 것
이 좋을 것 같다. 나는 윤리학이나 법학의 경우, 어떤 사물이 특정한 가
치 속성들을 지니고 있다는 사실을 신비적이지 않은 방식으로 관찰할
수 있다고 주장했다. 어떤 포도주가 '깊은 맛'과 '강렬한 향기'를 갖고
있다든가, 어떤 사람이 '시원스럽다'[22]든가 '정열적'이라든가, 어떤 법
률적 보고서가 '엉성하게 짜여 있다'든가 하는 것이 그렇다. 이것은 종
종 색상 지각이 그렇게 추정되는 것처럼(이 점에 관해서는 여전히 많
은 논란이 제기되고 있다) 단순히 배선으로 연결된 뉴런들의 집합에
근거한 지각이 아니다. 거기에는 개념들의 적용이 개입된다. 나는 모든
지각이 이런 유형이라고 주장했다.

덧붙여서, 모든 지각에 개념이 개입되며, 개념은 항상 비판에 열려
있다는 사실에서 지각 자체가 수정 불가능한 '주어진 것'이 아니라 비
판에 열려 있다는 결론이 따라 나온다. 탐구는 지각으로 완결되지 않지
만 지각이 종종 틀린 것으로 판명된다는 사실이 우리가 그것을 정당하
게 신뢰할 수 없다는 것을 의미하지는 않는다. 실용주의자들은 의심 또
한 믿음이 요구하는 정도의 정당화를 요구하며, 우리가 의심해야 할 실

---

22) 이 사례는 Iris Murdoch, *The Sovereignty of Good* (New York : Schocken Books,
1971)에 제시되어 있다.

제적인 근거가 없는 다수의 지각이 존재한다고 생각한다. (오류주의와 반회의주의의 이러한 조합은 사실상 미국 실용주의의 주된 특징 중의 하나다.)[23]

듀이의 해명 안에서 어떤 것이 가치 있다는 판단은 특히 그가 평가 (valuing)라고 부르는 경험만을 요구하는 것이 아니라, '비판'[듀이는 또한 '감정'(appraisal)이라는 용어를 사용한다]이라는 활동을 요구한 다. 더욱이 나는 비판 안에서 "그러나 어떻게 나아갈 것인가?"라는 물 음은 '난문'(stumper)—사람들이 종종 그렇게 간주하는 것처럼—만 은 아니라고 주장했다. 우리는 어떻게 탐구가 수행되어야 하는가에 관 해 어느 정도 알고 있으며, 탐구 일반에 타당한 것은 가치 탐구에도 타 당하다는 원리는 설득력이 있다.

이러한 맥락에서 나는 오류주의(어떤 탐구의 산물도 비판에서 벗어 날 수 있다고 간주하지 말라)의 원리, 실험(문제 상황을 해결하는 다양 한 방법을 시도하거나, 만약 그것이 여의치 않으면 다른 방법을 시도한 사람들을 관찰하고 그 귀결을 주의 깊게 성찰하라)의 원리, 그리고 내 가 '탐구의 민주화'라고 부르는 것을 구성하는 원리들에 관해 언급했 다. 나는 우리가 현실적 삶에서 보증된 판단과 보증되지 않는 판단(가 치판단을 포함해서)을 적어도 가끔 구별—물론 까다로운 경우나 논란 적인 경우가 있으며, 또 있을 것이다—할 수 있으며, 보증된 판단과 보 증되지 않는 판단을 구별할 수 있다는 사실로 충분하다는 것을 제안했 다. [오스틴의 유명한 말처럼 "충분한 것으로 충분하지만, 충분하다는 것이 전부는 아니다"(Enough is enough; enough isn't everything)][24]

23) 실용주의의 이러한 측면에 관해서는 Putnam, *Pragmatism: An Open Question* (Oxford: Basil Blackwell, 1994) 참조.

여기에 인식 초월적 진리는 없다. 우리는 '가치판단'을 참/거짓이 가능한 것으로 다루기 위해 우리가 그것을 보증된 주장 가능성이나 보증된 거부 가능성이 있는 것으로 다룰 수 있으며, 또 실제로 그렇게 다루고 있다는 사실 이상의 근거를 필요로 하지 않는다.

---

24) J. L. Austin, "Other Minds," in his *Philosophical Papers* (Oxford: Clarendon Press, 1961), p. 84. 내가 이 장에서 '미국 실용주의'로 돌리는 대부분의 논점들은 오스틴에 의해서도 제시되는데, 오스틴은 머독과 마찬가지로 실용주의자들의 저작을 읽지 않았던 것으로 보인다.

7 | 가치와 규범*

하버마스(J. Habermas)를 처음 만났던 것은 내가 프랑크푸르트에서 강의하던 1980년 여름이었다. 그때부터 나는 경의와 관심을 갖고 그의 철학을 검토했으며, 그것은 나에게 도움이 되었다. 그의 작업이 엄청나게 풍부하고 방대한 영역을 다루고 있다는 사실을 굳이 언급해야 할 필요는 없을 것이다. 사실상 나는 하버마스의 저작에 관한 두 차례의 세미나를 공동 진행하기 위해 철학적 성향을 가진 사회학자들,

---

* 이 장은 프랑크푸르트대학교(Johann Wolfgang Goethe Universität in Frankfurt)에서 1999년 7월 9일, 하버마스의 70회 생일을 기념하는 학회에서 행했던 강의를 부분적으로 수정한 것이다. 그 강의는 뵈르데만(Karin Wördemann)의 독일어 번역으로 "Werte und Normen" in Lutz Wingert and Klaus Günther, eds., *Die Öffentlichkeit der Vernunft und die Vernunft der Öffentlichkeit: Festschrift für Jürgen Habermas* (Frankfurt am Main: Suhrkamp, 2001), pp. 280-313로 출간되었다.

한 세미나에는 벨(D. Bell)과 호손(G. Hawthorn), 그리고 다른 세미나에는 벤하비브(S. Ben-Habib)를 초대했는데, 그것은 하버마스의 저작이 기존 학문 분과의 경계선들을 무너뜨리고 있기 때문이다. 나는 또한 개인적으로 여러 차례에 걸쳐 하버마스를 만났으며, 사상가로서, 또 한 인간으로서 그에 대한 존경심은 점차 깊어졌다. 그는 우리 시대 유럽 사상의 거장들 중의 하나다.

최근에는 우리가 만날 때마다 떠오르는 특별한 주제가 있었다. 그 주제는 하버마스가 '가치'(values)와 '규범'(norms) 사이에 설정하는 엄격한 구분이다.[1] 하버마스의 저작(나의 저작에서도 마찬가지로)에는 수년 동안 입장과 강조점에서 여러 가지 변화가 있었지만 적어도 1981

---

1) "규범은 우리가 무엇을 해야 하는지에 관한 결정을 일깨워 주며, 가치는 어떤 행위가 가장 바람직한지에 관한 결정을 일깨워 준다. 인정된 규범들은 그 수용자에게 동등하고 예외 없는 책무를 부과하는 반면, 가치는 특정한 집단이 추구하는 좋음에 대한 선호 가능성을 표현해 준다. 규범은 일반화된 행동적 기대의 성취라는 의미에서 준수되는 반면, 가치 또는 좋음은 합목적적 행위를 통해 실현되거나 성취된다. 더욱이 규범은 이원적(binary) 타당성 주장을 제기하는데, 그것에 따라 규범은 타당하거나 부당하다고 말해진다. 당위 진술에 대해 우리는 주장적 진술에서처럼 단지 '예/아니오'로 답할 수 있거나 아니면 판단을 자제한다. 반면에 가치는 특정한 좋음이 다른 것에 비해 더 흥미로운 것임을 표현하는 선호의 관계를 확정해 준다. 따라서 우리는 평가적 진술에 대해 정도의 문제로 동의할 수 있다. 규범의 의무적 강제성은 무조건적이고 보편적인 의무라는 절대적 의미를 갖는다. 즉 우리가 해야만 하는 것은 모두(즉 모든 수용자에게)에게 동등하게 좋은 것이다. 가치의 흥미로움은 평가, 그리고 특정한 문화 안에서, 또는 특정한 집단 안에서 받아들여진 좋음들의 이행적 질서에 의존한다. 즉 중요한 평가적 결정 또는 상위적 선호는 모든 것이 고려되었을 때 우리에게(또는 나에게) 무엇이 좋은지를 말해 준다. Jürgen Habermas, "Reconciliation through the Public Use of Reason: Remarks on John Rawls's Political Liberalism," *Journal of Philosophy*, 92, no. 3 (March 1995), pp. 114-15.

년 그의 방대한 『의사소통적 행위 이론』(*Theory of Communicative Action*)의 출간 이래로 이 구분에는 변화가 없다.

하버마스는 '규범'이라는 말을 보편적으로 타당한 책무 진술이라고 이해한다. 규범에 대한 하버마스의 논의는 하버마스가 옹호하기 위해 평생을 바친 규범의 강제력, 즉 '담론 윤리학'(discourse ethics)의 규범들이 합리적 사고와 의사소통 자체의 강제력과 동일시되고 있다는 점에서 '칸트적'이지만, 이와는 대조적으로 '가치'는 자연주의적으로 다루어지고 있다. 가치는 상이한 '삶의 세계'가 다양하듯이 다양하게 나타나는 우연적인 사회적 산물로 간주된다. 가치와 관련해서 도덕성의 제약 문제가 들어서는 것은 소위 '메타적 차원'이다. '의사소통적 행위'의 하버마스적 규범은 의사소통적 행위를 통해서 우리의 가치를 옹호할 것을 요구한다. 기본적으로 이것은 칸트 윤리학의 용어를 사용한다면 타자를 단순히 수단으로가 아니라 목적으로 받아들이려는 정신 안에서 의미를 갖는다. 그러한 옹호에 부합하는 가치들만이 정당하다.[2] 그러나 정당한 가치들 사이에는 특정한 집단의 '삶의 세계'를 넘어선다는 의미에서의 더 나음 또는 더 나쁨이란 있을 수 없다. 나는 대화(의도적으로 자극적이었던)를 통해 다음과 같이 말했다. "위르겐, 당신 설명에 따르면 '규범'에 대립되는 것으로서 가치란 실증주의자들이 생각했던 것만큼이나 비인지적입니다!"

예를 들어보면 그 불일치가 어떤 것이었는지 분명해질 것이다. 우리

---

2) 이것과 준칙의 산출 수단이 아니라 준칙의 척도로서의 정언명령에 대한 롤스의 분석 사이에는 명백한 관계가 있다. John Rawls, *Lectures on the History of Moral Philosophy* (Cambridge, Mass.: Harvard University Press, 2000), pp. 143-325 참조.

가 마지막으로 며칠을 함께 보내고 있을 때, 하버마스는 내가 나의 선호, 또는 이런저런 삶의 세계의 선호를 넘어서서 옳은 것―삶의 세계들 자체가 그렇게 되어야만 하는 방식을 표상한다는 의미에서― 을 표상한다고 믿고 있는 가치(그가 말하는 '규범'이 아닌)의 사례를 제시해 보라고 요구했다. 나는 "다른 모든 것이 동등할 때, 인간의 번영에 대한 다양한 (도덕적으로 허용 가능한) 관념들이 있는 세계가 모두가 하나의 관념에 동의하는 세계보다 더 나은 세계라고 생각합니다"라고 대답했다.

요약하면, 내 주장은 비록 이상들의 다양성이 하버마스적 의미에서 하나의 '규범'은 아니지만, 다른 모든 것이 동등할 때 이런 종류의 다양성이 존재하는 세계가 더 나은 세계라는 것이다. '가치'는 다음과 같은 측면에서 보편적이어야 할 필요가 없다. 즉 특정한 행위가 친절하거나 잔인하다는 판단, 또는 어떤 사람이 건방지거나 시원스럽다는[3] 판단, 또는 어떤 아이가 '문제가 있다'라거나 '자신의 정체성을 발견했다'는 판단―무한히 많은 예들과 무한히 많은 **종류**의 예들이 있다― 등은 모두 현재 논의되고 있는 맥락에서 가치에 관한 판단들이다. 나는 그런 판단들이 실제적으로 참 또는 거짓으로 간주되며, 또 그렇게 간주되어야 한다고 본다. 최근에 나는 '실질적 가치 실재론'을 거부하는 유사한 태도가 내가 존경하는 또 다른 철학자, 내 친구이며 하버드의 동료인 코스가드(C. Korsgaard)의 저작들에서도 나타나고 있다는 사실을 발견했다. (칸트주의에는 분명히 철학자들을 이런 방향으로 몰아가는 요소가 있다.)

---

3) 이 사례는 머독의 다음 책 1장에서 중요하게 나타난다. Iris Murdoch, *The Sovereignty of Good* (New York : Schocken Books, 1971), 특히 pp. 17-27 참조.

여기에서 나는 그 문제에 관한 논의를 다음과 같이 이끌어 갈 것이다. 먼저 나는 하버마스의 입장에 대해 내가 이해한 대로 간략하게 서술할 것이다. 이어서 '규범/가치' 이분법 문제를 다루고, 끝으로 '규범'이 아닌 가치들에 국한된 것이라 하더라도 '가치 실재론'에 대한 회의주의가 치명적으로 자기 반박적이라고 주장할 것이다.

1. 하버마스의 입장에 대한 간략한 서술

나는 앞에서 하버마스에게는 기본적으로 오직 하나의 강제적인 보편적 규범, 즉 의사소통적 행위의 규범만이 존재한다고 지적했다. 나는 '의사소통적 행위'라는 개념이 독자들에게 익숙할 것이라고 생각하지만, 기억을 환기시키기 위해 '의사소통적 행위'라는 말이 하버마스가 화행, 그리고 합리적 담론의 이상에 지배되는 의사소통의 다른 형식들에 적용하고 있는 용어라는 점을 상기시키고 싶다. 하버마스가 의사소통 행위 안에서 찾아내고 있는 구체적 요소들 — 예를 들면 그것이 진정성(sincerity) 규범, 진실성(truth-telling) 규범, 그리고 오직 합리적으로 보증된 것만을 주장해야 한다는 규범에 지배된다는 것 — 은 합리적 담론의 이상을 섬세하게 드러내는 방식이다. 덧붙여서, 마찬가지로 익숙한 것이지만 의사소통적 행위는 조종(manipulation)과 대비된다. 그렇지만 하버마스에게 의사소통적 행위의 보편적 규범이 유일하게 타당한 보편적 윤리 규범이라고 말하는 것이 전적으로 옳은 것은 아니다. 이 대목에서 나는 다소간 미묘한 차이가 있는 해명을 제시하려고 한다.

거기에 앞서 하버마스의 주장을 소개하기로 하자. 그는 수년 전에 프랑크푸르트에서 내 강의와 관련된 논의에서 그 주장을 했다. 그는 "우리는 몇 개의 정언명령을 필요로 하지만 **지나치게 많은 것을 필요로 하지는 않는다**"라고 말했다. 내가 확신하기로 그가 말하는 것은, 한편으로는 말로 형언할 수 없는 행위들(세계 도처에서 일어났으며, 또 지금도 일어나고 있는 모든 고문과 집단학살을 생각해 보라)에 대한 판정이 단순히 '좋지 않은' 행위와 무조건적으로 나쁜 행위 사이의 엄격한 구분을 요구한다는 것이다. 그리고 이러한 구분이 모든 '규범', 즉 모든 보편적인 의무론적 진술이 우리에게 제시하려는 것이다.

다른 한편, 그러한 명령들을 내가 '메타 수준'이라고 부르는 것으로 제한할 필요가 있다. 즉 명령들이 규정하는 것—다소 모호한 용어를 사용하자면—이 윤리적 담론에서 **민주적 헌법**과 유사한 어떤 것이 되는 그런 차원으로 그것들을 제한할 필요가 있다. 왜냐하면 만약 우리가 모든 인간에게 보편적 강제력을 갖는 것으로 가정되는 구체적인 계율들을 입안하기 시작하면 권위주의라는 위험에 직면하기 때문이다. 내 생각으로는 하버마스가 종종 마치 유일한 보편적 규범이 의사소통적 행위뿐인 것처럼 말하는 것은 바로 '너무나 많은'(그리고 너무나 구체적인) 보편적 윤리 규범에 대한 이러한 우려 때문이다. 그렇지만 물론 그렇게 될 수는 없다.

유일하게 보편적으로 타당한 규범이 오직 **담론**에만 관련된다는 것은 사실일 수 없다. 결국 어떤 사람이 사실상 '계몽된 이기주의'(enlightened egotism)만을 따르고 있으면서도 **진실성**을 강제적 규범으로 인식할 수도 있다. [이것은 사실상 아마추어적이기는 하지만 영향력 있는 철학가(philosophizer)— 나는 그녀를 철학자(philosopher)라고 부를 수 없다 —인 랜드(A. Rand)가 권고하는 삶의 방식이기도 하다.] 그러나 그런 사람은 모든 측면에서 의사소통적 행위의 명문화된 원리는 아니라 하더라도 그 정신을 위배할 수 있다. 결과적으로 의사소통적 행위는 조종과 대비되며, 그렇기 때문에 그 사람은 '진정성, 진실성, 합리적으로 보증된 것만 말하기'라는 근본 명제를 위배하지 않고서도 사람들을 조종할 수 있다. 랜드의 자본주의적 영웅들은 (랜드는 그것을 조종이라고 생각하지 않겠지만) 항상 자본의 통제 등을 통해 사람들을 조종한다. 사실상 "내가 시키는 대로 하지 않으면 쏠 거야!"라고 말하는 사람은 담론과 관련된 어떤 준칙을 반드시 위배하고 있다고 할 수는 없다. 그러나 그러한 예들을 하버마스의 '담론 윤리학'에 대한 반론으로 사용하는 것은 잘못일 것이다.

그것이 잘못이라는 주장의 근거는 말할 것도 없이 의사소통적 행위 참여의 준칙 자체가 칸트적 정언명령의 틀 안에서 작동한다는 데 있다. 하버마스는 사람들이 항상 타자를 목적으로 대우하고 결코 수단으로 대우하지 않도록 행위해야 한다고 믿는 것이 분명하다. 합리적 이기주의자는 바로 이것을 위반하고 있는 것이다. (이타주의에 대한 랜드의 거부는 바로 정언명령의 이러한 정형화에 대한 거부다.) 그러나 항상 그렇듯이 칸트의 정언명령에 대한 반론은 그것에서 행위의 구체적 규칙을 끌어내기가 어렵다는 것이다. 칸트적 윤리학이 공허한 형식주의라는, 헤겔 이래로 끊임없이 반복된 그 비판은 바로 이 반론의 극단적 형태다.

칸트주의적 성향을 가진 다른 현대철학자들 ─ 롤스(J. Rawls)나 더 최근에 코스가드, 허먼(B. Herman) 등 ─ 이 폭넓은 칸트적 틀 안에서 내용적인 윤리적 규칙들을 이끌어 냄으로써 이러한 비판에 대응하려고 하는 반면, 하버마스는 다른 노선을 취하고 있다. 하버마스는 우리가 윤리적 삶 자체에 대한 최소한의 요건을 갖추고 있다고 가정한다. 즉 우리는 다른 사람의 목적을 중요하다고 간주하는 인간, 또 단순히 자신의 목적을 우선시해서는 안 되는 인간의 공동체 안에 있다는 것이다.

이렇게 해서 하버마스의 접근은 윤리적 삶이 우리에게 **구체적으로** 요구하는 것에 대한 불일치가 삶의 사실이며, 제거되지 않을 어떤 것이라고 가정하는 것이다.

행위의 규범에 관한 불일치와 마찬가지로 가치에 관한 불일치가 항상 우리와 함께 존재할 것(전체주의라는 이름에 부합하는 모든 사고의 억압을 금지함으로써)이라는 하버마스의 생각은 분명히 옳은 것이다. 모든 도덕적 불일치에 대한 권위적인(*ex cathedra*) 해결책을 제시하는 것이 철학의 임무여야 한다는 생각은 불합리한 것이다. 무디 애덤스(M. Moody-Adams)는 최근에 이렇게 말하고 있다.

> 도덕적 삶에 대한 도덕 이론의 상관성에 대한 회의주의에 맞서는 …… 효과적 도전은 철학적인 도덕 탐구의 권위적 위상에 대한 헛된 집착을 포기하는 데에서 출발해야 한다. …… 도덕철학이 다른 탐구 ― 문화인류학, 실험심리학, 문학, 또는 그것들의 결합물 등 ― 로 대체되어야 한다는 회의주의적인 반이론적 견해와 도덕철학이 도덕적 정당화 문제에 관한 최고의 심급이라는 근거 없는 견해 사이에 중도(middle way)가 있다. 그 중도는 도덕철학이 도덕적 탐구라는 지속적 과정에서 가치 있고 특별한 참여자라는 생각을 포함한다.[4]

하버마스적 '담론 윤리학'을 이해하는 한 가지 길은 그것을 정확히 그러한 '중도'로 받아들이는 것이다. 여기에서 철학은 '최종적 심급'의 권위를 내세우지 않고서도 우리의 윤리적 담론에서 '가치 있고 특별한

---

4) Michele Moody-Adams, *Fieldwork in Familiar Places : Morality, Culture and Philosophy* (Cambridge, Mass. : Harvard University Press, 1997), p. 176.

참여자'가 될 수 있다. (내가 아는 한, 담론 윤리학에 대한 소박한 비판
들은 대부분 하버마스가 제안하는 '이상적 화행 상황'이 미래의 특정
한 시점에 실제로 도달될 어떤 지점이라고 가정하는 한편, 그러한 상황
이 무디 애덤스가 정당하게 거부했던 '최종 심급'에 해당된다고 가정
하는 이중적 오류를 범하고 있다.) 하버마스는 '최종적인' 윤리적 체
계, 최종적인 행위 규칙들을 산출하는 작업을 수행하려는 것이 아니다.
대신에 그가 제시하려는 것은 우리의 행위를 규제하는 일차적 규칙들
에 관해 불가피하게 드러나는 불일치에 어떻게 대처할 것인지에 관한
규칙이다. 이러한 측면에서 우리는 하버마스를 '최소주의적인 칸트적
도덕철학자'라고 부를 수 있을 것이다.

나는 여러 곳에서 담론 윤리학의 가치에 대한 나의 신뢰에 관해 언급
했다.[5] 여기에서 내 목적은 정말로 담론 윤리학이 넓은 의미의 칸트적
접근에서 이끌어 낼 수 있는 전부인가에 관한 논쟁에 뛰어드는 것이 아
니다. 내 물음은 오히려 과연 (소수든 다수든) 칸트적인 보편적 규범들
이 실제로 윤리학에서 모든 '객관적인 것'을 포괄하는가이며, 다른 한
편으로는 과연 때때로 '가치'에 다양한 국지적 '삶의 세계'의 역사에서
드러나는 우연성 이상의 것이 존재하는가이다.

---

5) Hilary Putnam, "A Reconsideration of Deweyan Democracy," *The Southern
    California Law Review*, 63 (1990), pp. 1671-98 참조. 또한 Putnam, "Preface"
    in *Pursuits of Reason : Essays in Honor of Stanley Cavell*, ed. T. Cohen, P.
    Guyer, and H. Putnam (Lubbock, Tex.: Texas Tech University Press, 1993),
    pp. vii-xii, 그리고 "Ein Deutscher Dewey," in *Neue Züricher Zeitung*, 12 (June
    13, 1999), p. 77.

2. '규범/가치' 이분법에는 문제가 있다

이 절에서 나는 (잠정적으로) 하버마스를 제쳐 두고 다른 유형의 '칸트적' 견해를 고찰할 것이다. 그러나 나는 이 장이 하버마스에 관한 장이라는 것을 염두에 두고 있으며, 다음 절에서 다시 그의 이론으로 되돌아올 것이다.

내가 접했던 것 중 내가 가치라고 부르는 것에 대한 강한 환원주의적 자연주의의 강력한 표현은 코스가드의 『규범성의 원천』(*The Sources of Normativity*)[6]의 몇 부분에 소개되고 있다. 그런 견해를 해명하고 옹호하는 비판자들에 대한 코스가드의 답변은 『윤리학』이라는 학회지에 후속적으로 발표했던 「동기, 형이상학, 그리고 자아의 가치」에 제시되고 있다.[7] 여기에서 코스가드는 이렇게 쓰고 있다.

> 내가 읽기로 칸트는 어떤 형태의 실질적인 가치 실재론도 받아들이지 않는다. 그는 우리 경향성의 대상이 그 자체로 좋은 것이라고 생각하지 않는다. 우리는 사물이 좋은 것이라고 지각하기 때문에 그것을 원하는 것이 아니다. 오히려 그것에 대한 최초의 끌림은 자연적인 심리적 충동들이다(p. 52).

코스가드가 '경향성의 대상'이라고 부르는 것은 그녀의 해명에 따르

---

6) Christine Korsgaard, *The Sources of Normativity* (Cambridge: Cambridge University Press, 1996).

7) Korsgaard, "Motivation, Metaphysics, and the Value of the Self: A Reply to Ginsborg, Guyer, and Schneewind," *Ethics*, 109 (October 1998), pp. 49-66.

면 아직 '가치'가 아니며, '최초의 심리적 충동들'은 아직 평가가 아니다. 우리는 그것들을 평가하거나 평가하지 않도록 우리를 이끌어 가며, 또 그것들에 대해 행위하거나 행위하지 않도록 우리를 이끌어 가는 하나의 준칙을 받아들임으로써 그것들을 가치 또는 평가로 만든다. 그녀는 이렇게 말한다.

여기에서 더 중요한 논점은 칸트의 이론 안에서 우리의 가치들이 무에서 오는 것이 아니라 심리적 재료에서, 즉 관심이나 즐거움 같은 자연적 원천에서 창조된다는 것이다. 칸트 이론의 다른 부분에서도 그런 것처럼 여기에서도 이성은 스스로 발견하는 재료에 형상을 부과함으로써 작동하고 있다(p. 57).

그러나 '스스로 발견하는 재료에 형상을 부과'하는 과정에서 이성은 어떤 실질적인 목적에 의해서도 인도되지 않는다. 그래서 코스가드는 "사실상 단 하나의 실천이성의 원리, 즉 우리가 보편적 법칙으로서 준칙을 선택해야 한다는 원리만이 있다"(p. 60)고 말한다. 나아가 그녀는 단순히 칸트 해석자의 목소리가 아니라 자신의 목소리라는 점을 분명히 밝히면서 "내 결론적 주장은 우리가 우리 자신을 가치를 부여하는 존재로 이해해야 하며, 따라서 인간성(humanity)을 목적 자체로 평가해야 한다는 것이다"(pp. 60-61)라고 말한다.

그러한 정식화에 관해 내가 발견한 문제는 다음과 같은 간단한 고찰에서 비롯된다. 준칙들, 그리고 보편화를 통해 우리 자신에게 부과하는 '규칙들'은 그 자체로 가치 용어를 포함하고 있는 것이다. 즉 그것들은 내가 2장에서 논의했던 소위 '두터운 윤리적 용어', 즉 '친절한' '잔인한' '건방진' '예민한' '무감각한' 등의 용어를 포함하고 있다. 예를 들면 그렇지 않아야 할 도덕적 근거가 없는 한, 우리가 상대하는 사람들에게, 특히 고통과 근심에 빠진 사람들에게 친절하게 대해야 한다는 것은 (명시적으로는 아니라 하더라도 암시적으로) 모든 품위 있는 인간에게 행위의 규칙(아마도 항상 지킬 수는 없지만, 그럼에도 불구하고 지키기를 희망하는 행위의 규칙)이다. 이와 유사한 행위 규칙들이 잔인성을 피하고, 무례함을 피하고, 다른 사람에 대한 **모욕**을 피하고, 또한 다른 사람들의 생각이나 느낌에 대해 **민감해질** 수 있도록 우리를 이끌어 간다.

사르트르적 실존주의와 논리실증주의를 **모두** 비판하는 초기 저서에서[8] 머독(I. Murdoch)은 두 진영의 철학자들이 모두 독립적인 '능력들'(faculties)[9]로 구성되는 마음 개념을 공유하고 있다고 지적하는데,

---

[8] Murdoch, *Sartre, Romantic Rationalist* (New Haven, Conn.: Yale University Press, 1953).

[9] 듀이는 마음에 대한 동일한 구도를 이미 1880년대에 비판하고 있다. 예를 들면 "우리 눈앞에 있는 가장 복잡한 조망은 심리학적으로 말해서 단순한 궁극적 사실이 아니며, 밖으로부터 각인된 인상도 아니다. 대신에 그것은 아마도 관심, 주의, 그리고 (해석의 심리학적 법칙들을 매개로 국지화되지 않은 연장의 느낌들을 수반하는) 색상 지각과 근육 감각으로 구성된다. 요컨대 그것은 그 안에 정서적, 자발적, 지적 요소를 포함하는 복합적 판단이다." John Dewey, "The New Psychology," in *The Early Works*, vol. 1, ed. Jo Ann Boydston(Carbondale, Ill.: Southern Illinois University Press, 1969), pp. 54–55.

또 그는 이렇게 말한다. "분명한 사실은 대장장이 일, 목수 일, 증기 기관이라는 본래적 능력이 존재하지 않는 것처럼 관찰이나 기억, 추론이라는 능력이 존재하지 않는다는 것이다. 이 능력들은 단순히 특정한 충동과 습관이 특정하게 한정된 종류의 작업의 성취와 관련해서 조정되고 틀지어진다는 것을 의미한다. 소위 정신적 능력에 관해서도 정확히 동일한 것이 적용된다. 그것들은 그 자체로 힘들이 아니라 그것들이 향해진 목표들, 그것들이 수행해야 하는 역할들과 관련해서만 작용하는 힘들이다. 따라서 그것들은 결코 이론적 근거에서가 아니

그 구도 안에서 지각은 '중립적' 사실을 제공하며 가치는 의지에서 비롯된다. 이것이 물론 칸트적인 구도는 아니다(또는 적어도 엄밀하게는 아니다). 그러나 코스가드의 버전—아마도 모든 버전?—에서 그 구도는 마찬가지로 일종의 능력심리학을 가정한다. 그 능력심리학 안에서 가치들(우리의 모든 가치들, 심지어 우리가 보통 자기애로 돌리는 가치들)은 자율적 이성에서 오는 반면,[10] '우리의 경향성의 대상'에 대한

라 실제적 근거에서만 힘으로서의 위치가 주어지고 논의될 수 있다. 같은 책, pp. 60-61.

10) 코스가드의 「동기, 형이상학, 그리고 자아의 가치」에서 특이한 논증을 찾아볼 수 있는데, 그 논증은 욕망하는 것을 얻는 것('자기애')에 대해 가치 평가조차도 "다른 인과적 힘인 도덕법칙에 의해 봉쇄된 인과적 힘이 아니며, 따라서 그것은 그 다른 힘에서 벗어나자마자 자유롭게 작용한다"는 것을 보이려는 것이며, 나아가 "가치 평가는 단순히 자기애의 성향을 가진 자기 의식적 동물에게는 일종의 자립적 위상을 갖는 고려일 뿐"이라는 것을 보이려는 것이다.

자기애에 대한 '고려'가 이러한 자립적 위상을 가져야 한다는 논변은 다음과 같다. "합리적 존재가 자기애라는 기본적 성향을 거부하고, 그렇게 함으로써 자신들의 경향성이 위상을 갖는다는 사실을 거부할 수 있을까? 칸트는 이러한 일이 생길 수 있다는 것을 부정하는 것으로 보이지만 …… 나는 그가 그렇게 해야 하는 이유를 이해할 수 없다. 따라서 당신이 그렇게 할 수 있다고 가정해 보자. 거기에 뒤따르는 것은 무엇인가? 당신이 자신만의 어떤 개인적 목표도 추구하지 않을 수 있다면, 이때 당신은 어떤 준칙들에 따라 행위하려고 할 것인가? 우리는 일상적 행위 과정에서, 또 일들을 처리하면서 완전한 의무들—진실을 말해야 한다거나 약속을 지키는 것과 같은—에 직면하지만, 이제 처리해야 할 아무것도 남아 있지 않다.

불완전한 의무들은 어떤가? 추정컨대 만약 당신이 자신의 경향성들이 위상을 갖는다는 것을 부정하면 당신은 다른 사람의 경향성들에 대해서도 위상을 부정할 것이며, 그러면 그들의 행복을 증진시키려는 당신의 의무는 사라지게 될 것이다. 그렇다면 어떻게 할 것인가? …… 자기애의 거부는 경향성의 통제로부터의 자유에 이르는 길이 아니라, 규범적 회의주의와 무의미로 나아가는 길이다. 인간이 자기 자신에게 가치를 부과하지 않으면 어떤 근거나 가치도 존재할 수

'우리의 최초의 끌림' 은 '자연적인 심리적 충동들' 이다. (이것이 바로 칸트의 유명한 경향성/이성 이분법이다.) 그러나 이 구도와는 반대로 '친절한' '예민한' '잔인한' '굴욕적인' '건방진' 등의 용어 ─1부에서 주장했던 것처럼, '평가적 요소' , 달리 말해서 가치중립적 용어로 기술되는 '기술적 요소' 로 분해될 수 없는─는 중립적인 기술적 속성들을 가리키지 않는다. 그 속성들이란 우리의 '자연적인 심리적 충동들' 이 [맥도웰(J. McDowell)이 아리스토텔레스의 개념을 부활시키면서 '획득된 이차적 본성' [11]이라고 부르는 것의 도움 없이] 직면하는 속성들이다.

어떤 행위가 잔인하거나 친절하며, 민감하거나 둔감하며, 건방지거나 시원스럽다는 것은 가치 개념들의 렌즈를 통해서만 가능하다. 칸트주의적 구도와는 대조적으로 우리는 단일한 도덕 개념(사람들이 '심리적으로 형성된 자극에 법칙의 형식, 말하자면 당위를 부과한다는 것' 을 가리키기 위해 요구되는 개념)[12]을 수반하는, 완전히 자연주의적인 어휘를 보완함으로써 구성되는 어휘만으로는 도덕적 삶을 꾸려갈 수도 없고 꾸려가지도 않는다. 인간적인 다양한 가치들이 없이는 규범들(코스가드의 '규칙들')이 진술될 어휘가 존재하지 않는다.

없게 된다(pp. 56-57). 그러나 어느 누구도 규범적 회의주의를 피할 수 있는 다른 방식을 찾을 수 없어서, 자신의 욕구─도덕의 측면에서나 분별의 측면에서나 잘못이 없는─에 따라 활동하려는 준칙을 하나의 법칙으로 삼았기 때문에 훈제한 쇠고기 샌드위치를 먹는 것은 아니다. 하나의 합리적 재구성이라고 하더라도 그것을 받아들이기는 힘들다.

11) John McDowell, *Mind and World* (Cambridge, Mass.: Harvard University Press, 1994), pp. 84-88과 그의 논문 "Two Sorts of Naturalism," in *Mind, Value and Reality* (Cambridge, Mass.: Harvard University Press, 1998), pp. 167-98 참조.

12) 이 구절은 코스가드의 것이다. Korsgaard, "Motivation, Metaphysics, and the Value of the Self," p. 57.

3. 윌리엄스의 해법

『이성·진리·역사』 이래로 나는 가치 용어들이 개념적으로 필수 불가결할 뿐만 아니라 순수하게 기술적인 용어들로 환원될 수도 없다고 주장해 왔다.[13] 『윤리학과 철학의 한계』에서 윌리엄스(B. Williams)는 이 점을 인정하면서도 그 철학적 중요성을 중화시키려고 시도했다.[14] 『이성·진리·역사』에서 나는 다음과 같이 결론지었다.

> 윤리학은 '비과학적'(unscientific)이라는 말이 암시하는 것처럼 물리학과 상충되는 것은 아니다. 그것은 단지 '정당한' '좋은' '정의감' 등이 물리적 담론으로 환원될 수 없는 담론 안에서 사용되는 개념이라는 것을 말한다. …… 상이한 기본적 담론들은 물리적 담론으로 환원되지 않으며, 또 그 때문에 부당한 것이 되지도 않는다. '정의'에 관한 이야기는 '지칭'에 관한 이야기가 그렇듯이 비과학적이지 않고서도 탈-과학적(non-scientific)일 수 있다(p. 145).

이와는 달리, 윌리엄스는 (1) 과학의 개념들만이 세계의 구조를 기술하며, (2) 참으로 '과학적인' 개념들은 오직 물리학의 개념들뿐이라는 입장을 옹호한다.[15]

윌리엄스의 전략은 사실상 '두터운' 윤리적 개념이 기술적 요소와

13) Putnam, *Reason, Truth and History* (Cambridge: Cambridge University Press, 1981).

14) Bernard Williams, *Ethics and the Limits of Philosophy* (Cambridge, Mass.: Harvard University Press, 1985).

평가적 요소로 분해되지 않는다는 것을 인정하는 반면, 그것을 사용하는 우리의 진술은 '절대적' 타당성('절대성'은 윌리엄스의 형이상학의 핵심적 개념이다)을 갖지 않는다고 말하는 것이었다. 그렇지만 윌리엄스에 따르면 윤리적 진술은 적절하게 '참'이라고 불릴 수 있는데, 그것은 '참'이 우리가 '절대적으로' 말할 때뿐만 아니라 '특정한 사회적 세계'에 관해 이야기할 때에도 사용할 수 있는 수식어이기 때문이다.[16]

윌리엄스는 이 말이 동일한 윤리적 진술이 'A라는 문화에서 참'인 동시에 'B라는 문화에서 거짓'일 수 있음을 의미하는 것이 아니라는 점을 신중하게 설명하고 있다. 대신에 그것은 윤리적 진술의 '진리'가 그 진술이 사용되는 '사회적 세계' 안에서만 이야기될 수 있다는 것을 의미한다. 다른 문화들은 그 진술을 고려하는 그만큼 '배제된다'. (한 문화에서 다른 문화로 이행해 가는 '현실적 선택'이 주어지지 않는 한 그렇다. 그러나 여기에서 내 목적은 윌리엄스의 구도의 복잡성에 빠져들려는 것은 아니다.)[17]

우리의 목적을 위해서는 다음과 같은 기술만으로 충분할 것이다. 설혹 윌리엄스의 견해가 정합적이라 하더라도 그것이 코스가드와 같은

15) 윌리엄스의 '절대적 세계관' 개념을 참조하라. 더 상세한 문헌과 논의는 Putnam, *Renewing Philosophy* (Cambridge, Mass.: Harvard University Press, 1992), 5장 pp. 80-107 참조. 윌리엄스와 나 사이의 최근 논의는 Williams, "Philosophy as Humanistic Discipline," *Philosophy*, 75 (2000), pp. 477-96, 또한 Putnam, "Reply to Bernard Williams' 'Philosophy as a Humanistic Discipline'," *Philosophy*, 76 (2001), pp. 605-14.
16) 나는 윌리엄스가 '참'이라는 말을 사용하는 방식에 대해 매우 당혹스럽게 느끼고 있다고 고백한다. Putnam, *Renewing Philosophy*, pp. 103-105.
17) 윌리엄스에 관한 나의 논문으로는 "Pragmatism and Relativism: Universal Values and Traditional Ways of Life," in *Words and Life* (Cambridge, Mass.: Harvard University Press, 1994), pp. 182-97 참조.

칸트주의자에게는 거의 도움이 되지 않을 것이다. 우리의 윤리적 준칙
이 두터운 윤리적 개념을 포함—그렇다는 것이 명백하지만— 한다고
가정해 보자. 그 경우 그것을 '보편 법칙'으로 만드는 것은 그러한 윤리
적 개념의 확장은 무엇인가라는 물음에 대해 보편적으로 이해 가능한
답이 존재하지 않는다고 보는 모든 견해 안에서 문제를 불러올 것이다.
즉 어떤 행위, 사람, 사물이 그러한 개념에 속하는가라는 물음은 '특정한
사회적 세계 안에서만' 의미를 갖는다는 모든 견해 안에서 이런 문제
가 생긴다. 나의 이성이 '입법'하는 '법칙들'은 아마도 형식적 보편성
을 가질 수 있겠지만, 그 내용은 결코 '보편적'이지 않을 것이다. 가치
와 관련된 모든 유형의 상대주의는 '규범'(코스가드의 어법을 빌면 이
성이 '법칙의 형식'을 부과하는 준칙들)을 가만히 두지 않는다.

4. '담론 윤리학'은 이 문제를 피할 수 있는가?

내가 하버마스를 알게 된 이래로 그의 입장은 어떤 측면에서 변화했
으며, 따라서 내가 제시하는 논점들에 대해서 지금의 그가 어떻게 대응
할지에 관해 확신할 수는 없다.[18] 그러나 내가 논의하고 싶은 두 가지
가능한 답변(하버마스의 실제 답변은 그 두 가지와 다른 것일 가능성
이 크다)이 있다.

두터운 윤리적 개념이 당신이 아니라 나의 '사회적 세계' 안에서 사
용되는 경우를 생각해 보자. 예를 들어 오늘날에는 '순결'(chastity)이

---

18) 나는 친구인 에슬러(W. Essler)의 초청으로 프랑크푸르트대학교에서 강의하면
  서 여름 학기를 보내고 있던 1980년에 하버마스와 처음 만났다.

라는 개념이 전혀 사용되지 않는[아마도 '부정적인 인용 제스처'
(shudder quotes)를 사용하는 경우를 제외하고는] 사회적 세계가 존재
한다. 만약 내 규범들 중의 하나가 "부정한 행동을 피하라"이고, '부정
한'이라는 개념이 당신의 시각에서 단지 시대착오적이기 때문에 이 규
범이 당신에게 아무런 의미도 없다고 하자. 이때 만약 윌리엄스가 옳으
며, 그 개념에 '사회적 세계로부터 독립된' 확장이 존재한다고 가정할
수 없다면 우리는 어떻게 해야 할까?

　우리가 할 수 있는 한 가지는 그 물음, 즉 "당신은 이 개념을 습득해
야 하는가?"에 관해 토론하는 일이다. 만약 그 물음에 대한 답이 '예'
라면 우리는 다음 물음에 관해 토론할 수 있다. "당신은 내가 그 개념을
사용해서 방금 구조화했던 규범을 받아들여야 하는가?"라는 물음과
"나는 그 개념을 전적으로 포기해야 하는가?"라는 물음이 그것이다.[19)]

　이것이 담론 윤리학에 불러오는 난점은 **토론**(타협에 대비되는 것으
로서) 안에서 현재의 문제가 인지적으로 유의미한 것으로 전제되어 있
다는 점이다. 만약 그렇게 가정되지 않는다면, 램지(F. Ramsey)가 지
적하는 것처럼 그런 '토론'은 "A는 만약 자신이 성실하지 못하면 가책
을 느낄 것이라고 말하며, B는 **자신이** 아무런 가책도 느끼지 않을 것이
라고 말하는 방식으로 이루어질 것이다."[20)] 우리는 담론 윤리학의 필요

---

19) 윌리엄스에 따르면 'should'나 'ought' 등 '얇은' 윤리적 개념들을 사용해서
　　구성된 물음들은 다음과 같은 조건이 주어지면 상이한 '사회적 세계'에 속하는
　　사람들에 의해 논의될 수 있다. (ⅰ) 두 사회적 세계가 모두 얇은 윤리적 개념들
　　을 갖고 있다. (나아가 윌리엄스는 모든 현재의 사회적 세계들이 이 조건을 충
　　족한다고 생각한다.) (ⅱ) 타인의 전망으로 '이행해 가는 것'은 토론에서 양편의
　　참여자에게 모두 단순히 '개념적' 가능성이 아니라 현실적 가능성이다. (물론
　　하버마스적 담론 윤리학은 상상되었던 것과 같은 경우에 '의사소통적 행위'를
　　위해서 우리에게 그것을 하나의 현실적 가능성으로 간주하도록 가르칠 것이다.

성을 이해함으로써 '가치에 대한 사회학주의(sociologism)'라고 부를 수도 있는 것에 조금이라도 양보하는 것이 하버마스의 철학적-정치적 기획에 얼마나 치명적인지를 이해할 수 있을 것이다. 가치에 대한 사회학주의란 가치 논쟁을 더 나은 근거가 어디에 있는지에 관한 결정을 요구하는 합리적 불일치의 문제로 다루는 것이 아니라,[21] 결과적으로 해소되어야 할(그것들이 흔히 그렇기는 하지만) 단순한 사회적 갈등으로 다루는 입장이다.

우리의 준칙이 매우 다른 어휘들을 사용한다 하더라도 우리는 그 어휘들이 어떻게 적용되어야 할 것인지에 관한 공동의 어휘와 공동의 이해를 지향하는 토론('의사소통적 행위'의 규범적 의미에서)에 참여할 수 있다. 그렇지만 그 물음들에 대한 정확한 답 같은 것이 존재하지 않는다면, 그 토론은 더 나은 근거를 가진 답을 찾으려는 진정한 노력이 될 수 없다. 기껏해야 그 토론은 하버마스가 분명히 동의할 것 같지 않은 철학자인 로티가 말하는 '대화를 계속하기' 안에서 이루어지는 연습에 불과할 것이다. 유일하게 보편적인 윤리적 규칙이 "이야기를 계속하자!"(Keep talking)가 될 수 있을까? 만약 '예'라고 답하게 되면 (이것이 내가 언급했던 첫 번째 답변이다) 당신은 문자 그대로 '최소주

---

20) Frank P. Ramsey, Epilogue ("There Is Nothing to Discuss"), in his *Foundations of Mathematics and Other Logical Essays* (London: Routledge & Kegan Paul, 1931), p. 289.

21) 왜 나는 "진리가 어디에 있는지"라고 말하지 않는가? 나 또한 그렇게 말할 수도 있다. 사실상 (과학과는 달리) 윤리학의 경우에 윤리적 근거들이 항상 선형적 논증으로 주어질 수 없다는 것을 인정하는 한(다이아몬드가 오랫동안 그렇게 해야 한다고 우리에게 권고하는 것처럼) 참된 견해는 최선의 근거를 갖는 견해와 다를 수 없다. Cora Diamond, *The Realistic Spirit* (Cambridge, Mass.: MIT Press, 1991), pp. 291-308.

의 윤리학'(minimalist ethics)을 갖게 될 것이다.

두 번째 답변은 하버마스가 『의사소통적 행위 이론』의 출간 이전에 담론 윤리학을 옹호했던 방식, 즉 아펠(K.-O. Apel)의 '선험화용론' (transcendental pragmatics)[22]의 도움을 통해 옹호했던 방식 안에 암시되어 있다. (내가 읽기로 『의사소통적 행위 이론』은 아펠의 입장과 좀 더 '최소주의적인' 입장 사이에서 '흔들리고' 있었던 것으로 보인다.) 아펠의 입장의 핵심은 퍼스(C. S. Peirce)를 따라[23] 진리를 무한하게 지속되는 토론의 한계 안에서 합의될 수 있는 것(물론 규범적 의미에서의 '토론', 즉 의사소통적 행위)과 동일시하는 것이다. 아펠의 중요한 행보는 이러한 동일시를 윤리적 주장, 나아가 사실상 **모든** 담론에 적용하는 것이다.[24]

우리가 이 생각을 받아들인다고 가정해 보자. 한편으로 만약 최대한 넓은 공동체(종종 하버마스와 아펠이 '관련된 모든 사람'의 공동체와

---

22) 하버마스는 "Wahrheitstheorien," "Was heisst Universal Pragmatik," in *Vorstudien und Ergänzungen zur Theorie des kommunikativen Handelns* (Frankfurt am Main : Suhrkamp, 1984)에서 명시적으로 아펠의 선험화용론에 의존하고 있다. 그의 이러한 태도에 대한 상세한 사항과 문헌들에 관해서는 Putnam, "Werte und Normen," in Lutz Wingert and Klaus Günter, eds., *Die Öffentlichkeit der Vernunft und die Vernunft der Öffentlichkeit : Festschrift für Jürgen Habermas*, n. 26 참조.

23) Karl-Otto Apel, *Charles S. Peirce : From Pragmatism to Pragmaticism*, trans. John Michael Krois (Frankfurt am Main : Suhrkamp, 1984).

24) 이것은 제임스를 통해 예기되었던 것이다. Putnam and Ruth Anna Putnam, "William James's Ideas," in Putnam, *Realism with a Human Face* (Cambridge, Mass. : Harvard University Press, 1990), pp. 217-31 참조. 그러나 퍼스 자신은 이것을 반대했다. Charles S. Peirce, *Reasoning and the Logic of Things*, ed. Kenneth Laine Ketner with an Introduction by K. L. Ketner and H. Putnam (Cambridge, Mass. : Harvard University Press, 1992), pp. 105-22 참조.

동일시하는) 안에서 지속되는 토론에서 불일치의 해소가 불가능하다
는 결론으로 이어진다면 현안의 개념(우리 경우에 '순결')을 포기해야
한다고 주장할 수 있다. 왜냐하면 그 경우 양편 어디에도 진리가 존재하
지 않기 때문이다. 그 이유는 만약 (a) 어떤 행위가 순결한지, 부정한
지, (b) 사람들이 과연 "부정한 행동을 피하라"는 준칙을 보편화해야
하는지에 관해 진리(또는 타당한 진술)가 존재한다면, 결국 우리가 상
상하는 (이상적) 토론의 모든 참여자들은 그것이 바로 '참된'의 의미라
는 점에서 그 진리에 동의할 것이기 때문이다.[25] 반면에, 만약 (a)와 (b)
에 관한 진리가 존재한다면 (이상적 조건에서) 충분히 지속된 토론은
다시 '참된'의 정의 자체를 토대로 이러한 진리들로 수렴되어야 한다.

내 물음에 대한 아펠적 답변과 앞의 최소주의적 답변 사이의 매우 중
요한 차이에 대해 주목하라. 내가 서술했듯이 최소주의적 답변은 단순
히 내가 2장에서 논의했던 윌리엄스의 견해를 받아들인다. 그 요지는
두터운 윤리적 언어로 진술된 가치 주장들은 단지 상대적 유형의 타당
성―이런저런 '사회적 세계' 안에서의 타당성(윌리엄스 자신은 **규범적**
진술이 또한 오직 상대적인 타당성만을 지닌다고 말하겠지만 하버마스
는 물론 이것을 받아들일 수 없을 것이다)― 만을 지닌다는 것이다. 최

---

25) 하버마스는 진리 개념이 타당성 개념에는 적용되지만 규범에는 적용되지 않는
다고 생각한다. 이 구분은 이 장을 구성하는 강의에 대한 하버마스의 답변에 핵
심적 역할을 하고 있다. 그것은 "Werte und Normen: Kommentar zu Hilary
Putnams Kantischen Pragmatismus," 그리고 "Antwort auf Jürgen Habermas,"
in Marie-Louise Raters and Marcus Willascheck, eds., *Hilary Putnam und die
Tradition des Pragmatismus* (Frankfurt am Main: Suhrkamp, 2002)라는 제목으
로 출간될 것이다. 나의 「답변」에서 나는 하버마스의 견해가 20세기의 위대한
논리학자들, 특히 프레게와 타스키가 강조했던 진리 개념의 속성들을 간과하고
있다고 주장했다.

소주의적 답변은 단적으로 우리에게 가치에 대한 보편적으로 타당한 주장이 주어지지 않을 때 어떻게 행위할 것인지에 관해 이야기하고 있다. 이와는 대조적으로 아펠의 견해에 따르면, 그런 주장은 보편적 타당성을 가질 수 있으며, 담론 윤리학은 우리가 (장기적으로) 어떤 것이 보편적으로 타당한지를 발견할 수 있는 절차를 제공한다.

과연 이 견해가 적절한지를 살펴보기 위해 다음 두 가지 물음을 고려해 보자.

① 퍼스의 진리 규정을 지지하는 아펠은 옳은가?
② 내가 주장하려는 것처럼 첫 번째 물음에 대한 답변이 만약 "퍼스의 진리 규정은 물리학의 진술을 포함한 기술적 진술에 대해 옳지 않다"라면, 그것은 그럼에도 불구하고 윤리적 진술에 대해 옳은 것인가?

5. 아펠과 퍼스는 잘못된 진리 이론을 갖고 있다

우리가 아무리 퍼스-아펠 해명을 명료성에 대한 현대적 기준[토론이 무한히 계속되거나 무한히 연장된다면 어떻게 될 것인지에 관한 반사실문(counterfactual)은 명료한 것으로 간주되기 어렵다]에 따라 좀 더 수용 가능하게 만든다 하더라도 여전히 거기에는 한 가지 본질적인 특징이 있다. 즉 그 해명에 따르면 인간이 검증할 수 없는 진리가 존재한다는 것은 형이상학적으로 불가능하다. 그 해명은 따라서 '반실재론'(antirealism)이라고 불리는 견해의 일종이다. 왜냐하면 그것은 인간의 검증 능력의 한계에 의존해서 세계에 관해 참일 수 있는 한계를 설정하기 때문이다.

여기에서 실재론과 반실재론에 관해 논의하는 것은 번거로운 일탈이 될 것이다. 대신에 나는 다른 곳에서 제시했던 나의 견해를 간략하게 서술하려고 한다.[26]

반실재론을 옹호하는 논증은 항상 비난의 형태, 즉 진리들이 종종 이 상적으로조차도 검증 불가능할 수도 있다는 생각이 지나치게 '형이상학 적'이라는 비난의 형태를 띤다. (반실재론은 그것을 형이상학의 한 형 태로 받아들이지는 않는다.) 그렇지만 만약 내가 "모세의 삶과 관련된 사실들을 아는 것이 불가능할 수도 있다"라고 말하면, 그것이 일종의 형이상학적 발화라는 것을 인식하기가 쉽지 않다. 우리 또는 다른 사람 들이 미래에 검증할 수 있다는 것이 바로 '형이상학적' 주장—형이상 학이 정의상 상식과 대립적이라는 의미에서—이라는 점을 제외하면, 그것은 오히려 모세의 삶에 관해 아무런 진리도 없다는 주장처럼 보일 것이다.

반대로, 과연 모든 진리가 최소한 '원리적으로'라도 우리와 같은 존 재가 학습할 수 있는지에 관한 물음이 전적으로 우연적 물음이라는 믿 음은 과학과 상식의 일부이며, 동시에 과학과 상식의 세계관 안에 깊숙 이 고착되어 있다. 나아가 몇 가지 이유 때문에 (우연적인 경험적 사실 에 비추어 볼 때) 인간의 식별 능력을 넘어선 다수의 진리가 존재한다 는 것이 그 물음에 대한 답이라는 믿음이 오늘날 과학 이론들 안에 깊

---

26) 나의 세 번째 듀이 강의인 "The Face of Cognition," in *The Threefold Cord : Mind, Body, and the World* (New York : Columbia University Press, 1999), pp. 43-70, 그리고 Putnam, "Pragmatism," in *Proceedings of the Aristotelian Society*, 95, part III (1995), pp. 291-306. 참조.

이 고착되어 있다.[27] 내 스스로 수년 동안 진리가 '이상화된 합리적 수용 가능성'과 동일시될 수 있다는 생각을 옹호해 왔지만, 최근에 나는 이것이 잘못이었다고 생각하고 있다.[28] 만약 '선험화용론'이 반실재론적 진리 이론의 귀결(또는 주장된 귀결)에서 생겨나는 기획이라면 그것은 하나의 오류의 귀결에서 생겨나는 기획이며, 따라서 포기되어야 한다.

6. 윤리적 진리에 대한 아펠의 해명과 난점

앞서 나는 "만약 퍼스의 진리 규정이 물리학의 진술을 포함하는 기술적 진술에 대해 옳지 않다면, 그것은 그럼에도 불구하고 윤리적 진술에 대해 옳은 것인가?"라는 물음을 제기했다. 이 물음은 중요하다. 방금 지적한 것처럼, 어떤 경험적 진술은 검증될 수 없다는 생각이 세계에 대한 최선의 상식적이고 과학적인 구도 안에 깊이 고착되어 있으며, 검증 불가능성이 그 진술이 참도 거짓도 아니라고 말하는 이유가 될 수

---

27) 그 이유들 중에는 정상적인 엔트로피 증가에 따른 정보의 파괴와 '카오스'라고 불리는 현상, 그리고 상대성 이론 때문에 생기는 정보 전이 속도의 근원적 한계와 양자역학 현상 때문에 생기는 정보 존속의 한계 등이 포함된다. 끝의 것은 블랙홀을 포함한다. 스티븐 호킹의 명료한 대중적 해명은 다음 주소에서 찾아볼 수 있다. http//www.hawking.org.uk/text/public/dice.html.

28) 나는 진리 문제와 관련된 반실재론을 포기하게 된 이유를 특히 듀이 강의에서 상세하게 설명했다. 그 강의는 Putnam, "Pragmatism," in *The Threefold Cord : Mind, Body and World*(각주 26에서 인용)의 1부에 재수록되었다. 또한 "Pragmatism and Realism," *Cardozo Law Review*, 18, no. 1 (September 1996), pp. 153-70은 Morris Dickstein, ed., *The Revival of Pragmatism* (Durham, N.C.: Duke University Press, 1998), pp. 37-53에 재수록되었다.

없다는 생각이 상식적 실재론이나 그 구도와 병행하는 과학적 실재론에 각인되어 있는 반면, 윤리적 진술의 경우 그 반대 상황이 성립하기 때문이다. 윤리학자들은 오랫동안 우리의 의무가 우리에게 알려질 수 있으며, 만약 그렇지 않을 경우 그것은 우리의 의무일 수 없다고 주장해 왔다. 그러나 이것은 아펠의 진리 이론을 단순히 윤리적 주장에만 국한시킴으로써 (여기에서 내 목적에 맞게) 그것을 구제할 수 있다는 것을 의미하지는 않는다.

내 시각에서 핵심적 문제는, "우리의 의무에 관한 모든 진리 주장이 우리에게 알려질 수 있다"로부터 "토론이 충분히 지속된다면 진리 주장은 이상적 토론의 결과가 될 것이다"로의 이행 과정의 정당화 문제다. 이 과정이 왜 문제인지에 대한 설명은 우리를 나의 처음 주제, 즉 가치와 규범이 서로 얽혀 있는 방식의 문제로 이끌어 갈 것이다. 나는 이 핵심적 주제를 세 가지 문제로 나누어 살펴볼 것이다.

(1) 이상적 토론이란 모든 참여자들이 의사소통적 행위 참여의 규범, 그리고 그것이 수반하는 모든 것을 받아들이는 토론이다. 그것이 수반하는 것은 솔직하게 말하는 것, 무엇이 진리인지를 말하기 위해 최선을 다하는 것, 무엇이 정당화되는지를 말하기 위해 최선을 다하는 것, 조종이 아니라 논증의 힘을 통해 서로를 이기려고 시도하는 것 등이다. 담론 윤리학의 모든 규범과 준칙은 이상적 토론 상황의 기술에 내재되어 있기 때문에, 그것들은 그 상황에 대한 정의를 통해 모든 참여자가 받아들일 것이다. 그러나 그렇다면 그 **규범**과 **준칙**을 정당화─그것들이 하버마스적 윤리학 전체를 구성하고 있다─해 주는 것은 결코 무한하게 지속된 퍼스적 탐구의 결과가 아니다!

다양한 저술과 논문에서 아펠의 답변은 그것들이 '초월적 방법'에

의해 정당화된다는 것이다. 말하자면 그것들이 합리성에 의해, 진리를
추구한다는 것이 무엇인지를 정의하는 절차들에 의해 **전제된다**는 것이
다.[29] 만약 우리가 진리의 정의를 윤리적 진술에 대한 이상적 합의의
산물로 한정한다면 그 초월적 논증도 같은 방식으로 한정되어야 할 것이
다. 그러면 그 주장은 담론 윤리학의 규범과 준칙이 윤리적 합리성의
전제조건이라는 말이 된다. 나는 이 점에 동의하고 싶지만, 그것은 퍼
스적인 이유 때문이라기보다는 듀이적 이유 때문이다.[30] 아무튼 나는
우선 이 대목에서 가능한 반론들을 제쳐 두고 싶다. 대신에 나는 다만
담론 윤리학의 규범을 따르는 것이 정당화된 윤리적 믿음에 도달하기
위한 **필요조건**이라 하더라도, 아펠이 여전히 제시해야 할 것은 그보다
훨씬 더 강한 어떤 것이라는 점을 지적하려고 한다. 그는 그러한 규범
을 준수하는 것이 동시에 정당화된(그리고 궁극적으로 참인) 윤리적
믿음에 도달하기 위한 **충분조건**이라는 점을 보여야 한다. 이것은 내가
제기하려고 했던 다른 물음으로 이끌어 간다.

---

29) 아펠은 "어떤 문제에 대한 모든 토론에 …… 전제된 합리적 논증이 이미 보편적
  윤리 규범의 타당성을 전제한다"고 말한다. Apel, "Das Apriori der Kom-
  munikationsgemeinschaft und die Grundlage der Ethik," in his *Transformation
  der Philosophie*, vol. 2 (Frankfurt am Main : Suhrkamp, 1976), p. 397. 또 다음
  을 참조하라. "내가 실제적인 자기모순을 범하지 않고서는 부정할 수 없는 어떤
  것, 그리고 동시에 선결문제요구의 오류(petitio principii)에 빠지지 않고서는
  연역으로 근거지을 수 없는 것은 논증의 언어유회가 의미를 갖는다고 할 때 사
  람들이 언제나 이미 인정해야만 하는 논증의 선험화용론적 전제조건에 속한
  다." Apel, "Das Pro-Sprachpragmatik," in B. Kanitschneider, ed., *Sprache und
  Erkenntnis* (Innsbruck : Institut für Sprachewissenschaft der Universität
  Innsbruck, 1976), p. 22ff.
30) Putnam, "Pragmatism and Moral Objectivity," in *Words and Life*, pp. 174-77의
  마지막 절 「듀이는 과학의 논리에서 윤리학을 이끌어 내려고 시도했는가?」 참조.

(2) '토론이 무한히 연장된다면' 이라는 형태의 반사실문의 불명료성에 관한 문제들로부터 벗어난다 하더라도, 우리가 과연 하나의 문제를 영원히 토론할 수 있는 세계에 관해 명료한 개념을 갖고 있는가? 나는 이제 윤리적 물음에 관한 이상적이고 충분히 연장된 토론의 결과가 필연적으로 옳을 것이라고 믿어야 할 이유가 없다고 주장할 것이다.

아펠의 이러한 주장(마찬가지로 하버마스의 주장일 수도 있는)에 대한 나의 회의적 태도는 유비를 통해 설명될 수 있다. 내가 생각하는 유비를 설명하기 위해 먼저 비트겐슈타인(L. Wittgenstein)의 『철학적 탐구』(*Philosophical Investigations*)(II, 207ff.)에 나타나는 간략한 논의를 서술할 것이다.

비트겐슈타인은 감정을 '가장하는' 의 문제에 관한 논쟁을 고찰한다. (그가 사용하는 예는 과연 어떤 사람이 정말로 사랑에 빠졌는지에 관한 논쟁이다.) 그런 물음에 대한 나의 판단이 옳다고 확신할 수도 있지만 그것이 다른 사람을 설득하지 못할 수도 있다. 합리적이게도 비트겐슈타인이 말하는 것은, 그런 판단들, 즉 그 공동체가 합의에 도달하지 못하는 판단들이 그럼에도 불구하고 옳은 것일 수 있다는 것이다. 어떤 사람은 다른 사람에 비해 더 나은 인간 이해를 갖고 있으며, 인간 이해는 규칙들의 체계로 환원될 수 없다.

비트겐슈타인은 더 나은 인간 이해를 가진 사람들이 일반적으로 예측을 하는 데 더 탁월하다고 말한다. 그러나 그는 감정의 진실성에 대한 모든 개별적인 옳은 판단이 결과적으로 전체 공동체의 동의를 요구하는 방식으로 행동을 통해 확증될 것이라고 말하고 있지도 않으며, 그렇게 암시하고 있지도 않다. 대신에 그는 그러한 판단들이 전형적으로 '측정 불가능한 명증성' 에 근거해서 이루어진다고 말한다.

그렇다면 어떤 행위가 잔인한 것인지에 관한 논쟁(이것은 나의 유비적인 윤리적 논쟁이다)을 고려해 보자. 한 아버지가 자신의 아이를 괴롭히는 심리적 잔인성을 표출하는 한편, 그 아이의 눈물이 정말로 '진지한' 것임을 부인(그가 둔감하기 때문이든 가학증적 경향 때문이든)한다. 그 아버지는 "그는 그것을 견디는 법을 배워야 해!"라고 말한다.

공동체 전체는 이것이 잔인성이라고 동의할 것인가? 설령 토론 상황이 '이상적'이라 하더라도 그들은 합의에 이르러야만 하는가? (비트겐슈타인의 예에서 유비적 물음은 다음과 같은 것들이다. 공동체 전체는 그 사람의 끌림의 징후들이 정말로 사랑에 빠졌음을 말해 준다는 점에 동의할 것인가? 설령 토론 상황이 '이상적'이라 하더라도 그들은 합의에 이르러야만 하는가? 정말로 사랑에 빠져 있음과 사랑에 빠져 있지 않음 사이의 구분은 그 자체가 하나의 <u>윤리적</u> 구분인가?)

여기에서 우리는 매우 섬세하게 논의를 진행해 나아가야 한다. 그 공동체의 대부분 구성원들, 또는 심지어 중요한 소수가 앞의 사례에서 그 아버지의 둔감함을 공유하고 있다고 가정해 보자. 추정컨대, 그들은 대부분 다른 측면에서 나쁜 사람들이 아니다. 그들은 진정으로 옳은 일을 하려고 하며, 합리적 논증을 좋아한다. 사실상 그들은 이 사례가 '잔인성'의 사례인지에 관한 물음을 재미있다고 생각하며, 그것에 관해 끊임없이 토론한다. 누구도 다른 사람을 조종하려고 하지 않으며, 모두가 진지하게 다른 사람의 이야기에 귀를 기울인다. 그러나 우리는 그 아버지, 그리고 그와 유사한 다른 사람들은 결코 '그것을 이해하지' 못하는 상황을 충분히 상상해 볼 수 있다. 설령 이상적 토론 상황의 요건(정직하게 말하며, 최선을 다해 참인 것을 말하며, 최선을 다해 정당화된 것을 말하며, 어떤 종류의 조종에도 의지하지 않고 논증의 힘으로 상대방을 이기려고 노력하는 등)에 대한 올바른 해석에 따라 그 토론 상황이 충분히 '이상적'이라 하더라도 합의는 존재하지 않는다.

아펠과 하버마스는 분명히 '파울'을 선언할 것이다. 그러나 이들의
답변, 또는 최소한 하버마스에게서 예상되는 답변(들)을 고찰하기 전
에 그러한 사례들에 관해 내가 제시하려고 하는 논점을 기술해 보자.

앞의 상황에서 참여자들의 잘못은 그들이 담론 윤리학의 규범들을
준수하지 않았다는 것이 아니다. 대신에 우리는 무엇이 잘못되었는지
를 특정한 윤리적 문제에 적절한 두터운 윤리적 어휘를 사용해서 진술할
수 있다. 그들은 '둔감하다'(인간 이해를 갖는 것의 반대), 그들은 '가
학증적 징후'를 갖고 있다 등이 그것이다. 이 경우에 '이상적 토론 상
황'이 어떤 것이 될지를 기술하기 위해서 우리는 두터운 윤리적 개념들
을 사용(그리고 우리의 청중이 그것을 숙달)해야 할 것이다.

『의사소통적 행위 이론』에서 하버마스는 종종 적어도 이상적 토론의
참여자들이 사실상 이상적 정신분석(실제의 정신분석을 이용하든 다
른 것을 이용하든)[31]의 등가물을 획득하고 있어야 한다는 추가적 요건

---

31) Habermas, *The Theory of Communicative Action*, 2 vols., trans. Thomas
McCarthy (Boston, Mass.: Beacon Press, 1984). "이해(Verständigung)에 도달
하는 것은 언어 능력과 행위 능력이 있는 주체들이 합의(Einigung)에 도달하는
과정으로 간주된다. 물론 어떤 집단의 사람들은 지향하는 명제적 내용이나 의도
적 대상을 확인하기 어려울 정도로 애매한 분위기 안에서 하나 됨을 느낄 수도
있다. 그러한 집단적 동질감(Gleichgestimmtheit)은 이해에 도달하려는 시도들
이 성공적일 때 도달하게 되는 유형의 동의(Einverständnis)의 조건을 충족시키
지 못한다. 의사소통적으로 성취된 동의 또는 의사소통적 행위 안에서 공동으로
전제한 동의는 명제적으로 차별화된다"(vol. 1, pp. 268-87).
　　또한 "만약 뒤르켐을 따라 우리가 법과 도덕의 보편화에서, 지속적인 개별화
에서, 또한 세계관의 합리화 과정에서 드러나는, 신성한 것을 언어화하려는 경
향을 주장한다면, 우리는 자아 정체성(ego-identity) 개념이 일상적인 의사소통
적 실천에 수반되는 자기 이해에 점차적으로 부합하게 될 것으로 가정해야만 한
다. 이 경우 우리는 정체성 형성의 새로운 단계에서 정체성의 조건과 기준 또한
변화해야 할 필요가 없는지에 관한 심각한 물음에 직면하게 된다. 일상적으로

을 끼워 넣으려고 하는 것으로 보인다. 그러나 나와 마찬가지로 사람들이 정신분석적 통찰의 현실성을 받아들인다 하더라도 정신분석은 결코 피험자를 완벽한 인간 이해자로 만들어야 한다고 주장하지 않는다(또한 정신분석가들은 자신들이 이상적인 인간 이해자라고 주장하지도 않는다).[32]

　내 사례의 경우에, '가학증적 징후' 처럼 과학적으로 들리는 나의 표현을 사용함으로써, 정신분석과 유사한 것이 해결책일 수 있다는 제안이 있을 수 있다. 그러나 도덕적 지각에서 모든 실패가 그처럼 과학적으로 들리는 표현을 사용함으로써 서술되거나 설명될 수 있는 것은 아니다. 분명히 해 두고 싶은 것은, 내가 말하는 '도덕적 지각' 이라는 말이 무어(G. E. Moore)와 같은 도덕적 직관주의자가 이야기하는 것, 즉 좋음의 '비자연적 속성' 을 지각하는 신비적 능력을 의미하지 않는다는 점이다. 내가 의미하는 것은, 누군가 '견디는 법을 배우는 것' 과 반대되는 것으로서 '불필요하게 겪는 것' 을, 누군가 '무례한 것' 과 반대되

　'나' 라는 대답을 통해 화자는 자신이 종적으로 언어 능력과 행위 능력이 있는 주체로 인식될 수 있으며, 또한 수치적으로는 그의 배경에 관해 알려 주는 몇 가지 중요한 자료를 통해 인식될 수 있다는 것만을 표현할 뿐이다. 그렇지만 그가 술어적 자기 정체성을 통해 자아 정체성의 요구 수준을 충족시키자마자 그는 '나' (적절한 맥락 안에서)라는 대답을 통해 자신이 종의 측면에서 **자율적으로** (autonomously) 행위하는 주체로, 수치적으로는 그가 스스로에게 책임 있게 부과하는 삶의 역사의 연속성을 드러내 주는 자료를 통해 인식될 수 있다는 것을 표시하게 된다"(vol. 2, p. 106).

32) 아펠은 퍼스의 진리 이론에서 끌어온 초월적 논증을 통해 작업하면서 이 문제에 불가피하게 직면하지는 않는다. 그렇지만 일단 우리가 진리를 (이상적) 토론(또한 퍼스는 여기에 **실험**을 추가할 것이다)에서 귀결되는 합의와 동일시하는 것을 거부하면 진리와 합의가 윤리학과 같은 모든 특수한 경우에 서로 부합해야만 하는지에 대한 근거 제시 요구를 피할 수 없다.

는 것으로서 '시원스럽다' 는 것을, 누군가 '나약한 자유주의자' 에 반대되는 것으로서 '열정적' 이라는 것 등등을 구분하는 능력을 의미한다. 이러한 구분하기를 가르쳐 주는 과학은 없다. 구분하기는 머독의 표현을 빌면 '끊임없이 완성 가능한' 기술, 동시에 도덕적 어휘 자체에 대한 (마찬가지로 끊임없이 완성 가능한) 숙달과 밀접하게 얽혀 있는 기술을 요구한다.[33]

이 대목에서 나는 하버마스의 입장이 안고 있는 근원적인 애매성에 이르게 되었다고 생각한다. 나는 하버마스가 담론 윤리학의 주장들을 제한하도록 설득하고 싶다. 즉 구체적으로 그가 담론 윤리학이 윤리학의 일부―물론 가치 있고 중요한 일부―이지만 독립적으로 성립하는 윤리학은 아니라고 말한다면, 말하자면 윤리학이 확보할 수 있는 모든 '타당성' 의 정초(또는 '현대성' 안에서의 정초)는 아니라고 말한다면, 나는 그가 아주 옳은 길로 접어들게 될 것이라고 생각한다.

그러나 누군가 하버마스와 아펠이 담론 윤리학을 대변해서 제시했던 좀 더 야심찬 주장을 옹호하려고 하면, 그 주장들을 믿을 근거가 사라지거나(만약 '담론 윤리학' 이 이성을 특징짓는 어떤 확정적 규범들로 국한될 때 이렇게 될 것이다), 아니면 그 주장들은 공허한 것이 될 것이다. 그 이유는 이렇다. "이상적 토론 상황에서는 윤리적 논쟁에서 옳은 판정에 이를 수 있다"는 주장이 만약 그 논쟁자들이 이상적으로 도덕적으로 민감하고, 상상력이 있고, 공정하다면 옳은 판정에 이를 수 있다는 것을 의미한다면, 그 주장은 순수하게 '문법적인' 것이 된다. 즉 그것은 '윤리적 논쟁에서 옳은 판정' 이라는 개념에 (그 개념이 독립적으로 보유하지 않은) 어떤 내용도 제공하지 않는다. 사실상 '이상적으로 도

---

33) Murdoch, *The Sovereignty of Good*, pp. 28-37.

덕적으로 민감한'이나 그와 유사한 개념들은 그 자체로 윤리적 개념이다. 뿐만 아니라 실제 논쟁에서 그것들에 내용을 부여하기 위해서는 여전히 가치 용어이면서도 좀 더 기술적인 내용을 가진 용어들로 대체함으로써 그것들을 '두텁게 만들' 필요가 있다.

나는 그 문제가 칸트적 접근 안에 내재되어 있다고 본다. 코스가드의 저작을 통해서 보았듯이, 칸트주의는 가치를 단순한 심리학적 사실('자연적인 심리적 충동'), 또는 그 단순한 심리학적 사실에 대한 실천이성의 작용의 산물로 취급하는 한편, 실천이성 자체를 특징짓는 원리를 추구한다. 칸트의 유명한 경향성/이성 이분법은 두터운 윤리적 개념들이 전통적인 사실/가치 이분법들을 거부한다는 사실에 대해 우리의 눈을 가리고 있다. 자기애의 '자립적 위상'을 해명하면서 코스가드가 겪게 되는 어려움은 이러한 사실을 예증해 준다.[34]

(3) 나는 리오타르(J.-F. Lyotard)가 하버마스적 담론 윤리학에 대해 제기했던 반론을 본 적이 있다. 그것은 담론 윤리학이 '발화 능력 없는 사람들'(the inarticulate)을 주변화하거나 배제한다는 요지의 반론이었다. 어떤 의미에서 이 반론은 부당한데, 나는 그 이유를 설명하기 위해서 두터운 윤리적 개념들이 사용되어야 한다고 본다. 만약 리오타르가 의미하는 것이, 발화 능력이 있으며 지적인 언어 사용자들이 의식적으로 발화 능력이 부족한 구성원들을 착취하고 조종하는 것이 그들에게 정당한 것이 되는 방식으로 이상적 담론 상황에 동의할 수도 있다는 것이라고 가정해 보자. 그 경우, 그 공동체의 '발화 능력 없는' 구성원들과 관련된 그 집단의 행위는 그 자체로 조종적이 될 것이라는 점에서

---

34) 이 장의 각주 10 참조.

그 비판은 부적절하다.

하버마스적 의미에서의 이상적 토론이 되기 위해서는 논쟁에 참여하는 사람들이 상호적 논쟁에서 담론 윤리학의 원리들을 준수하는 것만으로는 충분치 않다. 즉 발언하지 않는 사람들조차도 그 집단의 구성원으로 간주되어야 하며(그렇지 않으면 그것은 관련된 모든 사람을 포괄하지 못한다), 그 집단의 다른 모든 구성원들에 대해 비-조종적 태도를 가져야 한다. 논쟁에 성공적이지 못한 사람들과 관련해서는 "부상자들의 부르짖음에 귀 기울이라"는 제임스(W. James)의 훌륭한 권고가 항상 살아 있다. 부르짖기 위해서 발화 능력을 가져야 할 필요는 없다! 만약 부상자의 부르짖음이 무시되면, 그 토론 상황은 하버마스적인 의미에서든 아펠적인 의미에서는 분명히 '이상적인' 것이 아니다.

그러나 리오타르가 다른 것을 염두에 두고 있을 가능성도 있다. 그가 발화 능력 있는 사람들이 발화 능력 없는 사람들에 대해 (최소한 주관적으로는) 선한 의지를 갖고 있으며, 적어도 명백한 '부상자들의 부르짖음'에 귀 기울이는 토론의 경우를 생각하고 있을 가능성이 크다. 그러나 우리는 최소한 주관적으로는 선한 의지를 가질 수 있으면서도 그 부르짖음에 대해 체계적으로 잘못 해석할 수 있으며, 우리의 이익 때문에 그렇게 했을 수도 있다. 만약 이것이 실제로 리오타르가 생각했던 것이라면 이것은 앞서의 문제와 관련된 또 다른 특별한 사례다.

7. 왜 가치를 상대화하거나 '자연화하려고' 하는가?

윤리학을 '자연화하려는'(naturalize) 욕구가 광범위하게 확산되어 있기는 하지만 자연화의 '대가'는 아주 크다. (듀이의 용법과는 다르게 나는 '자연주의'라는 말과 그 파생어들을 유물론의 동의어로 사용한다. 왜냐하면 유감스럽게도 그것이 그 단어의 사용 방식이 되어 버렸기 때문이다.) 모든 자연주의적 해명은 '관련된 사회적 세계 안에서' 또는 '개인의 욕구나 태도에 상대적으로' 등과 같은 '추가 조항'이 없이 윤리적 명제들이 참/거짓으로 기술될 수 있는 판단 또는 사고의 표현이라는 믿음을 거부한다. 혹은 (만약 그들이 완전히 합리적이고 객관적인 윤리적 판단이 존재한다는 주장에 동의한다면) 그들은 **탈윤리적** (nonethical) 용어로 그러한 판단의 목적(때로는 내용)에 대한 해명을 제시한다.

후자의 경우, 그 해명은 다음과 같은 방식으로 이루어질 수 있지만, 그 해명이 어떤 것이든 윤리학은 사실상 밖으로부터 정당화되어야 할 어떤 것으로 취급된다. 먼저 진화론적 해명에서 윤리적 판단은 궁극적으로 '이타주의'에 기여하는 것이며, 그것은 단순히 그 자체로 집단적 존속을 확보하는 기제로 간주된다. 공리주의적 해명에서 그것은 집단, 종 또는 싱어(P. Singer)의 경우에서처럼 다수의 종들의 관점에서 유용성의 계산이 된다. 끝으로, 계약주의적 해명에서 그것은 최소한 '무지의 베일' 뒤에서 어떤 특정한 윤리적 관점도 전제하지 않고 그 자체로 감정 가능한, 또는 불편부당성만을 전제하고 감정 가능한, '근거를 제시하려는' 관심에 기여한다.

나는 우리 시대에 이것이 논리실증주의로 이끌어 가는 전략의, 유혹적이지만 결과적으로는 파괴적인 매력을 반영한다고 생각한다. 따라서 그 전략은 이렇게 기술할 수 있다. "우리가 겨우 최소한을 지킬 수 있는 한, 회의주의자에게 그가 주장하는 거의 대부분을 주기로 하자." 과학철학에서 이 전략은 우리가 감각(때로 이것은 지금 이 순간의 감각만으로 제한된다)에 대한 지식을 갖는다는 주장을 유지할 수 있는 한, 회

의주의자에게 다른 모든 것을 양보할 수 있다는 생각으로 이어진다.[35]
즉 우리는 관찰 불가능한 것을 그 자체로 알 수 없으며, 책상과 의자,
우리의 감각과 독립된 대상들의 존재에 관해서도 알 수 없으며, 심지어
다른 사람의 존재에 관한 지식은 물론 어떤 윤리적, 형이상학적, 미학
적 지식도 가질 수 없다는 것 등을 인정할 수도 있다. 그 발상은 이 빈
약한 최소한이 예측적 지식이라는 관념, 따라서 과학이라는 관념을 유
지할 수 있게 해 준다는 것이다. 오늘날 이 관점의 매력은 발생할 때와
비슷하게도 신비한 방식으로 사라진 것으로 보인다. (그렇지만 그것이
앞으로 또다시 나타나지 않는다고 확신할 수는 없다.)

윤리학의 경우 이에 상응하는 생각은 우리가 환원 불가능하게 윤리적
인 지식을 가질 수 없다는 점을 회의주의자에게 양보할 수 있다는 것이
다. 그러나 빈곤한 사람을 보면 그를 도와줄 의무가 있다는 나의 지식보
다 무엇이 더 환원 불가능하며, 또 그럴 수 있을까? (반성적으로 내가
다른 윤리적 책무들이 그 앞서의 책무보다 더 우선적이라고 결정한다
고 하더라도 이것이 절대적으로 근원적이고 환원 불가능한 어떤 것에
대한 인식을 바꾸는 것은 아니다.) 우리가 그 책무를 단순한 '느낌'으
로 간주하게 되면, 우리는 윤리적 세계 밖의 먼 곳(그것이 사막의 풍경
처럼 보이든 열대의 밀림처럼 보이든)을 방황하게 될 것이다.[36]

---

35) 우리가 다른 사람의 존재에 대해 어떤 지식도 가질 수 없다는 주장의 모순어법
적(oxymoronic) 성격에 주목하라! Putnam, "Why Reason Can't Be Natural-
ized," in *Realism and Reason : Philosophical Papers 3* (Cambridge : Cambridge
University Press, 1983), p. 236 참조. 나는 카르납이 『세계의 논리적 구조』(*Der
logische Aufbau der Welt*)에서 정확히 이러한 모순어법을 사용하고 있다고 주장
했다.
36) 여기에서 나는 내가 이해한 레비나스를 따랐다. Putnam, "Levinas and
Judaism," in Robert Bernasconi and Simon Crichley, eds., *The Cambridge*

더욱이 윤리학과 과학철학의 두 경우는 서로 무관한 것이 아니다. 왜 냐하면 내가 앞서 말했던 것처럼 과학에서 가설의 선택은 인식적 가치 를 전제하며, 이 가치에 관한 용어, 즉 '정합적인' '단순한' '우아한' (이론에 적용되는) 등은 '두터운 윤리적 개념'과 유사하게 작용하기 때 문이다.[37]

사실상 내가 다음 장에서 주장하려는 것처럼, 윤리적 가치에 관한 상 대주의(또는 맥락주의)를 지지하는 모든 낯익은 논증들이 이러한 인식 적 가치와 관련해서 반복될 수 있다. 두 경우 모두에서 그런 논증을 받 아들이는 대신에 우리가 해야 할 일은 윤리적 가치와 인식적 가치가 모 두 우리 삶에 필수 불가결하다는 사실을 인식하는 일이다. '자연화할 수 없는' 가치란 있을 수 없다는 것을 보이려는 논증들은 사실상 너무 많은 것을 증명한다. 즉 환원적 해명이 가능한 것만을 받아들여야 한다 는 요구는, 내가 저서, 강의, 논문 등 여러 곳에서 주장해 왔듯이, 가치 담론뿐만 아니라 지칭 담론[38]과 인과성 담론,[39] 반사실적 담론[40]을 비롯 한 많은 담론을 제거한다. 여기에는 분명히 무언가 잘못된 것이 있다. 그러나 잘못된 사실은 가치 담론이 아니라 환원주의('자연주의'라는 별명의)다.

사람들은 하버마스가 논리실증주의자도 아니고, 환원주의자도 아니

Companion to Levinas (Cambridge: Cambridge University Press, 2002) 참조.

37) 이 책 2장의 "인식적 가치 또한 가치다" 절 참조.

38) 이 때문에 콰인과 윌리엄스는 그러한 논의를 진지한 객관적 내용이 없는 논의로 간주한다. 콰인의 견해에 대한 윌리엄스의 동의는 Williams, *Descartes: The Project of Pure Enquiry* (Harmondsworth: Penguin, 1978), pp. 300-303 참조.

39) Putnam, *The Many Faces of Realism* (La Salle, Ill.: Open Court, 1987), pp. 86-90, 또한 Putnam, *Renewing Philosophy*, pp. 35-55.

40) Putnam, *Renewing Philosophy*, pp. 60-66.

며, 더욱이 '자연주의자'도 아니라는 점을 나에게 환기시키려고 할 것이다. 그러나 담론 윤리학의 좁은 한계를 넘어서는 모든 가치 담론을 단순히 '삶의 세계들' 사이의 차이의 절충으로 간주하려는 그의 희망, 또한 그가 이것을 넘어서서 그러한 가치 담론에 객관성을 인정하는 것을 두려워하는 이유— 말하자면 그러한 인정이 '현대성'('형이상학적'이라고 추정되는 모든 것에 대한 현대적 회의를 의미한다)과 양립할 수 없을 것이라는 두려움—는 실증주의적 희망이며 이유로 보인다. 우리가 실증주의자에게 그처럼 많은 것을 양보하고서도 여전히 우리가 원하고 필요로 하는 모든 윤리적 객관성을 재구축하는 데 충분한 최소한만을 유지할 수 있다는 발상은 잘못된 것이다. 그것은 우리가 회의주의자에게 그처럼 많은 것을 양보하고도 여전히 우리가 원하고 필요로 하는 모든 과학적 객관성을 재구축하는 데 충분한 최소한만을 유지할 수 있다는 실증주의적 발상이 잘못된 것과 똑같은 방식으로 잘못된 것이다.

8. 결론

다수의 환원 불가능한 가치들을 인정하는 것을 우려하는 데에는 물론 과도하게 '형이상학적'이라고 간주되는 것에 대한 두려움 외에도 다른 이유들이 있다. 나는 앞서 "우리는 몇 개의 정언명령을 필요로 하지만 지나치게 많은 것을 필요로 하지는 않는다"라는 하버마스의 말을 인용했다. 그렇지만 윤리적 가치가 합리적으로 논의될 수 있으며, '자연화될' 이유가 없다는 사실을 받아들이는 것은 가치에 관한 선험주의나 권위주의를 받아들이는 사실과는 다른 이야기다. 자유주의 사회가 윤리적·정치적 삶의 토대로 계시에의 의지를 거부한 이래로 우리는 윤리적 오류주의자가 되었다. 나아가 실제로 루스 퍼트남과 내가 듀이에게 돌렸던 원리, 즉 "탐구 일반에 적용되는 것은 윤리적 탐구에도 적용된다"라는 원리는 오류주의가 합리적 탐구 일반에서 방법론의 불가분한 일부가 되었다는 점을 감안한다면, 우리에게 오류주의자가 될 것을 요구한다.[41] 그러나 오류주의는 합리적 탐구 일반이 요구하는 전부가 아니며, 나아가 담론 윤리학, 즉 하버마스적 담론 윤리학은 명실상부한 합리적 탐구가 요구하는 것을 좀 더 섬세하게 다루고 있는 것으로 간주될 수 있으며, 또 (내가 오랫동안 주장해 왔던 것처럼) 그렇게 간주되어야 한다. 윤리학에 담론 윤리학 이상의 것이 있어야만 한다는 인식이 결코 담론 윤리학의 중요성을 감소시키지는 않는다.

나는 윤리학에서 아리스토텔레스적 통찰과 칸트적 통찰이 모두 필요하다고 말해 왔으며, 이 말을 할 때 마주치게 되는 저항에 항상 놀라곤 한다. 나는 인간적 번영에 대한 관심과 칸트적 윤리학을 화해시키는 것이 '매우 어렵다'('불가능'을 뜻하는 톤의 목소리로)는 말을 반복해서 듣는다. 그러나 내가 이 장에서 주장했던 것이 옳다면, 다양한 가치들이 우리에게 요구하는 것을 인식하는, 불완전하지만 무한하게 완성 가능한 능력이 바로 칸트적(또는 '담론') 윤리학에 내용을 제공하는 어떤 것이다.

---

41) Hilary Putnam and Ruth Anna Putnam, "Dewey's Logic: Epistemology as Hypothesis," in *Words and Life*, pp. 198–220.

8 │ 과학철학자들의 가치 회피*

나는 가치가 경험의 특별한 일부가 아니라 모든 경험과 관련된 어떤 것이라는 듀이(J. Dewey)의 말이 담긴 편지를 어딘가에서 읽은 기억이 있다.[1] 과학철학에서 이 시각이 함축하는 것은 가치판단이 과학 자체의 수행에 필수적이라는 것이다. 여기에서 나는 '도덕적' 또는 '윤리적'이라고 불리는 가치판단만을 이야기하고 있는 것이 아니

---

*   이 글은 1999년 11월 '유용한 지식의 성장을 위한 미국철학회'(American Phi-
losophical Society for the Advancement of Useful Knowledge)에서 「보이는 철
학」(Philosophy Seen)이라는 제목으로 행했던 강의를 토대로 한 것이다.

1)   제임스에게 보냈던 1904년 11월 21일자 편지—이 편지는 출판 예정인 *The
Correspondence of William James*, ed. Elizabeth Berkeley (Charlottesville, Va.:
University of Virginia Press)에 수록된다—에서 듀이는 "실용주의적 접근의 장
점 중의 하나는 그것이 윤리적 문제를 그 자체로 한 구석에 남겨 두는 것이 아니
라 이러한 윤리적 문제(개인적 자유와 안정적 질서의 관계)를 경험 안에서 객관
적인 것과 주관적인 것의 관계 문제와 동일시한다는 것이다."

다. '정합성'(coherence) '그럴듯함'(plausibility) '합당함'(reason-
ableness) '단순성'(simplicity), 그리고 디락(P. Dirac)이 가설의 '아름
다움'(beauty)이라고 불렀던 것 등의 판단이 모두 퍼스(C. S. Peirce)적
의미에서의 가치판단, 즉 그가 (과학적) 활동에서 '훌륭한 것'(the
admirable)이라고 불렀던 것에 대한 판단이다. (퍼스에게 미학―그의
미학 개념은 칸트의 판단력 비판에 강하게 영향을 받았다― 은 훌륭한
것에 대한 추상적 이론이다. 행위 과정에서의 훌륭한 것에 관한 추상적
이론인 윤리학은 미학을 전제한다. 또한 논리학, 또는 탐구 이론, 즉 과
학적 활동에서의 훌륭한 것에 대한 이론은 윤리학을 전제한다.)[2]

　내가 이 장에서 다루려는 것들을 생각해 보는 과정에서 다음과 같은
두 가지 생각이 떠올랐다. 나에게는 무엇보다도 이 문제―과학적 탐구
에서 가치판단이 전제되는 방식―가 수년 동안 나를 사로잡았던 문제
이며, 또 많은 선도적 과학철학자들이 그 사실을 받아들이려고 하지 않
았던 방식에 대한 검토는 흥미로운 일이 될 것이다. 사실상 이 문제는
모든 실용주의자들이 강력하게 제기하기는 했지만, 주류의 과학철학자
들은 그것을 너무나 피상적으로 다루어 왔다. 그래서 나는 친구이며 동
료인 웨스트(C. West)의 책 제목인『미국의 철학 회피』를 모방해서 이
장의 제목을「과학철학자들의 가치 회피」[3]라고 정했다. 나는 여러 명의
철학자에 관해 나의 삶과 사유에 등장했던 순서에 따라 이야기를 이어
갈 것이다.

---

2) Charles S. Peirce, "Philosophy and the Sciences: A Classification," in Justus
　Buchler, ed., *The Philosophical Writings of Peirce* (New York: Dover, 1955), pp.
　60-73.

3) Cornel West, *The American Evasion of Philosophy* (Madison, Wis.: University
　of Wisconsin Press, 1989).

나는 먼저 내가 과학철학을 처음 접했던 것이 펜실베이니아대학교의 학부 시절 처치맨(C. W. Churchman)과 함께 공부할 때였다는 사실을 말해 두고 싶다. 처치맨은 실용주의자였으며, 물론 과학이 가치판단을 전제한다는 사실을 외면하지 않았다. 나는 처치맨이 흑판에 다음과 같은 네 가지 명제를 썼던 것을 기억하고 있다. [처치맨은 그것이 제임스(W. James)의 제자이며, 자신의 스승인 싱어(A. E. Singer, Jr.)의 것이라고 말했다.]

① (특정한) 사실에 관한 지식은 이론(싱어는 이 용어에 모든 일반화를 포함시켰다)에 관한 지식을 전제한다. 예를 들면, 어떤 것이 참나무라는 것을 아는 것은 그것이 일반적으로 특정한 모양의 잎이 있으며, 일반적으로 상수리가 여는 등의 성질을 가진 나무(그 자체로 다수의 일반화와 관련되어 있는 개념인)의 일종에 속한다는 것을 안다는 것이다. 여기에서 싱어는 과학이 순수한 구체적 자료에서 '출발'하며, 귀납추론과 연역추론을 통해 일반화한다는 생각을 공격한다. 싱어는 이러한 의미에서의 '출발' 같은 것은 존재하지 않는다고 말한다. 대신에 우리는 과학을 수행할 때 이미 항상 수많은 일반화를 전제한다.

② (넓은 의미에서 기술된) 이론에 관한 지식은 (특정한) 사실에 관한 지식을 전제한다. 몇 가지 일반화는 선험적이라고 주장하는 칸트주의자들은 이 주장을 거부할 것이다.

③ 사실에 관한 지식은 가치에 관한 지식을 전제한다. 이것은 내가 옹호하는 입장이다. 그것은 다음과 같은 두 가지 분리된 주장으로 나누어

질 수 있을 것이다. (i) 사실적 주장을 정당화하는 행위는 가치판단을 전제한다. (ii) 사실적 주장 자체와 관련된 주관주의에 빠지지 않으려면 그 가치판단이 옳은(철학적 용어로는 '객관적'인) 것일 수 있다고 간주해야 한다.[4]

④ 가치에 관한 지식은 사실에 관한 지식을 전제한다. [윤리학(또는 그 일부)이 선험적일 수 있다고 믿는 모든 철학자에 반대해서.]

1948년 펜실베이니아대학교를 졸업한 후에 나는 하버드대학교에서 1년 동안 대학원 과정을 수학한 다음 UCLA로 옮겨갔으며, 1951년 거기에서 박사학위를 받았다. 사실과 가치가 상호 침투되어 있다는 견해는 하버드대학교의 화이트(M. White)— 나는 펜실베이니아대학교에서 그에게서 배웠으며, 그는 내가 대학원에 진학하도록 권했는데, 그 자신은 1948년에 하버드대학교로 옮겨갔다— 가 옹호했다. 그렇지만 나는 곧 콰인(W. V. O. Quine)의 영향을 받게 되었으며, 따라서 UCLA에서도 라이헨바흐(H. Reichenbach)의 영향을 받게 되었다. 그 두 사람은 모두 가치판단이 전적으로 비인지적이라고 생각하고 있었다. 이 위대한 사상가들은 어떻게 과학에서 가치의 역할이라는 주제 자체를 피해 갔을까?

콰인의 경우, 내가 하버드대학교의 대학원생이었던 1948~1949년과

4) '객관적'이라는 용어의 형이상학적 사용과 비형이상학적 사용에 관한 나의 구분은 "Pragmatism and Nonscientific Knowledge," in James Conant and Uszula Zeglen, eds., *Hilary Putnam: Pragmatism and Realism* (London: Routledge, 2002), pp. 14-24 참조.

그 이후의 몇 년 동안[「존재하는 것에 관하여」(On What There Is)는 이미 출간되었으며, 「경험주의의 두 가지 독단」(Two Dogmas of Empiricism)은 1951년에야 출간되었다. 그렇지만 그 논문의 논제들은 이미 에머슨 홀에서 대화의 주제가 되어 있었다.] 인식론에 관한 콰인의 주장은 제임스가 자연스럽게 받아들일 만한 것이었다. 예를 들면, 콰인은 "외적 세계에 대한 우리의 진술은 개별적으로가 아니라 오직 통합된 전체로서 감각적 경험의 법정에 선다"[5]라고 쓰고 있다.

이 논문의 결론 부분에서 콰인은 다시 "모든 사람에게는 과학적 유산과 함께 지속적인 감각적 자극의 공세가 주어진다. 그리고 그에게 주어진 과학적 유산을 자신의 지속적인 감각적 자극에 부합하게 조정할 때 그를 이끌어 가는 숙고는, 그것이 합리적인 한, 실용주의적이다"[6]라고 말하고 있다.

그렇지만 콰인의 전반적 구도에 대한 최고의 진술은 또 다른 유명한 논문인 「카르납과 논리적 진리」(Carnap and Logical Truth)[7]에서 찾아볼 수 있다. 이 논문의 마지막 단락은 사실에 의해서만 참이 되는 문장도, 규약에 의해서만 참이 되는 문장도 있을 수 없으며, 사실과 규약은 상호 침투적이라는 콰인의 유명한 이론을 제시하고 있다. 그 마지막 단락은 이렇다.

우리 선조의 가르침이 문장들의 조직을 이룬다. 우리 시대에 그것은

5)   W. V. O. Quine, "Two Dogmas of Empiricism," in his *From a Logical Point of View* (Cambridge, Mass.: Harvard University Press, 1953), p. 41.

6)   같은 논문, p. 46.

7)   Quine, "Carnap and Logical Truth," in Paul Arthur Schilpp, ed., *The Philosophy of Rudolf Carnap* (La Salle, Ill.: Open Court, 1963), pp. 385–406.

다소간 자의적이고 의도적이며, 감각기관의 지속적 자극을 통해 어느 정
도 직접적으로 발생하는 우리만의 수정과 부가를 통해 발전하고 변화한
다. 그것은 사실이라는 검은색과 규약이라는 흰색이 섞인 희미한 회색 가
르침이다. 그러나 완전히 검은 실, 또는 완전히 하얀 실이 존재한다고 결
론지을 만한 핵심적인 근거를 찾지는 못했다.

마치 실용주의자처럼 들리는 이 표현들은 자연스럽게 과학에서 사실
과 가치가 상호 침투적이라는 유사한 견해에 대해 콰인이 우호적일 것
이라는 생각으로 이끌어 간다. 이 책의 2장에 나는 대체로 이런 요지를
담고 있는 월쉬(V. Walsh)의 말을 인용했다.[8] 사실상 콰인의 가까운 친
구였던 화이트는 1950년대에 콰인에게 이 점을 납득시키려고 했지만
결국 실패했다.[9] 왜냐하면 경험주의자로서 콰인은 과학의 체계를 궁극
적으로 과거의 경험의 관점에서 미래의 경험을 예측하는 도구로 간주
하고 있었지만,[10] 이론 선택 문제에 관한 콰인의 논의는 점점 더 극단
적으로 비현실적인 용어로 표현되고 있었다. 그는 마치 그 문제가 P_1과

---

8) 내가 인용했던 단락은 다음과 같다. "콰인의 생생한 이미지를 차용하고 응용해
    서 만약 이론이 사실에 의해 검고 규약에 의해 흴 수 있다면 그것은 가치들에 의
    해서는 (논리경험주의가 말할 수 있는 한) 빨간 것이 될 수도 있을 것이다. 그들
    에게 확증(confirmation) 또는 반증(falsification)은 전체로서 한 이론의 속성이
    어야만 했기 때문에 그들에게는 이 옷감 전체를 풀어헤칠 방법이 없었다."
    Vivian Walsh, "Philosophy and Economics," in J. Eatwell, M. Milgate, and P.
    Newman, eds., *The New Palgrave : A Dictionary of Economics*, vol. 3 (London :
    Macmillan, 1987), pp. 861-69.

9) Morton White, *Towards Reunion in Philosophy* (Cambridge, Mass. : Harvard
    University Press, 1956).

10) 나는 Quine, *From a Logical Point of View*, p. 44의 문장을 풀어썼다.

P₂가 관찰 술어이고, 네 개의 좌표들이 시간-공간 위치일 때(그러한 문장을 '관찰 조건문'이라고 부르기로 하자), "P₁(x, y, z, t)라면 P₂(x', y', z', t')다"라는 형식의 참인 문장 전체가 주어진다고 가정한다면 우리는 어떻게 이것들 모두(또는 가능한 하위 집합들)를 예측하는 이론들 중 어떤 것을 선택할 수 있을까라는 문제인 것처럼 기술하게 되었다.[11]

더 정확하게 말하자면 콰인은 다음과 같은 물음들을 우려하고 있었다. (1) 참인 관찰-조건문(거짓인 경우를 포함하지 않은) — 콰인의 논의의 비현실성은 확률적 예측이 결코 그 구도 안에 포함되지 않는다는 점에 있다 — 의 동일한 집합을 함축하면서도 상이하게 위장된 동일한 이론이라는 것을 밝힐 수는 없는, 절대 과학의 두 가지 체계(두 가지 대안적인 '과학의 체계')가 존재할 수 있는가?[12] (2) 만약 그것이 가능하다면 우리는 어떻게 그것들 중 어떤 것을 선택할 수 있을까? 이것은 말할 필요도 없이 실제의 과학자가 직면하는 이론 선택의 문제가 아니다! (우리가 어떻게 이 대안적 이론들이 함축하는 모든 관찰-조건문이 참이라는 사실을 알고 있다고 가정되는지에 관해 콰인은 아무런 설명도 하지 않고 있다는 점에 주목하라.) 사실상 이것은 논리적으로 전지한 인간의 관점에서의 인식론이며, 그가 논리적으로 전지한 인간이 관찰-조건문의 진리치를 알려 주는 '신탁'을 받았을 때, 그때에만 그렇

---

11) 예를 들어 Quine, *Theories and Things* (Cambridge, Mass. Harvard University Press, 1981)에 수록된 논문들 참조.

12) 콰인의 '동일 이론' 개념은 다음과 같다. 두 '이론 정식화들'은 만약 (1) 그것들이 경험적으로 동등(동일한 관찰 조건문을 함축)하고, (2) 각각이 그 술어들을 재해석함으로써 다른 것과 절충될 수 있다면 동일한 이론의 정식화다. Quine, "Empirical Content," in his *Theories and Things*, pp. 24-30 참조.

게 된다.

나는 콰인이 이런 유형의 비판에 대해 아무런 답변도 하지 않았다고 말하고 싶지는 않다. 좀 더 현실적인 인식론, 즉 실제 과학자들이 어떻게 실제 자료에 관한 실제 이론을 선택하게 되는가와 관련된 인식론을 원하는 사람들에 대한 그의 대답은 바로 "왜 심리학에 만족하지 않는가?"[13]이다. 그의 많은 독자들이 간과하고 있는 것은 콰인이 이렇게 말할 때 진지하게 그 말을 하고 있다는 점이다. 콰인적 의미에서 '자연화된 인식론'(naturalized epistemology)은 인식론의 포기를 의미한다. '심리학'(콰인에게 그것은 항상 스키너적 심리학을 의미한다)이 우리가 희망하거나 필요로 하는 모든 인식론이다. 이것은 문자 그대로 인식론적 물음의 회피다!

내가 1949년에 하버드대학교를 떠난 후 다음 스승이었던 라이헨바흐는 매우 다른 성격의 철학자였다. 라이헨바흐가 밝히려고 했던 것은 모든 인식론이 하나의 단순한 규칙(흔히 귀납추론의 '직선 규칙'이라고 불리는)의 반복적이고 연쇄적인 응용들로 환원될 수 있다는 것이었다. 그 규칙은 따라서 이렇게 진술될 수 있다. 지금까지 관찰된 A들 중에서 B들의 상대적 빈도 r을 계산하고, 미래의 경우를 포함한 모든 A들 중에서 B들의 상대적 빈도(또는 만약 무한히 많은 A들이 존재할 때에는 B들의 상대적 빈도의 한계)는 ε가 수용 가능한 오류의 자의적으로 선택된 한계일 때 r ± ε라고 가정하라.

여기에는 각각 매우 중요하고 흥미로우며, 상세하게 논의할 만한 네 가지 문제가 있다. 다른 곳에서 상세하게 논의했던[14] 첫 번째 문제는

13) Quine, "Epistemology Naturalized," in his *Ontological Relativity and Other Essays* (New York: Columbia University Press, 1969), p. 75.

단적으로 직선 규칙이 모순적이라는 것이다. 두 번째 문제는 비록 라이헨바흐가 귀납추론을 그러한 규칙(그러한 규칙의 일관성 있는 버전)으로 환원시키는 데 성공했다고 하더라도 그가 그것에 관해 주장할 수 있는 것은 기껏해야 그것이 장기적으로는 옳은 가설(다양한 A들의 분포 안에서 다양한 B들의 빈도에 관한)로 수렴될 수 있으리라는 것뿐이다. '실제 시간' 안에서 가설 선택의 규칙 문제는 라이헨바흐의 작업 안에서 완전히 미결정으로 남아 있다(그 자신도 잘 알고 있지만). 아래에서 다시 제기되겠지만 세 번째 문제는 퍼스가 '가설법'[abduction: 다른 과학철학자들은 이것을 모두 '가설연역법'(hypothetico-deductive method)이라고 부른다]이라고 불렀던 것의 필요성에 대한 그의 거부가 이론들을 지칭 부류에 포함시키고, 나아가 단순한 직선 규칙 귀납추론을 그 부류에 적용한다는 발상에 의존하고 있다는 점이다. 그리고 이것은 네이글(E. Nagel)이 중요한 책에서 지적했던 것처럼 매우 비현실적이다.[15]

  네 번째이면서도 마찬가지로 여전히 흥미롭고 중요한 문제는 라이헨바흐의 놀라운(내 생각으로는 칭송할 만하지만) 형이상학적 야망이다.[16] 라이헨바흐는 모든 귀납추론을 하나의 규칙으로 환원시키려고 했을 뿐만 아니라 그 규칙에 대한 연역적 '정당화'(vindication)를 완성했다고 주장했다. 즉 그것은 만약 어떤 방법이든 성공적일 수 있으려면

14) Putnam, "Reihenbach and the Limits of Vindication," in *Words and Life* (Cambridge, Mass.: Harvard University Press, 1994), pp. 131-50.

15) Ernest Nagel, *Principles of the Theory of Probability* (Chicago: University of Chicago Press, 1939).

16) 이에 관해서는 Putnam, "Reichenbach's Metaphysical Picture," in *Words and Life*, pp. 99-114 참조.

직선 규칙이 성공적이어야만 한다는 연역적 증명이다. 요약하면, 라이헨바흐는 자신이 그 문제를 이해했던 방식에 따라 '흄의 문제의 해결'을 원했다. (그런데 나는 라이헨바흐의 직선 규칙을 모순적으로 만드는 그 특징 자체가 '정당화' 논증에 필수적이라는 것을 지적했다. 즉 우리는 라이헨바흐의 '정당화'를 인정하면서도 일관성 있는 규칙을 가질 수 없다.)[17] 귀납추론을 '정당화하는' 과정(그가 성공했다고 생각하는)에서 라이헨바흐는 아무튼 그가 그 자체로 예측적 함축을 갖지 않는 관찰 문장들에 접근 가능하다고 가정(그렇지 않을 경우 '귀납추론'은 그 관찰 문장을 검증하는 데 이미 사용되었어야만 하며, 그것은 무한 퇴행에 이르게 될 것이다)해야 할 필요가 있었다. 그러나 라이헨바흐 자신은 루이스(C. I. Lewis)와의 탁월한 논쟁에서 그런 관찰 문장들이 존재하지 않는다고 주장했다(정확히 말하면 내 생각에).[18] 요약하면, 라이헨바흐는 "(특정한) 사실에 대한 지식은 이론(말하자면 일반화)에 대한 지식을 전제한다"라는 싱어의 주장에 동의했지만 그의 '정당화 논증'은 암묵적으로 이 주장이 거짓임을 전제하고 있었다.

록펠러 장학금을 받았던 1년과 노스웨스턴대학교에서 1년 동안 강사직을 지낸 후인 1953년에 나는 프린스턴대학교의 조교수가 되었으며, 곧 그곳의 고등연구소(Institute for Advanced Study)에 방문 중이던 카르납(R. Carnap)을 만났다. 카르납은 탁월한 재능만큼이나 따뜻하고 편안한 사람이었으며, 나이나 직위의 차이(카르납에게는 아무런

---

17) 이것은 Putnam, "Reichenbach and the Limits of Vindication"에서 지적되었다.

18) Hans Reichenbach, "Are Phenomenal Reports Absolutely Certain," *Philosophical Review*, 61, no. 2 (April 1952), pp. 147-59. 이에 관한 논의는 Putnam, "Reichenbach and the Myth of the Given," in *Words and Life*, pp. 115-30 참조.

의미도 없었던)에도 불구하고 우리는 가까운 친구가 되었다. 내가 옹
호하는 생각, 즉 과학 이론의 선택에서 가치들 — '정합성' '그럴듯함'
'합당함' '단순성' '우아함' 등의 인식적 가치들 — 이 전제된다는 생각
을 회피하는 카르납의 방식이란 과학이 형식적인 구문론적 방법을 통
해 발전한다는 것이었다. 간단히 요약해 보면 카르납은 이론 선택을 하
나의 알고리즘으로 환원하려고 했다. 그러나 그가 고안할 수 있었던 유
일한 알고리즘은 매우 단순한 샘플링 문제(그릇에서 선택된 공의 사례
에서 붉은 공의 상대적 빈도를 추정하는 것 같은)에 국한되어 있었다.
오늘날 카르납의 기획에 기대를 걸고 있는 사람은 아무도 없다.[19]

훨씬 후에, 그것도 한두 번 정도밖에 만나지 않았던 포퍼(K. R.
Popper)는 귀납추론이라는 생각 자체를 거부했다. (사실상 그는 경험
과학이 연역추론과 관찰만을 필요로 한다고 생각했다.) 그러나 포퍼도
또한 과학적 방법을 단순한 규칙으로 환원하려고 시도했다. 즉 강하게
반증 가능한(strongly falsifiable) 모든 이론을 검증하고, 그 검증을 통
과한 이론들을 유지한다는 것이다. 그러나 그것 또한 성공적이지 않다.
한 이론이 과거에 사실이라고 간주되어 왔던 것과 충돌할 때, 우리는
때로는 그 이론을 포기하며 때로는 추정된 사실을 포기한다. 나아가 내
가 앞서 인용했던 구절에서 콰인이 멋지게 표현했듯이 그 결정은 '합

---

19) 사실상 Putnam, "'Degree of Confirmation' and Inductive Logic," in *The Phi-
losophy of Rudolf Carnap* (La Salle, Ill.: Open Court, 1963)에 대한 답변에서 카
르납은 이상적인 귀납적 판정자의 판단을 재구성할 수 있게 해 주는 알고리즘에
대한 희망으로부터 상당히 물러선다. 이상적인 귀납적 판정자는 Carnap, *Logic-
al Foundations of Probability* (Chicago: University of Chicago Press, 1950)에 나
타나 있으며, 이 책은 귀납추론에 관한 그의 유일한 단행본 분량의 논의다. 카르
납의 기획이 성공할 수 없다는 증명은 Putnam, "'Degree of Confirmation' and
Inductive Logic" 참조.

리적인 한, 실용주의적인' 타협의 문제다. 그리고 그것은 콰인이 직접 그렇게 말하지는 않지만 정합성, 그럴듯함, 단순성 등에 관한 비형식적 판단의 문제다.[20] 또한 두 이론이 충돌할 때 포퍼적 철학이 과학자들에게 요구하는 것처럼 과학자들은 관찰 자료가 선택을 결정할 때까지 기다린다는 것 또한 사실이 아니다.

이와 관련해서 내가 자주 사용하는 사례는 다음과 같다. 즉 아인슈타인의 중력 이론과 화이트헤드의 1922년 이론(사람들에게 거의 알려지지 않은)은 둘 다 특수 상대성을 인정하며, 또한 둘 다 중력에 의한 빛의 굴절이라는 익숙한 현상, 수성 궤도의 비뉴턴적 특성, 달의 정확한 궤도 등을 예측했다.[21] 그렇지만 누군가 그것들 중 어떤 것을 선택해 주는 관찰에 관해 생각하기 50년 전에 아인슈타인의 이론은 받아들여졌으며 화이트헤드의 이론은 거부되었다. 사실상 수많은 이론들은 비관찰적 근거에 의해서 거부되어야 한다. 왜냐하면 "모두에게 제시된 모든 이론을 검증해야 한다"라는 규칙을 따르는 것은 불가능하기 때문이다. 브로노프스키(J. Bronowski)는 그의 친구였던 포퍼에게 "만약 내 책상을 거쳐 가는 것만큼 수많은 기이한 이론들이 당신 책상을 거쳐 간다면 과학자들에게 모든 반증 가능한 이론을 검증하라고 주장하지 않았을 것이다!"라고 썼다.[22]

---

20) 이 견해는 훨씬 더 오래 된 것이지만 Quine, "Two Dogmas of Empiricism," pp. 20-46에서 영향력 있게 전개되었다.

21) 화이트헤드의 이론에 대한 반박으로 C. M. Will, "Relativistic Gravity in the Solar System, II: Anisotrophy in the Newtonian Gravitational Constant," *Astrophysics Journal*, 169 (1971), pp. 409-12이 있다.

22) 포퍼가 잘 알려진 일식 실험이 하나의 결정적 실험(*experimentum crucis*)이었으며, 따라서 아인슈타인의 일반 상대성에 대한 상위적 '반증 가능성'을 예증한다고 반복적으로 주장했다는 사실은 지적해 둘 만하다. 사실상 그 실험은 네 가지

요약하면, 물리과학은 정합성, 단순성 등의 판단을 전제한다. 그리고 정합성, 단순성 등은 가치들이다. 사실상 윤리학에서 상대주의를 지지하는 모든 낯익은 논변들이 이러한 인식적 가치와 관련해서 반복될 수 있다. 우리가 '좋음'을 식별하는 감각기관을 갖고 있지 않기 때문에 윤리적 가치가 형이상학적으로 '기이하다'(queer)는 논변은 다음과 같이 수정될 수 있을 것이다. "단순성과 정합성을 추적하는 감각기관을 갖고 있지 않기 때문에 인식적 가치들은 존재론적으로 기이하다." 가치에 관한 문화들 간의 불일치에 근거해서 상대주의 또는 비인지주의를 옹호하는 친숙한 논변들[흔히 성행하고 있지만 내가 전적으로 유지 불가능하다고 생각하는, 상이한 문화들을 '공약불가능성'(incommensurable)으로 특징짓는 구도들이 부추기는 논변들]은 어떤 믿음이 더 '정합적인지' '그럴듯한지' '사실에 대한 설명으로서 더 단순한지' 등에 관해 문화들 사이에 불일치가 존재한다는 것을 의미하는 것으로 수정될 수 있을 것이다. 나아가 윤리학에서든 과학에서든 문화들이 불일치할 때 어느 한쪽이 객관적으로 옳다고 말하는 것은 단순히 수사(rhetoric)에 불과하다고 주장하는 사람들이 있다.[23]

갈래의 결과들을 산출했다. (질이 떨어지는) 사진들 중 어떤 것을 신뢰했는가에 따라 사람들은 아인슈타인적 편차, 뉴턴적 편차, 그리고 심지어 이중의 아인슈타인적 편차까지도 관찰하게 되었다! 일반 상대성 이론에 대한 실질적으로 확고한 실험적 확증은 1960년대에 와서야 나타났다. 이 확증에 대한 설명은 Charles W. Misner, Kip S. Thorne, and John Archibald Wheeler, *Gravitation* (San Francisco : Freeman, 1973), Part IX 참조. 일반 상대성이 그것을 지지하는 확정적인 실험이 행해지기 전에 받아들여졌다는 사실은 포퍼적 해명 전체를 완전히 반박하며, 그 해명은 신화적인 것으로 특징지어질 수도 있다.

23) 이 생각에 대한 결정적 비판, 그리고 헤르더 시대 이래로 문화인류학에 영향을 미쳐 왔던 방식에 대한 비판은 Michele Moody-Adams, *Fieldwork in Familiar*

나는 방금 가치에 관해서 상대주의를 옹호하는 낯익은 논변들이 만약 옳다면 그것들은 인식적 가치에도 마찬가지로 적용될 것이라는 점을 강조했다. 왜냐하면 우리는 이 점을 받아들임으로써만 자가당착적인 상대주의가 실제로 어떤 모습을 갖는지 이해할 수 있기 때문이다. 예를 들어, 로티의 잘 알려진 견해를 검토해 보자. 로티는 우리가 객관적 세계라는 개념 자체를 폐기하고 대신에 '우리 문화'가 받아들이려고 하는 견해들에 관해 이야기해야 한다(그는 때로 '기껏해야'라는 표현을 덧붙인다)고 주장한다. 가치—인식적 가치를 포함한—에 관한 모든 것이 '우리' 문화의 합의일 뿐이라는 이러한 견해는, 적어도 우리의 상식적 주장의 일부는 앞서 제안되었던 종류의 철학적 재해석 없이도 받아들여질 수 있다는 것을 전제한다. 예를 들면, '문화들'에 관한 이야기는 다른 사람에 관한 이야기, 믿음에 관한 이야기, 즉 간단히 말해서 상식적 세계라는 발상이 이미 제자리를 잡고 있을 때에만 의미를 갖게 된다.

만약 로티가 말하려고 했던 것이 다른 사람들에 관한 이야기란 그가 '대처하는 것'을 도와주는 '표시나 소리'일 뿐이라는 것이었다면, '우리 문화의 기준들'에 관한 그의 이야기는 로티 자신의 관점에 의해 명백하게 공허한 것이 될 것이다. 다른 모든 것에 대해 반실재론을 유지하면서 나의 문화적 동료들의 견해에 대해 상식적 실재론을 유지하는 것은 앞뒤가 맞지 않다. 만약 로티가 주장하는 것처럼 객관적 세계라는 개념이 의미가 없다면 '우리 문화'라는 개념은 로티의 사적인 환상 이상의 것일 수 없으며, 만약 객관적 정당화 같은 것이 없다면—다른 사

Places: Morality, Culture and Philosophy (Cambridge, Mass.: Harvard University Press, 1997) 참조.

람들이 믿는 것에 대한 주장은 말할 것도 없고─ '우리 문화'에 대한
견해를 수반하는 로티의 '연대성' 이야기는 단순한 수사일 뿐이다.

로티는 물론 과학적 탐구가 그 자체로 과학적이지 않은 주장들─모
든 가치 주장을 포함해서─에 대해 우리가 진지하게 고려해야 한다는
요구를 전제한다는 나의 주장에 동의할 것이다. 그는 단지 우리가 과학
적 탐구에서든 비과학적 탐구에서든 객관성 같은 것이 존재한다는 생
각을 포기해야 한다고 말하려고 할 것이다. 그러나 적어도 과학이 그
자체로 과학적이지 않은 판단들을 전제한다는 사실을 인정하지 않으면
서도 여전히 과학적 객관성을 유지하려고 하는 일부 철학자들은 다른
전략을 취할 것이다.

비과학적인 문제들에 관한 정당하게 주장 가능한 주장들(warranted-
ly assertible claims), 어떤 것이 다른 것에 비해 더 그럴듯한지에 관한
정당하게 주장 가능한 주장들, 어떤 것이 다른 것에 비해 더 정합적인지
에 관한 정당하게 주장 가능한 주장들, 어떤 것이 다른 것에 비해 더 단
순한지에 관한 정당하게 주장 가능한 주장들의 존재는 범형적 과학인
물리학에서조차도 지식 수합 활동에서 전제된다는 사실을 인정하는 대
신에 그 대안으로 가장 흔히 옹호되는 것은 사실상 골드먼(A.
Goldman)이 제안한 '신빙론적'(reliabilist) 인식론이다.[24] 신빙론에 따
르면, 과학에서 어떤 믿음이 정당화되었다는 것은, 그 믿음이 '신빙성
있는'(reliable) 방법─그 믿음을 수용하면 참인 가설을 수용하게 될
개연성이 크다는 의미에서─을 통해 수용되었다는 것을 의미한다. 이

24) Alvin Goldman, *Epistemology and Cognition* (Cambridge, Mass.: Harvard
University Press, 1986) 참조. 나는 이 대안에 관해 논의할 것을 제안해 준 태펀
든(J. Tappenden)에게 감사드린다.

생각에 대해 비중 있는 반론들이 제기되었으며, 골드먼은 이에 대응하기 위해 처음 정식화에 정교한 수정을 가했다. 그러나 그 접근법이 성공적이지 않다는 나의 주장이 그것에 근거하고 있는 것은 아니다. 그 이유를 살펴보기 위해 이러한 물음을 고려해 보자. "아인슈타인은 특수 상대성과 일반 상대성을 받아들이기 위해 어떤 '방법'에 의존했는가?"

아인슈타인의 이론은 잘 알려져 있다. 그는 '동시성' 개념에 경험주의적 비판을 적용함으로써 특수 상대성 이론에 도달했으며, 무한소 영역(infinitesimal domain)에서의 특수 상대성과 양립 가능한 '가장 단순한' 중력 이론을 추구함으로써 일반 상대성 이론에 도달했다고 말한다. 우리는 이 두 이론을 받아들이는 물리학자들이 또한 이것을 자신들에게 유리한, 거부할 수 없는 고려사항으로 받아들인다는 것을 알고 있다. 이 두 방법은 모두 전적으로 세부 주제적(그만큼 여기에서 관련되는 이론들의 참조 항은 여기에서 '개연성'에 관해 설득력 있게 이야기하기에는 너무나 적다)이며, 이 두 방법은 모두 합당함에 대한 판단을 전제하고 있다.[25] 합당함에 대한 판단은 단적으로 개연성을 할당할 수 있는 부류에 속하지 않는다.[26] 간단히 말해서 내가 다루었던 종류의 판단

---

[25] 신빙론에 대한 이러한 반론은 이론의 정당화에 대한 라이헨바흐의 견해(그 견해들 자체가 '신빙론적' 성격을 띠고 있는)에 대한 네이글의 반론을 통해 나에게 암시된 것이다. Ernest Nagel, "Probability and the Theory of Knowledge," *Philosophy of Science*, 6 (1939), pp. 212–53 참조. 또한 Nagel, *Principles of the Theory of Probability* 참조.

[26] 합당함의 판단은 우리의 두뇌 안에 내재된 무의식적 알고리즘에 따라 수행된다는 주장이 있을 수도 있다. 이것은 과학적 합리성에 대한 계산주의적 해명의 성공을 전제한다. 이러한 가정에 대한 비판으로는 Putnam, *Representation and Reality* (Cambridge, Mass.: MIT Press, 1988), 또한 "Putnam, Hilary," in

들, 즉 합당함에 대한 판단들이 비규범적 판단으로 환원될 수 있다고 믿을 만한 아무런 근거도 없을 뿐만 아니라 그러한 환원에 대한 진지한 밑그림조차도 존재하지 않는다.

결론

나는 합당함에 대한 판단이 암묵적일 때에도 그 판단이 과학적 탐구에 전제되어 있다고 주장했다. (사실상 정합성에 대한 판단은 관찰 수준에서조차도 필수적이다. 즉 우리는 어떤 관찰을 신뢰할 것인지, 어떤 과학자를 신뢰할 것인지, 때로는 심지어 우리의 어떤 기억을 신뢰할 것인지를 결정해야 한다.) 나는 합당함에 대한 판단이 객관적일 수 있다고 주장했으며, 그것은 가치판단의 모든 전형적인 속성들을 지니고 있다고 주장했다. 요약하면, 나는 나의 실용주의적 스승들이 옳다고 주장했다. 즉 "사실에 관한 지식은 가치에 관한 지식을 전제한다."

그러나 지난 반세기 동안 과학철학의 역사는 대체로 이 문제를 회피하려는 시도들 — 만약 그 저변에 자리 잡고 있는 가치판단의 정당화라는 생각 자체에 대한 의심이 그다지 심각한 함축을 갖는 것이 아니었다

Samuel Guttenplan, ed., *A Companion to the Philosophy of Mind* (Oxford: Blackwell, 1994), pp. 507-13. 또 Putnam, "Reflexive Reflections," *Erkenntnis*, 22 (1985), pp. 143-53. 이 논문은 Putnam, *Realism with a Human Face* (Cambridge, Mass.: Harvard University Press, 1990)에 재수록되어 있다. 두뇌의 작동 방식에 대한 그러한 해명이 왜 우리가 신빙론적 인식론이 요구하는 종류의 '방법들'에 포함시키는 다양한 논증의 분해 가능성을 이끌어 와야 하는지 또한 분명치 않다.

면 그중 일부는 매우 우스운 것이 되었을 것이다—의 역사였다. 모든 환상—즉 연역추론만을 사용해서 과학을 수행하려는 환상(포퍼), 귀납추론을 연역적으로 옹호하려는 환상(라이헨바흐), 과학을 단순한 샘플링 알고리즘으로 환원시키려는 환상(카르납), 신비적으로 접근 가능한 '참인 관찰 조건문'의 집합을 토대로 하는 이론 선택의 환상, 또는 대안적으로 '심리학에 만족하는 것'(두 명의 콰인) 등—이 사실은 객관적이고 가치는 주관적이며, "이 두 쌍둥이는 결코 만나서는 안 된다"라는 독단(경험주의의 마지막 독단?)에 대해 재고하는 것보다 더 우선적인 것으로 간주되고 있음이 분명하다. 그 재고는 한 세기가 넘게 실용주의자들이 강조해 왔던 것이다. 우리는 언제 그 문제를 회피하는 것을 멈추고 실용주의적 도전에 대해 합당한 방식으로 진지하게 주목할 것인가?

참고문헌

Anand, Paul. "Are the Preference Axioms Really Rational?" *Theory and Decision*, 23 (1993).

Anderson, Elizabeth. *Value in Ethics and Economics*. Cambridge, Mass.: Harvard University Press, 1993.

Apel, Karl-Otto. *Transformation der Philosophie*. Vol. 2. Frankfurt am Main: Suhrkamp, 1976.

_____. *Charles S. Peirce: From Pragmatism to Pragmaticism*. Trans. John Michael Krois. Frankfurt am Main: Suhrkamp, 1984.

Austin, J. L. "Other Minds." In his *Philosophical Papers*. Oxford: Clarendon Press, 1961.

Ayer, A. J. *Philosophical Essays*. London: Macmillan, 1954.

Ayer, A. J., ed. *Logical Positivism*. New York: Free Press, 1959.

Becker, C. and Charlotte B. Becker, eds. *Encyclopedia of Ethics*. Vol. 2. New York: Garland, 1992.

Biletski, Anat. *Talking Wolves: Thomas Hobbes on the Language of Politics and the Politics of Language.* Dortrecht: Kluwer, 1997.

Black, Max. "The Gap Between 'Is' and 'Should' ." *The Philosophical Review*, 63 (1964).

Braithwaite, R. B. *Scientific Explanation.* Cambridge: Cambridge University Press, 1946.

Campbell, Norman. *Physics, the Elements.* Cambridge: Cambridge University Press, 1920.

Carnap, Rudolf. *Der logische Aufbau der Welt.* Berlin: Welkreis–Verlag, 1928.

_____. "The Old and the New Logic." *Erkenntnis*, Vol. 1 (1930–1931).

_____. *The Unity of Science.* London: Kegan Paul, Trench, Hubner, 1934.

_____. "Testability and Meaning." *Philosophy of Science*, 3, no. 4. (1936).

_____. "The Foundations of Logic and Mathematics." *International Encyclopedia of Unified Science*, vol. 1, part 1. Chicago: University of Chicago Press, 1938.

_____. *Logical Foundations of Probability.* Chicago: University of Chicago Press, 1950.

_____. "The Methodological Character of Theoretical Terms." In Herbert Feigl and Michael Scriven, eds. *Minnesota Studies in the Philosophy of Science, Vol. 1: The Foundations of Science and the Concepts of Psychology and Psycho Analysis.* Minneapolis, Minn.: University of Minnesota Press, 1956, 1976.

Cavell, Stanley. *The Claim of Reason: Wittgenstein, Skepticism, Morality, and Tragedy.* Oxford: Clarendon Press, 1979.

Chipman J. et al, eds. *Preferences, Utility, and Demand.* New York: Harcourt Brace Jovanovich, 1971.

Churchland, Paul. "Activation Vectors versus Propositional Attitudes: How the Brain Represents Reality." *Philosophy and Phenomenological*

Research, 52, no. 2 (1992).

Clark, Peter and Bob Hale, eds. *Reading Putnam*. Oxford: Blackwell, 1994.

Conant, James. "The Search for Logically Alien Thought." In *The Philosophy of Hilary Putnam, Philosophical Topics*, 20, no. 1 (Spring 1992).

Davidson, Donald. *Essays on Actions and Events*. Oxford: Clarendon Press, 1960.

_____. *Inquiries into Truth and Interpretation*. Oxford: Clarendon Press, 1984.

Dewey, John. *Experience and Nature*. La Salle, Ill.: Open Court, 1926.

_____. *Logic: The Theory of Inquiry*. New York: Henry Holt, 1938.

_____. The Theory of Valuation. In *The Encyclopedia of Unified Science*, 2, no. 4. Chicago: University of Chicago Press, 1939.

_____. "The New Psychology." In his *The Early Works*. Vol. 1. Ed. Jo Ann Boydston. Carbondale, Ill.: Southern Illinois University Press, 1969.

_____. *The Middle Works*. Vol. 5. Ed. Jo Ann Boydston. Carbondale, Ill.: Southern Illinois University Press, 1978.

Diamond, Cora. *The Realistic Spirit*. Cambridge, Mass.: MIT Press, 1991.

Dickstein, Morris, ed. *The Revival of Pragmatism*. Durham, N.C.: Duke University Press, 1998.

Etchemendy, John. *The Concept of Logical Consequence*. Cambridge, Mass.: Harvard University Press, 1990.

Firth, Roderick. "Epistemic Merit, Intrinsic and Instrumental." *Proceedings and Addresses of the American Philosophical Associations*, 55, no. 1 (September 1981).

Foot, Philippa. "Morality as a System of Hypothetical Imperatives." In her *Virtues and Vices*. Berkeley, Cal.: University of California Press,

1978.

Gassett, José Ortega y. *Obras Completas*, Vol. 6. Madrid: Revista de Occidente, 1923.

Goldman, Alvin. *Epistemology and Cognition*. Cambridge, Mass.: Harvard University Press, 1986.

Guttenplan, Samuel, ed. *A Companion to the Philosophy of Mind*. Oxford: Blackwell, 1994.

Habermas, Jürgen. *Vorstudien und Ergänzungen zur Theorie des kommunikativen Handelns*. Frankfurt am Main: Suhrkamp, 1984.

_____. *The Theory of Communicative Action*. 2 vols. Trans. Thomas McCarthy. Boston, Mass.: Beacon Press, 1984.

_____. "Reconciliation through the Public Use of Reason: Remarks on John Rawls' s Political Liberalism." *Journal of Philosophy*, 92, no. 3 (March 1995).

Hanson, Norwood R. *Patterns of Discovery*. Cambridge: Cambridge University Press, 1958.

Hare, R. M. *The Language of Morals*. Oxford: Clarendon press, 1952.

_____. *Freedom and Reason*. Oxford: Clarendon Press, 1963.

_____. *Moral Thinking*. Oxford: Clarendon Press, 1981.

Hempel, C. G. "Implications of Carnap' s Work for the Philosophy of Science." In P. A. Schilpp, ed. *The Philosophy of Rudolf Carnap*. La Salle, Ill.: Open Court, 1963.

Hookway, Christopher. *Peirce*. London: Routledge, 1992.

Horowitz, Tamara. *Decision Theory Naturalized* (forthcoming).

Hume, David. *A Treatise of Human Nature*. Eds. L. A. Selby–Bigge and P. H. Nidditch. Oxford: Clarendon Press, 1978.

_____. *Enquiries Concerning the Human Understanding and the Principles of*

Morals. Ed. L. A. Selby-Bigge. Oxford: Clarendon Press, 1975.

James, William. *The Correspondence of William James.* Ed. Elizabeth Berkeley. Charlottesville, Va.: University of Virginia Press (forthcoming).

Kim, Jaegwon. "Psychological Supervenience." In his *Supervenience and Mind.* Cambridge: Cambridge University Press, 1993.

Korsgaard, Christine. *The Sources of Normativity.* Cambridge: Cambridge University Press, 1996.

_____. "Motivation, Metaphysics, and the Value of the Self: A Reply to Gindborg, Guyer, and Schneewind." *Ethics,* 109 (October 1998).

Koyre, Alexandre. *From the Closed World to the Infinite Universe.* Baltimore, Md.: Johns Hopkins University Press, 1957.

Kuhn, Thomas. *The Structure of Scientific Revolutions.* Chicago: University of Chicago Press, 1962.

Levi, Isaac. *Hard Choices.* Cambridge: Cambridge University Press, 1986.

Levi, Isaac and Adam Morton. *Disasters and Dilemmas.* Oxford: Clarendon Press, 1991.

Lewis, David. "An Argument for the Identity Theory." In his *Philosophical Papers 1.* Oxford: Oxford University Press, 1983.

Mackie, J. L. *Ethics: Inventing Right and Wrong.* Harmondsworth: Penguin, 1978.

McDowell, John. *Mind and World.* Cambridge, Mass.: Harvard University Press, 1994.

_____. *Mind, Value, and Reality.* Cambridge, Mass.: Harvard University Press, 1998.

Milgram, Elijah. "Hume on Practical Reasoning." (Treatise 463-69). *Iyyun: The Jerusalem Philosophical Quarterly,* 46 (July 1997).

Moody-Adams, Michele. "Was Hume a Humean?" *Hume Studies,* 21, no. 1

(April 1995).

_____. *Fieldwork of Familiar Places: Morality, Culture and Philosophy*. Cambridge, Mass.: Harvard University Press, 1997.

Murdoch, Iris. *Sartre, Romantic Rationalist*. New Haven, Conn.: Yale University Press, 1953.

_____. *The Sovereignty of Good*. New York: Schocken Books, 1971.

Nagel, Ernest. *Principles of the Theory of Probability*. Chicago: University of Chicago Press, 1939.

_____. "Probability and the Theory of Knowledge." *Philosophy of Science*, 6 (1939).

Nozick, Robert. *Anarchy, State, and Utopia*. New York: Basic Books, 1974.

Nussbaum, Martha. *Women and Human Development: The Capabilities Approach*. Cambridge: Cambridge University Press, 2000.

Peirce, Charles S. *The Collected Papers of Charles Sanders Peirce, Vol. 1: Principles of Philosophy*. Eds. Charles Hartshorne and Paul Weiss. Cambridge, Mass.: Harvard University Press, 1931.

_____. "Philosophy and the Sciences: A Classification." In Justus Buchler, ed. *The Philosophical Writings of Peirce*. New York: Dover, 1955.

_____. "The Fixation of Belief." In his *The Collected Papers of Charles Sanders Peirce, Vol. 5: Pragmatism and Pragmaticism*. Eds. Charles Hartshorne and Paul Weiss. Cambridge, Mass.: Harvard University Press, 1965.

_____. *Reasoning and the Logic of Things*. Ed. Kenneth Laine with an Introduction by K. L. Ketner and H. Putnam. Cambridge, Mass.: Harvard University Press, 1992.

Pigou, A. C. *Economics of Welfare*. London: Macmillan, 1920.

Pressman, Steven and Gale Summerfield. "The Economic Contributions of

Amartya Sen." *Review of Political Economy*, 12, no. 1 (January 2000).

Putnam, Hilary. "What Theories Are Not." In E. Nagel, P. Suppes, and A. Tarski, eds. *Logic, Methodology and Philosophy of Science.* Stanford, Cal.: Stanford University Press, 1962.

_____. " 'Degree of Confirmation' and Inductive Logic." In P. A. Schilpp, ed. *The Philosophy of Rudolf Carnap.* La Salle, Ill.: Open Court, 1963.

_____. "Logical Positivism and the Philosophy of the Mind." In Peter Achinstein and Stephen Barker, eds. *The Legacy of Logical Positivism.* Baltimore, Md.: Johns Hopkins University Press, 1969.

_____. *Mathematics, Matter and Method: Philosophical Papers 1.* Cambridge: Cambridge University Press, 1975.

_____. *Mind, Language and Reality: Philosophical Papers 2.* Cambridge: Cambridge University Press, 1975.

_____. *Reason, Truth and History.* Cambridge: Cambridge University Press, 1981.

_____. *Realism and Reason: Philosophical Papers 3.* Cambridge: Cambridge University Press, 1983.

_____. "Functionalism: Cognitive Science of Science Fiction?" In David Martel Johnson and Christina E. Erneling, eds. *The Future of the Cognitive Revolution.* New York: Oxford University Press, 1987.

_____. *The Many Faces of Realism.* La Salle, Ill.: Open Court, 1987.

_____. *Representation and Reality.* Cambridge, Mass.: MIT Press, 1988.

_____. "Rationality in Decision Theory and in Ethics." In Shlomo Biderman and Ben-Ami Scharfstein, eds. *Rationality in Question.* Leiden: E. J. Brill, 1989.

_____. *Realism with a Human Face*. Ed. James Conant. Cambridge, Mass.: Harvard University Press, 1990.

_____. "A Reconsideration of Deweyan Democracy." *Southern California Law Review*, 63 (1990).

_____. "Afterword." *Southern California Law Review*, 63 (1990).

_____. *Renewing Philosophy*. Cambridge, Mass.: Harvard University Press, 1992.

_____. "Objectivity and the Science–Ethics Distinction." In M. Nussbaum and A. K. Sen, eds. *The Quality of Life*. Oxford: Clarendon Press, 1993.

_____. "Preface." In T. Cohen, P. Guyer, and H. Putnam, eds. *Pursuits of Reason: Essays in Honor of Stanley Cavell*. Lubbock, Tex.: Texas Tech University Press, 1993.

_____. *Words and Life*. Ed. James Conant. Cambridge, Mass.: Harvard University Press, 1994.

_____. "Pragmatism." *Proceedings of the Aristotelian Society*, 95, part III (1995).

_____. "Are Morals and Legal Values Made or Discovered?" *Legal Theory*, 1, no. 1 (1995).

_____. "Pragmatism and Realism." *Cardozo Law Review*, 18, no. 1 (September 1996).

_____. "Über die Rationalität von Präferenzen." *Allgemeine Zeitschrift für Philosophie*, 21, no. 3 (1996).

_____. "Ein Deutscher Dewey." In *Neue Züricher Zeitung*, 12 (June 13, 1999).

_____. *The Threefold Cord: Mind, Body and World*. New York: Columbia University Press, 1999.

_____. "Hans Reichenbach: Realist and Verificationist." In Juliet Floyd and Sanford Shieh, eds. *Future Pasts*. Oxford: Oxford University Press, 2001.

_____. "Was Wittgenstein Really an Antirealist about Mathematics?" In Timothy G. McCarthy and Sean C. Stidd, eds. *Wittgenstein in America*. Oxford: Clarendon Press, 2001.

_____. "Reply to Bernard Williams' 'Philosophy as a Humanistic Discipline'." *Philosophy*, 76 (2001).

_____. "Werte und Normen." In Lutz Wingert and Klaus Günter, eds. *Die Öffentlichkeit der Vernunft und die Vernunft der Öffentlichkeit: Festschrift für Jürgen Habermas*. Frankfurt am Main: Suhrkamp, 2001.

_____. "Pragmatism and Nonscientific Knowledge." In James Conant and Uszula Zeglen, eds. *Hilary Putnam: Pragmatism and Realism*. London: Routledge, 2002.

_____. "Objectivity without Objects." In his *Ethics without Ontology*. Cambridge, Mass.: Harvard University Press, 2004.

_____. "Levinas and Judaism." In Robert Bernasconi and Simon Crichley, eds. *The Cambridge Companion to Levinas*. Cambridge: Cambridge University Press, 2002.

Quine, W. V. O. "Two Dogmas of Empiricism." In his *From a Logical Point of View*. Cambridge, Mass.: Harvard University Press, 1953.

_____. *Word and Object*. Cambridge, Mass.: MIT Press, 1960.

_____. "Carnap and Logical Truth." In P. A. Schilpp, ed. *The Philosophy of Rudolf Carnap*. La Salle, Ill.: Open Court, 1963.

_____. "Epistemology Naturalized." In his *Ontological Relativity and Other Essays*. New York: Columbia University Press, 1969.

_____. *Theories and Things*. Cambridge, Mass. Harvard University Press, 1981.

Ramsey, Frank P. Epilogue ("There Is Nothing to Discuss"). In his *Foundations of Mathematics and Other Logical Essays*. London: Routledge & Kegan Paul, 1931.

Rawls, John. *Collected Papers*. Ed. Samuel Freeman. Cambridge, Mass.: Harvard University Press, 1999.

_____. *Lecture on the History of Moral Philosophy*. Ed. Barbara Herman. Cambridge, Mass.: Harvard University Press, 2000.

Raz, Joseph. *The Morality of Freedom*. Oxford: Clarendon Press, 1986.

Reichenbach, Hans. *The Rise of Scientific Philosophy*. Berkeley, Cal.: University of California Press, 1951.

Reichenbach, Hans. "Are Phenomenal Reports Absolutely Certain." *Philosophical Review*. 61, no. 2 (April 1952).

Ricardo, David. *The Works and Correspondence of David Ricardo*. Vol. 1. Eds. P. Sraffa and M. H. Dobbs. Cambridge: Cambridge University Press, 1951.

Ricketts, Thomas. "Carnap' s Principle of Tolerance, Empiricism, and Conventionalism." In Peter Clark and Bob Hale, eds. *Reading Putnam*. Oxford: Blackwell, 1994.

Robbins, Lionel. *On the Nature and Significance of Economic Science*. London: Macmillan, 1932.

_____. "Interpersonal Comparisons of Utility." *Economic Journal*, 48, issue 192 (1938).

Rorty, Richard. *Philosophy and the Mirror of Nature*. Princeton, N.J.: Princeton University Press, 1979.

_____. *Consequences of Pragmatism*. Minneapolis, Minn.: University of Minnesota Press, 1982.

_____. *Objectivity, Relativism, and Truth: Philosophical Papers 1*. Cambridge: Cambridge University Press, 1991.

_____. "Putnam and the Relativist Menace." *Journal of Philosophy*, 10 (September 1993).

Schilpp, Paul A. ed. *The Philosophy of Rudolf Carnap*. La Salle, Ill.: Open Court, 1963.

Sen, Amartya. "The Nature and Classes of Prescriptive Judgments." *Philosophical Quarterly*, 17, no. 66 (1967).

_____. "Quasi-Transitivity, Rational Choice and Collective Decisions." *Review of Economic Studies*, 36 (1969).

_____. *Choice, Welfare and Measurement*. Cambridge, Mass.: MIT Press, 1982.

_____. "Adam Smith's Prudence." In S. Lall and F. Stewart, eds. *Theory and Reality in Development*. London: Macmillan, 1986.

_____. *On Ethics and Economics*. Oxford: Blackwell, 1987.

_____. *Inequality Reexamined*. Cambridge, Mass.: Harvard University Press, 1992.

_____. "Internal Consistency of Choice." *Econometrica*, 61 (1993).

_____. "Rationality and Social Choice." *American Economic Review*, 85 (1995).

_____. *Development as Freedom*. New York: Anchor Books, 2000.

Shapere, Dudley. "Notes toward a Post-Positivistic Interpretation of Science." In Peter Achinstein and Stephen Barker, eds. *The Legacy of Logical Positivism*. Baltimore, Md.: Johns Hopkins University Press, 1969.

Sleeper, R. W. *The Necessity of Pragmatism*. New Haven, Conn.: Yale University Press, 1986.

Smith, Adam. *An Inquiry into the Nature and Causes of the Wealth of Nations.* Eds. R. H. Campbell and A. S. Skinner. Oxford: Oxford University Press, 1976.

Stevenson, Charles L. *Ethics and Language.* New Haven, Conn.: Yale University Press, 1944.

_____. *Fact and Value.* New Haven, Conn.: Yale University Press, 1963.

Strawson, P. F. "Ethical Intuitionism." In W. Sellars and J. Hospers. eds. *Readings in Ethical Theory.* New York: Appleton–Century–Crofts, 1952.

von Neumann, John and Oskar Morgenstern. *Theory of Games and Economic Behavior.* 2nd ed. Princeton, N.J.: Princeton University Press, 1947.

Walsh, Vivian. *Scarcity and Evil.* Englewood Cliffs, N.J.: Prentice–Hall, 1961.

_____. "Philosophy and Economics." In J. Eatwell, M. Milgate, and P. Newman, eds. *The New Palgrave: A Dictionary of Economics.* Vol. 3. London: Macmillan, 1987.

_____. *Rationality, Allocation and Reproduction.* Oxford: Clarendon Press, 1996.

_____. "Normative and Positive Classical Economics." In H. D. Kurtz and N. Salvadori, eds. *The Elgar Companion to Classical Economics*, vol. 2. Cheltenham: Edward Elgar, 1998.

_____. "Rationality in Reproduction Models." *Conference on Sraffa and Modern Economics.* Rome: Centro Studie Documentazione "Pierro Sraffa," 1998.

_____. "Smith after Sen." *Review of Political Economy*, 12, no. 1 (2000).

Weber, Max. "Science as a Vocation." In Edward Shils and Henry A. Finch, eds. *Max Weber on the Methodology of the Social Sciences.* New

York: Free Press, 1969.

West, Cornel. *The American Evasion of Philosophy*. Madison, Wis.: University of Wisconsin Press, 1989.

White, Morton. *Toward Reunion in Philosophy*. Cambridge, Mass.: Harvard University Press, 1956.

Wiggins, David. "Truth, Invention, and the Meaning of Life." In his *Needs, Values, Truth*. Oxford: Clarendon Press, 1998.

Will, C. M. "Relativistic Gravity in the Solar System, II: Anisotrophy in the Newtonian Gravitational Constant." *Astrophysics Journal*, 169 (1971).

Williams, Bernard. *Descartes: The Project of Pure Enquiry*. Harmondsworth: Penguin, 1978.

_____. *Moral Luck*. Cambridge: Cambridge University Press, 1981.

_____. *Ethics and the Limits of Philosophy*. Cambridge, Mass.: Harvard University Press, 1985.

_____. "Philosophy as Humanistic Discipline." *Philosophy*, 75 (2000).

Wittgenstein, Ludwig. *Tractatus Logico-Philosophicus*. Trans. C. K. Ogden. London: Routledge & Kegan Paul, 1922.

_____. *Philosophical Investigations*. Trans. G. E. M. Anscombe. Oxford: Blackwell, 1953.

찾아보기